세계가 주목하는

여성정치인의 리더십

세계가 주목하는

여성정치인의 리더십

김민정 외 지음

인간사랑

책머리

이 책은 여성정치학을 공부하는 13명 정치학자들의 1년간 노력의 결실이다. 13명의 정치학자는 한국정치학회 여성정치위원회 위원으로 만나서 같이 활동하다가 여성정치 연구를 좀더 심도 있게 하기 위해서 한 달에 한 번씩 모여서 공부해 왔다. 2005년 2월 『여성정치학입문』(들녘)을 출판한 이후 연구팀은 다음 연구주제를 놓고 고민하였다.

2004년은 한국 정치현장에서 여성정치인들의 약진이 돋보인 한해였다. 박근혜 당시 한나라당 대표가 총선 전 급추락했던 한나라당을 총선에서 구했고, 열린우리당에서는 한명숙 등 여러 여성의원이 지역구에서 값비싼 승리를 거두었다. 비례대표 50% 여성공천에 힘입기도 했지만 지역구에서 승리한 여성정치인들의 선전 덕분에 전국적으로 여성정치인들의 약진이 돋보인 한해였다. 이 과정에서 우리는 한국 정치에서 여성정치인의 약진이 의미하는 바에 대해서 물었고, 한국 정치에서 여성정치인의 존재이유에 대해서 논했다.

곧 우리는 새로운 연구주제를 떠올렸다. 새로운 연구주제는 여성정치인의 리더십이었다. 그렇게 보니 세계 도처에서 여성정치인들이 최고 정치지도자 자리에 오르거나 눈에 띄게 도약하고 있었다. 뉴질랜드의 여성총리 클라크가 선거에서 다시 이겼고, 아일랜드에서도 여성대통령이었던 로빈슨에 뒤를 이어 다시 여성인 매클리스가 대통령에 당선되었으며, 핀란드에서도 할로넨이 수상에 임명되었고 미국에서도 부시의 2기 집권과 더불어 여성들이 부시정권의 측근에 자리하였다.

그래서 우리는 세계 정치에서 여성정치 리더십을 논의해 보기로 했다. 우리 연구팀은 대부분이 비교정치학자로서 지역정치를 전공하고 있었기 때문에 각 국가의 정치적 맥락에서 여성정치인의 등장에 대해서 연구해 보기로 하였다. 여성정치인의 등장이 한 국가, 한 지역에 한정된 것이 아니라 국가와 지역을 초월한 전 세계적 보편적 현상이라는 것을 보여주고 싶었다. 그리고 할 수만 있다면 여성정치인의 등장에 유리한 국가의 제도적 · 문화적 특징에 대해서도 밝혀보고 싶었다. 더 나아가서 여성정치인들은 그들의 정치적 지향과 정치하는 방식 혹은 리더십에 있어서 남성정치인들과 어떻게 다른지 알아보고 싶었다.

이러는 사이 독일의 대연정이 이루어지면서 동독출신의 여성정치인인 메르켈이 총리에 임명되었다. 또한 멀리 남미대륙에서는 바첼렛이라는 여성이 칠레의 1차 대통령 선거에서 1위를 하면서 대통령의 가능성을 높였다. 그래서 우리는 우리의 문제의식을 가지고 독일과 칠레 그리고 대표적 여성정치인인 영국의 대처와 노르웨이의 브룬트란트, 그리고 세계적으로 최초의 35시간 노동제를 이끌어냈던 오브리 프랑스 전 노동부장관, 그리고 러시아와 일본을 포함시켜서 1차 연구를 하였다. 1차 연구는 2005년 말 한국정치학회 여성정치연구위원회에서 연례발표를 통해서 발표되었다. 여성신문에서 큰 관심을 가져 이어 2006년 몇 개월 동안 여성신문에 세계 여성정치인의 리더십이라는 칼럼이 연재되었다. 2006년 한해 동안 우리는 여러 곳에서 여성정치인의 약진에 대한 질문을 받았고, 우리는 세계 여성정치인의 리더십에 관하여 사회에서 궁금해하고 있다는 것을 알게 되었다. 이에 우리의 연구를 더욱 확대하여 2006년 한국국제정치학회 연례학술회의에서 2차 발표의 기회를 가졌다. 또한 우리는 우리의 연구를 책으로 출판하기로 결정하였다. 여러 출판사와 의논하던 가운데 인간사랑에서 관심을 보여 이에 책을 출판하게 되었다.

하나의 책이 나오는 과정에는 언제나 많은 사람들의 도움과 수고가 있다. 이러한 도움과 수고가 없었다면 이 책은 출판되지 못하였을 것이다. 첫 번째의 감사는 연구진에게 돌려져야 할 것이다. 13명의 연구진은 바쁜 학교 일정과 여러 활동에도 불구하고 지난 1년 동안 여성정치인의 리더십 연구에 많은 시간을 할애하였다. 1달에 한 번씩 모여서 한 명의 여성정치인에 대해서 발표하고 같이 토론하였고 의견을 모아나갔다. 이들의 헌신적인 노력이 이 책에 가장 중요한 핵심임은 말할 필요도 없다.

오랜 출판계의 불황에도 불구하고 이 책의 출판에 선뜻 동의해 준 인간사랑의 도움에 진심으로 감사드린다. 그들의 도움이 없었다면 이 책은 단지 연구진의 연구에 그칠 수밖에 없었을 것이다. 책 출판은 연구자들의 열정으로부터 출발하지만 출판사의 희생적인 의지가 없다면 책은 출판되지 못한다. 그런 점에서 인간사랑에게 특별한 감사를 드리고 싶다.

마지막으로 연구진을 대신하여 논문을 모으고 모아진 논문들을 읽고 일관성 있게 단어를 맞추고 편집한 엄태석 교수에게 고마움을 전하고 싶다. 바쁜 일정 가운데에서도 이 책의 출판을 위해서 노력해준 엄 교수의 노력이 없었다면 이 책의 출판은 어려웠을 것이다. 끝으로 이 책이 보다 많은 사람들에게 읽혀져서 세계정치에서 여성정치인들의 존재와 그들의 탁월함을 세상에 보여주는 기회가 되었으면 하는 바람을 가져본다.

연구진을 대신하여 김민정이 씀

차례

Contents

총론
왜 여성정치인의 리더십을 연구하는가?

김민정

한국은 현재 연말의 대통령 선거를 앞두고 대선 예비주자들의 활동으로 연일 매스컴이 장식되고 있다. 미국에서도 2008년의 대선을 앞두고 민주당과 공화당의 대선 예비주자들의 대선출마 선언이 뒤를 잇고 있다. 프랑스는 가장 먼저인 5월 대선을 앞두고 각 정당에서는 대선주자를 결정하고 막바지 선거전에 집중하고 있다. 이러한 가운데 눈에 띄는 것이 여성정치인들의 약진이다. 10년 전만 하더라도 여성들은 대선에 있어서 전면에 거의 보이지 않았다. 가끔 대선후보의 부인으로서, 혹은 대선후보의 러닝메이트로서 얼굴을 보이기는 했지만 여성들은 대선의 주역은 아니었다. 그러나 2007년의 현 시점에서 보면 여성들은 주역이 되고 있다. 이미 남미에서도 여성대통령이 활동 중이며 유럽에서도 여러 명의 여성총리가 국정을 이끌어 왔다. 바야흐로 세상은 변화하고 있는 것이다. 이것은 이제까지 전통적으로 남성의 영역으로 알려졌던 최고 정치지도자 영역에 여성들이 활발히 도전하고 있으며, 어떤 영역보다도 남성중심적이었던 정치의 영역이 서서히 변해가고 있는 것을 의미한다. 이러한 현상은 한 나라의 특수한 현상으로 그치는 것이 아니라 전 세계적인 현상이 되고 있다는 점에서 우리의 관심을 끈다. 그러면 역사시대 이래로 한번도 도전받지 않았던 남성의 영역인 정치에서의 여성들의 참여가 최근에 오면서 활발해지는 이유는 무엇인가?

1. 왜 지금 여성들의 등장이 주목을 받는가?

이전에도 정치의 최고지도자들 가운데 여성이 없었던 것은 아니다. 1960년부터 2002년까지 모두 44명의 여성총리 및 대통령이 있었다. 1979년부터 1990년까지 영국을 통치했던 대처 수상이 있었고, 인도에서는 인디라 간디 수상이 1966년부터 1977년까지 12년간을 통치했다. 그리고 이스라엘에는 골다 마이어 수상이 있었고, 노르웨이의 브룬트란트도 기억에 남는다.

이 이외에도 소수의 여성정치지도자들이 있었지만 최근처럼 여러 여성정치인들이 동시에 등장한 경우는 없었다. 현재 독일의 기민당 당수이자 총리인 앙겔라 메르켈, 대통령직을 두 번째 연임하는 아일랜드 대통령 메릴 매컬리스, 세 번째 총리직을 맡은 헬렌 클라크 뉴질랜드 총리, 라트비아 대통령 바이라 비케프레이베르가, 글로리아 아로요 필리핀 대통령 등 다수의 여성정치인이 총리나 대통령의 직을 맡아 국정을 이끌고 있다.

미국에서도 힐러리 클린튼 민주당 상원의원이 대선출마를 선언하여 차기 대통령 후보로 일찌감치 앞서고 있는 실정이다. 이외에도 워싱턴

정가를 이끄는 '싱글 여성 3인방'이 관심을 끌고 있는데 이들은 차기 대선후보로 논의되는 라이스 국무장관, 헤리엇 마이어스 대법관 지명자, 그리고 앤 베네먼 유니세프 사무총장이다. 이들은 여성들만의 유대관계를 과시하며 여성정치인의 시대를 열고 있다. 또한 지난 총선에서 민주당의 낸시 펠로시가 미국 역사상 최초의 여성하원의장이 되어 미국 사회는 여성정치지도자의 등장이 의미하는 바를 진지하게 묻고 있다. 이와 함께 텔레비전 드라마에서조차도 여성대통령을 다룬 "최고사령관", 그리고 여성 CIA요원의 이야기를 다룬 "엘리어스"가 큰 인기를 끌면서 차기 대선에서의 여성대통령 출현 가능성이 비등하고 있다.

라틴 아메리카에서도 여성대통령이 배출되었다. 2006년 칠레 대선에서는 미첼 바첼렛 전 국방장관이 당선되었고 내년 4월에 있을 페루 대선에서도 로우르데스 플로레스라는 여성변호사가 유력한 후보이다. 또한 남성지배적 성향이 유럽 어느 국가보다 강한 프랑스에서도 장관 경력의 세골린 로와얄이 사회당 당내경선에서 승리하면서 사회당 대선후보로 결정되자 프랑스 전역이 여성대통령 출현 가능성에 대해서 들끓고 있다. 한국에서도 변화가 있었다. 한명숙이 최초의 여성국무총리로 임명되었으며, 전 한나라당 대표 박근혜 의원이 한나라당 차기 대선주자로 선두그룹에 속해 있다.

이렇게 셀 수도 없이 많은 여성정치인들이 최고지도자의 직위를 맡고 있거나 혹은 도전선상에 서 있다. 과거에 한두 명의 특출한 여성정치인이 남성적인 정치의 사다리를 타고 올라가 성공했다면 이제는 보다 많은 여성들이 이에 도전하고 있는 것이다.

그러면 왜 21세기에 들어오면서 이렇게 많은 여성들이 최고지도자 자리에 도전하거나 혹은 최고지도자 자리에 오르게 되었을까? 무엇보다 여성 교육 수준의 향상이 이러한 변화를 가져왔다. 특히 요즘과 같은 정보화 시대에는 교육이 성공의 발판이 된다. 미국에서는 1985년까지 대학을 졸업한 남성의 숫자가 여성보다 많았지만 이후부터 역전되었다. 프랑스의 경우에도 1980년대에 이미 대학 진학 여성의 숫자가 남성보다 많게 되었다. 이러한 여성교육의 확대로 고학력 여성들의 사회진출이 늘어나면서 사회 · 정치적 변화에 영향을 미칠 수 있는 수적 기반을 확보한 것이다. 여성 고등교육의 확대는 여성의 사회진출을 활발하게 하였고 사회활동을 하게 된 여성들은 사회의 성역할 분리에 도전하게 되었다. 결국 이들이 정치의 남성지배적인 현상을 바꾸는 주체가 되었다. 한편으로는 고학력의 좋은 경력을 가진 여성들이 과거보다 훨씬 많아지게 되면서 이 가운데 유능한 여성들이 정치에 도전하여 새로운 정치지도자가 되었다. 변호사 출신 힐러리 클린턴 미 상원의원, 스탠포드대학교 교무처장 출신의 정치학 박사 라이스 미 국무장관, 다수의 정치인을 배출한 프랑스 국립행정학교 출신 세골린 로와얄 사회당 대선후보와 마르틴 오브리 전 프랑스 노동부장관 등 이루 헤아릴 수 없다.

두 번째로는 사회의 변화이다. 남성중심의 사회가 오랫동안 지속될 수 있었던 것은 사회의 기본적인 속성이 근력(筋力)을 위주로 한 산업사회였기 때문이다. 오랫동안 계속되어 왔던 농경사회, 그 뒤를 잇는 산업사회는 남성들의 근력을 필요로 했고, 이를 바탕으로 한 지구력, 즉 긴 노동시간을 견딜 수 있는 노동력을 필요로 했다. 또한 20세기에 들어와서도 산업발전, 근대화 등의 사회적 동인요소들은 모두 남성의 근력을 바탕으로 하는 개발과 건설, 발전을 전제로 한 것이었다. 그러나 21세기에 오면서 사회의 성격 자체가 획기적으로 변화되었다. 오늘날의 사회는 모든 것이 컴퓨터 앞의 단말기 조작으로 끝날 수도 있고, 과거에 근력을 필요로 했던 많은 분야는 인간보다도 오래 견디고 일순간에 더 많은 힘을 낼 수 있는 기계로 대치되면서 근력위주의 노동력을 더 이상 필요로 하지 않게 되었다. 정보사회의 도래는 3F(Feminity, Feeling, Fiction)를 강조하게 되었고, 이제까지 여성적인 것으로 무시되었던 가치들이 새롭게 재조명되고 있다. 사회의 많은 영역에서 감성과 상상력을 바탕으로 한 산업들이 중요시되고 있고 강성이 아닌 유연성이 사회의 중요한 가치로 나타나고 있다. 이러한 사회적 변화는 이전과는 다른 새로운 리더를 요구하게 되었고 강성적 남성리더를 대신할 새로운 리더를 요구하게 되었다. 이러한 상황이 여성지도자들의 등장을 유리하게 만든 사회적 변화이다. 과거에는 여성이기 때문에 정치를 잘 못할 것으로 인식되었지만 이제는 여성이기 때문에 뭔가 다른 정치를 보여줄 것으로 기대하면서 여성지도자들을 선택하는 것이다. 21세기의 리더십은 더 이상 개발시대에 보여주었던 불도저 같은 추진력, 상명하달식의 카리스마 넘치는 명령체계보다는 조직을 만들고 권력을 나누고 대화하는 부드러운 권력을 요구하고 있다. 21세기 정보화 시대는 새로운 정치권력을 요구하고 있다는 반증인 것이다.

2. 여성정치인의 리더십 연구의 쟁점

변화된 세계는 새로운 리더십을 요구하고 있다. 이 시점에서 여성들은 어떻게 정치하고 어떻게 정치에 접근하며 어떠한 비전을 가지고 정치하는지, 이러한 것이 남성정치인과 다른지 알아볼 필요가 있다. 여성정치인들이 많아지면서 우리는 어떤 국가는 보다 여성정치인들의 등장에 유리하고 어떤 국가는 여성정치인들에 대해서 상당히 거부감을 가지고 있다는 것을 알게 된다. 또한 여성이라고 다 같은 정치적 스타일을 보이는 것은 아니라는 사실을 알게 된다. 이에 여성정치인의 리더십을 연구하면서 우리는 몇 가지 질문을 하게 된다.

첫 번째 여성정치인의 등장에 유리한 조건들은 무엇이 있는가 하는 것이다. 여기에는 당연히 그 국가의 여성에 대한 사회적 인식이 중요한 부분을 차지하게 될 것이다. 여성의 사회참여에 대해서 비교적 개방된 사회의 경우 여성정치인의 등장은 그만큼 용이하겠지만, 여성의 역할을 가정과 육아로만 한정시킨 보수적 국가에서는 여성정치인의 등장이 보다 어렵게 된다.

이와 더불어 그 국가의 정치제도적 특성이 여성정치인의 등장에 있어서 상당히 중요하다. 일반적으로 선거제도 가운데 소선거구 다수대표제는 여성과 같은 신인 정치인들에게 불리하고 기존의 남성정치인에게 유리한 구조라고 알려져 있고, 비례대표제가 보다 여성들에게 유리한 선거제도라고 많은 연구들이 말해주고 있다.

또한 의원내각제와 대통령제도 여성정치인의 등장에 중요한 역할을 한다. 대통령제는 국가를 대표하는 일인을 선출하고 그 일인을 중심으로 정치가 구성된다는 점에서 중앙집권적 성격을 보이게 되는데, 이러한 성격이 여성들에게 불리하다고 할 수 있다. 선거를 통해 대통령을 선출할 때 유권자들은 기왕이면 남성을 뽑지 여성을 뽑지 않는다는 것이다. 반면 의원내각제에서는 특정 정당의 지도자가 여성일 경우에도 유권자들이 당을 보고 투표하기 때문에 그 정당이 다수 득표를 할 경우 여성이 총리가 될 수 있다.

유사한 이유로 중앙집권식 정치구조보다는 연방제와 같은 분산형의 정치구조는 여성정치인의 등장에 보다 개방된 기회구조를 허락한다. 따라서 이 연구에서 우리는 각 나라에서 여성정치인들이 등장하는 배경이 되었던 선거제도 및 다양한 정치제도들이 여성정치인의 등장에 어떤 영향을 주었는지 살펴볼 것이다.

두 번째 질문은 여성정치인들이 어떤 경력 패턴을 통해 지도자의 자리까지 오를 수 있었는가 하는 것이다. 흔히 여성들은 고전적 정치영역보다는 비정부조직이나 시민운동 등에서 더 활발한 활동을 펼치는 것으로 이해되고 있다. 그러나 또 다른 한편, 앞서 언급한 바와 같이 고등교육을 받은 전문직 여성들이 다수 배출됨으로써 이들이 지도자로 부상될 가능성도 높아진 것이 사실이다. 이러한 배경 하에서 여성지도자들이 정당활동이나 기타 방식의 정치활동을 통해 부상하였는지, 혹은 전문적 지식을 기반으로 행정직을 수행하다 발탁되었는지, 아니면 여성운동이나 환경운동과 같은 시민사회운동을 통해 부상하였는지 살펴볼 필요가 있다.

세 번째로 여성정치인들은 어떤 리더십을 보이는지 질문을 던질 수 있다. 알려진 바와 같이 어떤 여성정치인은 상당히 여성적이며 다른 여성정치인은 상당히 남성적이라고 일컬어진다. 그러나 여기에서 우리는 여성적 · 남성적 지도자라는 것이 무엇을 의미하는지 분석적으로 생각해 볼 필요가 있음을 느낀다. 첫째, 일반적으로 사회에서 공유되는 의미로서의 여성적 · 남성적 (혹은 중성적) 태도나 성향을 지닌 경우를 의미할 수 있다. 즉 치마를 즐겨 입는 등 여성스러운 옷차림을 하고 여성으로서의 성적 매력을 발산하거나 혹은 순종, 복종, 양보, 헌신과 같이 여성성과 연관되었다고 일반적으로 상정하는 특성을 보일 때 우리는 여성적이라고 지칭하는 경향이 있다. 남성적이라 할 때는 바지를 즐겨 입거나 '남성성' 과 연관되는 용맹, 결단력, 추진력 등을 보이는 경우가 많다.

반면에, 리더십 차원에서는 일반적으로 권력지향적 성향을 강하게 보이고 위계질서에 입각한 지배구도를 이루는 경우 남성적 리더십이라고 일컫는 반면, 여성적 리더십은 보다 수평적이고 대화에 입각하고 권력을 공유하는 경우를 의미한다. 아직까지 여성적 리더십이 무엇인가에 관해 논란이 많고 경험적 · 이론적 연구가 더 필요한 것이 사실이다. 그러나 우리는 여성적 리더십을 기존의 지배-피지배적 위계질서에 입각한 관계를 의미하는 남성적 리더십과는 대칭적인 것으로 이해하고자 한다. 따라서 여성지도자가 보이는 리더십이 항상 여성적 리더십이 아닐 수 있다는 것을 염두에 두어야 한다.

마지막으로 이들 여성정치인들이 성인지적 관점을 가졌는가 하는 점이다. 어떤 여성정치인은 상당히 페미니스트적 성향을 보이면서 자신의 정책에 페미니스트적 영감을 불어넣기도 하고, 어떤 여성정치인은 전혀 페미니스트적이지 않은 정책을 추구한다. 이러한 차이점은 여성정치인의 충원통로와 밀접한 관련이 있다고 보인다. 후광형의 많은 여성정치인들은 보다 몰성인지적인 성향을 보이고 자수성가형의 여성정치인들은 보다 페미니즘적 성향을 보이는 경향이 있다. 왜 그런가? 후광형의 여성정치인들은 대부분이 정치인 가문에서 성장하여 아버지나 남편의 대리인으로 정치에 진출하였기 때문에 남녀불평등적 정치문화를 그대로 수용하기 쉽다. 보통 이들은 여성이기보다는 남성정치인의 대리인으로서 인식되었다. 그렇기 때문에 페미니즘적 성향을 습득할 수 있는 기회도 없었거니와 이에 관심을 가질 필요가 없었다. 반면에, 자수성가형의 여성정치인들 가운데 페미니스트가 많은 이유는 스스로의 힘으로 정치에서 성공하기 위해서 노력하는 과정에서 남녀불평등적 정치문화에 부딪쳤기 때문일 것이다. 이런 상황에서 자수성가형 여성정치인들은 남성지배적 정치구조에 문제를 느끼고 페미니스트가 될 가능성이 높다.

우리가 여성정치인들에 관심을 가지는 것은 그들의 등장만으로 여성들에게 희망이 될 수 있으며, 유 · 소녀기(幼少女期)의 여성들에게 역할 모델이 될 수 있다는 점 때문이다. 이뿐만이 아니라 여성정치인들의 등장은 단지 여성으로서 정치에 다양한 색깔을 더한다는 것뿐만이 아니라 여성들이 정치를 바꾸기를 기대한다는 점에서 관심을 끈다. 그러나 어떤 여성정치인들이 남성중심의 정치를 바꿀 수 있을까? 아마도 페미니스트적 여성정치인들이 이 가운데 많은 부분을 차지하게 될 것이다.

3. 여성정치 리더십 연구전략

우리는 여성정치인들의 리더십을 연구하면서 이들의 리더십을 결정하는 변수로서 세 가지를 선정하였다. 첫째는 정치진입 배경이다. 이들의 정치진입 과정이 후광형인지, 자수성가형인지 구분하였다. 두 번째 변수는 정치인 부상과정이 고전적 의미의 정치영역에서의 활동을 통한 것인지, 혹은 비정치 분야의 전문직에서 사회적 경험을 축적하다 정치에 나중에 진입하게 되었는지 살펴볼 것이다. 시민운동 분야의 활동은 보다 넓은 의미에서 정치적 활동이라고 간주하였음을 밝힌다. 세 번째 변수는 그들의 성인지도이다. 즉 그들은 페미니스트적인지 아니면 몰성인지적인지 보게 될 것이다. 이러한 변수들을 분석하면서 매개변수가 되는 요인으로서 그들이 속한 사회의 특성, 국가의 정치구조, 개인의 정치적 성향 등도 더불어 분석하였다. 분석의 틀을 도표화한 것은 다음과 같다.

이 책에서는 모두 13명의 세계 여성정치인들을 다루게 된다. 요즘과

정치진입 경로	경력	성인지도
후광형	비정치영역의 전문적 활동	성인지적
		몰성인지적
	정치적 활동	성인지적
		몰성인지적
자수성가형	비정치영역의 전문적 활동	성인지적
		몰성인지적
	정치적 활동	성인지적
		몰성인지적

같이 여성정치인이 도처에서 약진하고 있는 시기에 13명의 여성정치인을 선별하는 것은 쉽지 않은 작업이었다. 선택의 기본적인 원칙은 다음과 같았다. 첫째, 각 국가에서 최고정치지도자 지위에 도달하였거나 그럴 가능성이 있는 여성지도자를 선택하였다. 대통령이나 총리 혹은 수상직을 맡고 있는 여성지도자들(로빈슨, 메르켈, 바첼렛, 브룬트란트, 메가와티, 한명숙), 혹은 곧 있을 대선의 후보(로와얄)이거나 아니면 대선후보가 될 가능성이 점쳐지는 인물들(라이스)을 중심으로 했다. 대처나 인디라 간디처럼 널리 알려져 있거나 이미 다른 저서에서 다루어진 바 있는 여성정치인은 배제하였다. 둘째, 자국의 정치과정에 중요한 영향을 미친 일부 여성지도자들을 포함했다. 아웅산 수지, 티모센코, 도이 다카코 등이 이에 해당한다. 셋째, 지역적으로는 한 국가에서는 한 명만을 선정하되 각 대륙에서 골고루 선정되도록 13개국의 여성정치지도자를 선정하였다. 넷째, 위의 표에서 제시하는 다양한 유형을 모두 보여주도록 안배를 하였다. 그러나 필자들의 노력에도 불구하고 후광형-전문가형은 찾지 못하여 이를 대표하는 여성정치인은 다루지 못하였다.

필진은 대부분 해당 국가의 정치를 전공한 지역연구자들로 선정하였다. 해당 국가의 정치 및 정치문화에 대한 이해를 통해서 여성정치인들의 등장과 그들의 리더십을 보다 효과적으로 연구할 수 있기 때문이다. 기존의 연구들은 주로 여성정치인들의 일대기를 소개하는 방식을 취한데 비해, 우리의 연구는 여성정치인 개인의 경력과 업적뿐만 아니라 해당 국가의 정치적 특성, 정치문화적 요소 등을 다룸으로써 양자 간의 상호 연관성을 보여주도록 구성하였다.

4. 연구의 잠정적 결론

본 단행본 작업을 통하여 우리는 13개국 여성정치인들을 살펴보았으며, 그들이 처했던 사회구조적 상황과 최고정치지도자의 반열에 오르기까지의 정치적 역정, 그리고 그들의 정치적 리더십 스타일에 대해서 알아보았다.

그들을 가장 다르게 하는 것은 정치진입 경로, 즉 그들의 정치참여가 아버지나 남편 등의 다른 남성의 후광을 배경으로 하고 있는지, 아니면 스스로의 정치가 또는 전문가로서의 능력을 인정받음으로써 그 지위에 오르게 되었는가 하는 것이다. 13인의 정치가들은 또한 경력에 있어서 전문가로서 부상했는가 또는 정치인으로 등장했는가에 따라서 차이를 보여주었다. 마지막으로 성인지성에 있어서도 역시 이들은 다양한 경우를 보여주고 있다. 어떤 여성정치인은 성인지적 성향을 자신의 정부에 불어넣었는가 하면 또 다른 여성정치인은 남성정치인보다도 더욱 남성적인 방식으로 통치를 하기도 한다. 이는 여성정치인이라고 모두 같은 성향을 가지는 것은 아니라는 점을 말해준다. 이들의 공통점과 차이점을 볼 때 여성정치인들에 있어서 보편적이라고 할 수 있는 특성과 그들의 개인적인 속성을 구별할 필요가 있다.

13인 여성정치가들의 정치진입 경로를 볼 때 대다수의 여성정치가들은 자수성가형 진입경로를 통해 등장했던 것으로 분류될 수 있다. 부모나 남편 등 다른 남성의 후광으로 정치에 진입한 경우는 예외적으로 메가와티와 아웅산 수지의 경우에서만 나타난다. 브룬트란트 외 서유럽 출신의 정치가와 라이스 및 마트비엔코, 티모센코가 후광형에 속하지 않는다는 점은 어쩌면 당연하게 여겨질지도 모른다. 그러나 도이, 우이 및 한명숙이 남성들의 압도적인 정치적 후광을 배경으로 하기보다는 본인의 전문성과 정치적 활동을 통하여 등장하였다는 점은 통상적으로 존재하는 이미지, 즉 '아시아의 후진적 여성정치 상황'에 대해 재고하게 만든다. 다수의 여성들이 남성정치인의 후견을 배경으로 등장하긴 했지만 이러한 현상은 무엇보다도 아직은 남성주도적으로 움직이는 정치체계 네트워크의 성격을 반영하고 있다고 해석된다.

경력에 있어서 이들 정치가들은 보다 다양한 분포를 보여준다. 본 연구에서 다룬 13인의 정치가들 중 약 7인은 전문가로서의 경력을 배경으로 정치에 진입한 경우로 분류될 수 있는데, 지역적으로는 유럽 및 아시아가 혼재되어 있다. 예를 들어 도이의 경우 호헌전문가로 사회당에 영입되었으며, 라이스는 소련전문가로서 미국 국가안전보장회의 팀에 합류하면서, 그리고 마트비엔코는 전문행정가로서, 로와얄은 행정부 고위공무원으로서 정치적 커리어를 시작하였다. 나머지 6인은 그에 비해 순수한 정치가적 커리어를 보여주는데, 여기에는 크게 한명숙이나 아웅산 수지와 같이 시민운동가로서, 또는 티모센코와 같이 직접 국회의원으로 당선되면서 정치에 진출한 두 가지 경우가 나타난다. 이러한 점을 볼 때, 대다수의 여성정치가들이 직접적으로 정치가의 커리어를 쌓기보다는 일단 전문가로서 성장한 이후 정치권에 측면 진입하는 기존의 경향성이 조금은 변화하고 있다고 추정된다.

정치경력에 있어서 또 한 가지 주목할 점은 다수의 여성정치인들이 비교적 진보적인 정당에 소속되어 있다는 점이다. 이들이 보수정당이 아닌 비교적 진보적인 정당에 소속되어 있는 것은 어쩌면 당연할 수 있다. 대부분의 사회에서 보수정당들은 여성의 역할을 가정에서의 아내와 양육자로서의 역할에 한정짓는 경우가 많고 가정을 중요시하는 이데올로기를 가지고 있기 때문에 여성의 적극적인 사회역할에 관하여 부정적인 견해를 보이는 것을 자주 볼 수 있다. 반면, 진보적인 정당은 중요한 가치를 사회평등 구현에 두고 있기 때문에 이데올로기적으로 보다 성 평등에 관심을 갖는 경향성이 있다. 물론 모든 진보정당들이 성 평등에 적극적인 것은 아니다. 이데올로기적으로 성 평등을 수용할 준비가 되어 있어도 당의 문화가 여전히 남성중심적일 경우에는 성 평등은 실질적인 정책의 우선순위에서는 밀릴 수밖에 없을 것이다. 그러나 이러한 당내에 여성정치지도자가 등장하면서 성 평등을 중요한 가치로 내세울 때, 이러한 진보정당들은 성 평등에 관한 중요한 진일보를 이룬다고 보인다. 강력한 페미니스트 정치가인 브룬트란트나 로빈슨의 경우가 이에 해당된다.

한편으로 사회주의 계열의 진보정당에서 여성 최고정치지도자들이 많이 나오는 것은 이들 정당들이 여성의 적극적인 정치활동을 유도하기 위해 당 내할당규정을 두는 경우가 많다는 점에 기인한다고 볼 수 있다. 예를 들어 노르웨이 노동당과 프랑스 사회당의 경우 여성할당 규정을 가지고 있다.

성인지도에 있어서도 역시 13인의 정치가들은 두 가지 성향으로 비교적 균등하게 분류될 수 있다. 여기서 우리는 정치가들의 성인지성을 언급할 때 가장 주요한 요인으로서 성 평등적 여성정책에 대한 지향성을 고려하였다. 따라서 소위 '여성적인' 이미지, 즉 성적 매력이나 모성 이미지 등을 활용하지만 성 평등성과 여성정책에 관해서는 무관심한 정치가들의 경우는 몰성인지적인 정치가로 분류하였다. 예를 들어 비슷하게 '여성적인' 이미지를 강조하지만 성 평등적 여성정책을 추구하는 로와얄이나 한명숙, 또는 바첼렛, 그리고 성 평등적 여성정책에는 무관심한 티모센코 및 라이스가 추구하는 '여성성'은 다른 성격을 보인다고 할 수 있다.

일단 성 평등적 여성정책이라는 요소에 기준해서 본다면 여기서 다루어진 정치가들 중 약 절반은 성인지적인 경우로, 그리고 나머지 절반은 몰성인지적인 정치가로 분류될 수 있다. 성인지적인 성향은 이들 정치가들이 정치에 참여하는 이유이기도 하지만 또한 자신들의 정치적 무기가 되기도 한다. 대표적으로 한명숙의 경우 정치를 시작하게 된 동기가 성 평등적 정책을 추진하기 위해서였고, 보다 효율적으로 성 평등 정책을 추진하기 위하여 정치로 장을 옮긴 경우로 볼 수 있다. 한편 로와얄은 당내의 남성적인 정치지도자들과 자신을 구별하면서 자신의 정체성을 분명히 하기 위해서 성인지적인 정책을 주장한다. 이는 오늘날과 같이 새로운 정치지도자를 필요로 하는 시대에는 성인지적 성향이 여성정치지도자들의 중요한 전략이 될 수 있음을 보여준다.

몰성인지적인 정치가들은 지역이나 국가를 넘어서서 골고루 나타난다. 우이나 메르켈처럼 여성과 남성을 떠나 중립적인 전문가로서의 역량을 보여주고자 하는 경우들이 이에 해당된다. 그러나 한 가지 주목할 점은 메가와티와 아웅산 수지, 즉 후광형 정치진입 경로를 보여주는 두 정치가들이 보여주는 몰성인지성이다. 극히 후진적인 여성 정치환경 및 정치문화에서는 여성정치가들이 보다 일반적으로 몰성인지적 성격을 나타낸다고 추정된다.

이렇듯 13인 여성정치가들의 리더십은 다양한 경우들을 보여주고 있다. 위에 언급한 바와 같이 여성 리더십의 특수성은 대략 1. 페미니스트적인 여성정책을 지향하는가? 2. 소위 남성적이라고 통칭되는 강하고 권력지향적이고 위계적인 리더십에 대한 대안으로서의 부드럽고 수평적이며 권력을 나누는 리더십을 지향하는가? 그리고 3. 성적 매력과 모성이미지 등을 포함하여 때로는 '전통적'이기도 한 '여성성'을 강조하는가?라는 세 가지 차원에서 나타난다고 보인다. 그리고 우리가 연구한 13인 여성정치가들은 한 · 두 가지 유형으로 뚜렷이 분류하기 힘든 다양한 성격을 보여주고 있다.

약간의 단순화 위험을 무릅쓰고 몇 가지 유형화를 시도한다면 대략 여섯 가지 경우를 구분할 수 있겠다.

첫 번째 유형은, 페미니스트적 여성정책에도 무관심하고, 수평적인 리더십도 추구하지 않으며, 여성적 이미지를 활용하지도 않는 경우이다(우이).

두 번째 유형은, 페미니스트적 여성정책에는 무관심하지만 부드럽고 수평적이며 민주적인 리더십을 추구하는 경우이다(아웅산 수지, 메가와티, 라이스, 메르켈).

세 번째 유형은, 페미니스트적인 여성정책을 추진하지만 수평적이고 부드러운 리더십이라기보다는 추진력과 비타협성 등으로 상징되는 전통적인 '남성적' 리더십을 보이는 유형이다(도이, 브룬트란트, 마트비엔코).

네 번째 유형은, 페미니스트적 여성정책을 추진하면서 동시에 수평적이고 민주적인 새로운 리더십을 추구하고 있는 경우이다(바첼렛, 로빈슨, 한명숙).

다섯 번째 유형은, 몰성인지적일 뿐만 아니라 소위 '남성적'이라고 통칭되는 리더십 스타일을 적극적으로 구사하지만 그럼에도 불구하고 여성적인 이미지를 적극적으로 활용하는 경우를 구분할 수 있다(티모셴코).

마지막 유형은, 페미니스트적인 여성정책을 관철시킬 뿐만 아니라 더 나아가 수평적이며 화합적인 새로운 리더십 유형을 추구하는 동시에 여성적인 이미지를 강조하기도 하는, 즉 세 가지 요소가 동시에 결합되어 나타나는 경우도 있다(로와얄).

우리는 이러한 다양한 리더십의 형태를 보며 어떤 요인들이 이렇듯 다양한 여성정치가의 등장과 성장에 영향을 미쳤는가를 생각해 본다.

이 연구는 여성정치인이 최고정치지도자 자리에 오르기까지는 정치·사회적 변수가 중요한 영향을 미쳤음을 보여준다. 특히 그 국가의 정치문화 및 여성관은 여성정치인의 정치적 역정에 중요한 영향을 미친다고 보인다. 친여성적인 정치문화를 가진 국가에서는 여성의 정치적 성공이 보다 수월하게 전개될 수 있지만 그렇지 않은 국가의 여성은 정치적 진출과정에서 보다 많은 장애에 당면하는 것이다.

또한 보다 분권적인 구조를 가지고 있으며 정치의 기회구조가 개방된 국가일수록 여성의 정치적 진입이 용이하며 최고 정치지도자 자리에 오르는 데 유리함을 볼 수 있다. 노르웨이나 독일 등 유럽 국가들은 일반적으로 지방분권적이며 개방된 기회구조를 가지고 있다. 라이스가 대학교수에서 일약 국무장관의 지위에 오를 수 있었던 점은 부분적으로 파편화되고 분권적인 미국의 정치 · 구조적 조건에 기인한다. 반면 로와얄이 사회당 내에서 많은 어려움을 겪었던 것 역시 폐쇄적이며 중앙집권적인 프랑스 사회구조를 통해 설명될 수 있다. 이는 여성의 정치참여에 호의적인 정치문화를 가지고 있으면서 동시에 분권적이고 개방된 정치구조를 가지는 국가에서는 여성들이 정치의 중심에 접근하기가 보다 수월하다는 것을 보여준다.

그러나 이 연구는 무엇보다도 한 여성정치인이 최고의 정치지도자 자리에 오르는 데 영향을 주는 궁극적인 변수는 자신의 전문성, 자신의 정치적 능력과 리더십 등 개인적 변수라는 점을 보여준다. 예를 들어 이번에 연구한 13명의 여성정치인 가운데 친여성적인 정치문화에서 최고의 정치지도자 자리에 오른 여성은 브룬트란트와 메르켈뿐이다. 여성들에게 비교적 보수적이고 심지어는 칠레처럼 가톨릭 문화의 영향으로 여성의 정치활동에 대해서 거부감을 가지고 있는 국가에서 최고의 정치지도자 자리에 오른 바첼렛과 같은 정치가도 있다. 물론 이러한 경우 그러한 정치문화를 뛰어넘을 수 있는 어떤 사회적 변동이나 정치문화의 변화라는 구조적 요소들이 영향을 미치기도 하였다. 즉 매우 보수적인 이슬람 문화권 국가, 인도네시아에서의 메가와티의 집권은 32년간에 걸친 수하르토의 장기독재가 민주화의 물결 속에서 붕괴하고, 수하르토에 의해 권좌에서 쫓겨났던 메가와티의 아버지 수카르노에 대한 국민적 향수가 강해졌다는 구조적 조건 없이는 설명되기 힘들 것이다.

그러나 바첼렛이나 로와얄, 또는 티모센코의 경우, 민주화나 사회변동이라는 정치상황을 주도적으로 활용함으로써 대중에게 어필할 수 있었던 것은 무엇보다도 이들의 리더십과 정치 전략의 성공으로 평가될 수 있을 것이다.

현 시점에서도 여성이 정치를 하는 것은 쉬운 일이 아니고 최고의 정치지도자 자리에 오르는 것은 더욱 어렵다. 사회적으로 성적인 편견이 존재하기 때문이다. 그러나 개인적으로 정치적 능력을 키우고 자신이 처한 정치적 상황과 변화에 유연하게 대처한다면 여성정치인들에게도 희망은 있다. 동시에 이렇게 성공한 여성정치인들은 이제 그들의 국가와 사회 · 정치문화를 바꾸는 변화의 동인이 되는 것이다. 특히 여성정치인이 성 인지적이면서 동시에 수평적이고 민주적인 새로운 리더십을 지향한다면 실질적인 여성정치뿐만 아니라 정치 리더십의 패러다임까지도 발전적으로 변화시킬 수 있을 것이다.

그로 할렘 브룬트란트

혁신적 페미니스트 정치인

사진 출처 http://images.google.com/

전복희

그로 할렘 브룬트란트(Gro Harlem-Brundtland)는 노르웨이의 정치지도자일 뿐만 아니라 세계적으로도 명성이 있는 정치지도자이다. 그녀는 2004년 영국《파이낸셜 타임》(*The Financial Times*)지가 뽑은 지난 25년 동안 가장 영향력이 있는 유럽의 지도자들의 순위에서 요한 바울 2세, 고르바초프, 대처 다음으로 4위를 차지하였다.

브룬트란트는 노르웨이 정치의 변화와 혁신을 주도한 지도자로 평가된다. 그녀는 노르웨이의 노동당이 분열의 위기에 처하여 당의 혁신이 필요할 때 참신하게 등장하여 전문적인 지식과 과감한 결단력을 기반으로 노동당을 개혁시키고 노르웨이 정치를 변화시켰다. 그녀의 리더십은 세계적인 여성지도자로 평가받고 있는 마가레트 대처나 인디라 간디와 같은 남성적 리더십 유형이 아니다. 그녀는 페미니즘적 의식을 가지고 남녀평등과 민주주의를 구현하기 위한 실용적인 정책들을 추진하였다.

특히 그녀는 세계 최고의 여성대표성을 자랑하는 노르웨이의 여성정치의 발전에 커다란 기여를 한 인물이다. 브룬트란트는 노르웨이 최초의 여성장관이자 최연소 장관이었으며, 최초의 여성수상이었다. 그녀는 페미니스트로서 수상 임기 중 장관직에 많은 여성을 진출시켜서 남녀동수의 내각을 구성하였고, 이후 노르웨이 정계에서 여성들의 활발한 진출이 자연스럽게 받아들여지게 만드는 촉매제적 역할을 하였다.

최초의 여성 세계보건기구(WHO)의 사무총장을 역임하였던 그녀는 국제사회에서도 환경과 보건문제에 탁월한 전문성을 가진 세계적 지도자로 알려져 있다. 그녀는 의사로서의 전문성과 오랫동안 관심을 가졌던 자연과 환경에 대한 지식, 그리고 노르웨이 정치인으로서의 정치력을 발휘하여 세계의 보건과 환경문제 해결에 이바지하였다.

아래에서는 먼저 노르웨이가 세계 최고의 여성정치대표성을 가질 수 있는 데 도움이 되었던 정치문화와 정치제도를 간단하게 검토하고, 브룬트란트의 유년기와 정계입문 전의 약력과 그녀의 정치적 활동을 살펴본 후 그녀의 정치적 리더십의 특징 등을 찾아보도록 하겠다.

1. 노르웨이의 여성운동, 정치문화와 정치제도

노르웨이는 세계 최고의 여성대표성을 자랑한다. 국회(Storting)에서 여성대표성은 1980년대 중반 처음으로 35%가 된 이후 지속적으로 36%-39% 가량을 차지하고 있다. 2006년 10월 현재 169명의 국회의원 가운데 64명의 여성의원이 있어서 국회에서 여성대표성은 37.9% 이다. 내각에서의 여성비율도 매우 높다. 내각에서 여성비율은 브룬트란트 수상시절 처음으로 40%를 상회하게 된 이후 계속 40% 이상의 비율을 보이고 있다. 2005년 9월 새롭게 집권한 내각에는 10명의 남성과 9명의 여성이 있다.

그러나 노르웨이 여성들의 정치세력화는 1913년 참정권을 획득한 이후 1970년 이전까지는 매우 미약한 상태였다. 오늘날 노르웨이 여성들의 활발한 정치적 진출은 지난 30여 년간의 노력과 발전의 결과로서 다른 유럽 국가들과 마찬가지로 1960년대 말, 1970년대 초부터 전개된 신여성운동이 기여를 하였다. 강력한 신여성운동의 부상과 여성을 주요 의사결정직에 진출시키고자 하였던 여성운동가들은 여성운동계에 주류를 이루는 커다란 두 그룹을 결속시키는 전략을 이용하였고, 이는 여성의 정치세력화와 대표성을 획기적으로 증진하였다. 이 두 그룹은 '신여권주의자'들과 전통적인 여성단체를 대표하는 '제도권 내의 여성들'이었다. 두 그룹은 서로의 의견을 수용하고 타협하여 여성의 정치세력화를 위한 전략으로서 여성의 공적 정치적 권리를 우선순위 사업으로 정하고 많은 여성을 진출시키는 데 협력하였다.

노르웨이의 여성운동가들은 1960년대와 1970년대 초기 여성유권자들에게 여성의원의 선출을 위해 자신들의 투표권을 활용토록 교육하였고, 시위와 매스컴을 통한 대중의 여성의식을 변화시키면서 여성후보자가 정당의 투표용지에 오르도록 노력하였다. 노르웨이 여성들은 1967년 지방선거를 앞두고 전국여성협의회 주도 하에 수상을 위원장으로 하고 각 정당 및 9개 여성단체의 대표를 위원으로 하는 캠페인 위원회를 출범시켜 집중적인 특별 선거 캠페인을 전개하였다. 선거 캠페인은 여성의원 진출을 위한 대중들의 지지유발을 목적으로 대중매체를 이용하여 집약적인 노력을 전개했다. 이 성과로 지방의회에서 여성의원의 비율을 6%에서 9.5%로 크게 증진시켰다. 또한 1971년 선거에서는 후보재배열 전략을 활용하였는데, 이 전략은 '여성 쿠데타'라고 불릴 정도의 눈부신 성과를 가져와 여성의원의 비율이 15%로 증가되었고 오슬로, 아스켈, 트론트하임 3개의 대도시 의회에서는 여성의원이 무려 과반수를 차지하게 되었다. 1970년대 중반 이후에는 기존의 후보재배열 전략에서 방향을 바꾸어 여성들이 정당의 공천을 받고 선거명부 상위 리스트에 올라가도록 압력을 가하고, 여성의 관심을 끄는 정책을 개발하고, 그것이 정당에 수용되도록 노력하였다. 1977년 의회선거와 1979년 시의회선거 캠페인에서는 서로 다른 정치적 입장을 가지고 있는 다양한 여성조직들이 연합하여 노르웨이 전국에 걸친 캠페인 위원회를 구성하고 여성후보자들을 정당의 추천을 받아 선거명부 상위리스트에 올리도록 하였다. 특히 1977년 의회선거 캠페인에서는 모든 정당, 신·구 여성단체, 각 부문의 여성지도자 400여 명이 연합체를 구성하여 정당에 압력을 행사하여 각종 위원회에서 여성 지위 향상을 위한 정책개발을 하도록 하였다. 이 선거 캠페인은 '여성의 해'였던 1975년을 제외하고 매 선거 때마다 전개되고 있다.

그런데 노르웨이 여성들의 초이념적·초당적인 선거연합과 여성정치대표성의 급속한 향상이 가능하였던 데에는 평등과 사회정의, 사회적 합의를 존중하는 노르웨이의 정치문화적 특성이 기여를 한 것으로 보인다. 노르웨이는 전통적으로 중세에 우월적 지위를 독점하는 세력으로서 귀족이 존재하지 않았고, 근대에도 다른 북유럽의 국가들보다 시민층과 노동자들 사이의 갈등이 적어 온건적인 계급투쟁을 경험했다. 이러한 경험은 정당 사이의 경쟁에도 영향을 끼쳐서 여성정치대표성을 확대하기 위한 선거 캠페인에서 여성들의 초당적인 연합을 가능하게 했다. 여성들의 초이념적·초당적 연합은 여성의 관심사를 공적인 정치토론장으로

끌어내고, 페미니즘적 관점에서 정치내용과 제도를 재구성하도록 정당과 정계에 진출하려는 후보들에게 압력을 행사하는 데 매우 효율적이었다. 그 결과로 1970년대 중반부터 보수성향의 정당을 제외한 노르웨이의 정당들은 40% 성 할당제를 도입하여 후보 지명과 당 지도부 구성에 각 성별 60%를 초과할 수 없으며 40%에 미달할 수 없게 하는 규칙을 만들어서 여성대표성을 급속히 향상시켰는데, 이러한 발전은 성 할당제를 당 규칙으로 취하고 있지 않은 정당들의 여성대표성 향상에도 긍정적 영향을 미쳤다.

한편 노르웨이는 입헌군주국으로 내각책임제 정부형태를 취하고 있다. 정부는 다양한 이익집단의 이해를 고루 반영하려는 비례대표성이 강한 협의제적 성향을 갖고 있다. 이러한 성향은 남성과 함께 정치세계를 공유하려는 여성의 요구를 정당화하는 데 일정한 긍정요인이 되었다. 노르웨이는 이념적 스펙트럼이 다양한 다당제 국가이다. 대선거구제와 정당명부식 비례대표제 선거제도[1]를 가지고 있어서 의회에 군소정당이 많은 편이나, 노동당의 사회민주주의 계열과 비사회주의계(보수계)로 양분되어 타협과 조정을 통해서 비교적 안정적 정치를 해오고 있다. 정당의 후보자 지명절차는 공개적이고 민주적으로 진행되는데, 지구당의 자율성이 인정되어 있다. 노르웨이는 협의제적 조합주의 체제를 가진 국가로서 사회적 대표성에 대한 존중도가 매우 높다. 이러한 전통은 후보자 지명과정에서 개인적 능력도 중요하나 소속집단 역시 실질적으로 중요 기준이 되게 한다. 여성들은 합법적인 이해를 소유하고 추구하는 이익집단으로 적극적으로 활동하면서 지명과정에서 그 대표성을 인정받는다.

노르웨이는 비구속명부식 선거제도를 취하고 있어서 유권자가 명부상 후보자의 순서를 바꾸기도 하고, 특정 후보자들의 이름을 지우고 원하는 사람의 이름을 기입할 수도 있고 한 명의 이름을 3번까지 반복해서 기입할 수도 있다. 이러한 제도는 여성유권자들이 단합하여 여성후보의 이름을 반복적으로 기입함으로써 여성의원의 수를 확대시킬 수 있게 해준다.

2. 브룬트란트의 성장배경과 정계입문 전의 약력

브룬트란트는 1939년 4월 20일 오슬로에서 의사였던 구드문트 할렘(Gudmund Harlem)과 스웨덴 출생의 잉가 할렘(Inga Harlem) 사이의 네 자녀 중 첫 번째 자녀로 태어났다. 반나치운동을 하던 부모 때문에 브룬트란트는 어린 시절에 스톡홀름에 사는 외할머니로부터 양육을 받았다. 브룬트란트의 외할머니는 남편과 일찍이 이혼하고 어린 남매를 혼자서 키우면서 대학도 다니고 다양한 정치활동을 하였을 뿐만 아니라 페미니즘 의식이 강한 스톡홀름 최초의 여변호사였다고 한다.

브룬트란트는 어린 시절부터 사회민주주의적 성향의 부모로부터 정치적 영향을 많이 받았다. 특히 그녀는 진로선택에 있어서 아버지로부터 많은 영향을 받았다. 그녀의 아버지는 의사였지만 적극적으로 정치활동에 참여하였고, 노동당 정권 하에 사회부장관(1955–1961), 국방부장관(1961–1963, 1963–65)을 역임하였다.

그녀는 어린 시절부터 아버지와 정치에 대하여 많은 이야기를 나누었다고 한다. 그녀는 저녁식사 시간에 장관이었던 아버지로부터 내각에서 다루던 정치적 이슈에 대하여 이야기를 듣고 질문을 하곤 하였다. 그녀의 아버지는 브룬트란트에게 여성들도 남성과 동등하게 일을 성취할 수 있다고 가르쳤다고 한다.

브룬트란트는 7살부터 노동당의 유년조직에 가입하여 사회민주주의적 교육을 받았다. 뿐만 아니라 그녀는 오슬로에서도 사회민주주의적 성향을 가진 사람들이 많이 살던 지역에 살았는데, 이 지역에서는 제2차 세계대전 이후 정치적 쟁점과 사회적 정의에 대한 토론이 매우 활발하였던 곳이라고 한다.

이러한 환경에서 자란 그녀는 어려서부터 사회의식이 강한 책들을 많이 읽었으며, 저명한 사회민주주의자들과 가족적으로도 친분을 가질 수 있었다. 그녀가 자신의 인생에서 가장 중요한 역할모델이 되었다고 밝혔던 두 사람, 노르웨이의 수상이었던 아이나르 게르하르트센(Einar Gerhardsen)의 부인 베르나 게르하르드센(Werna Gerhardsen)과 노동당의 정치인 롤프 한젠(Rolf Hansen)은 모두 가족적으로 친분이 있었던 인물들이었다.

브룬트란트는 대학에서도 노동당 정치서클에서 활동하였으나 아버지처럼 의학을 전공하였다. 그녀는 의학을 전공하면서 자연과 환경에 대하여도 관심을 많이 가졌다. 브룬트란트는 1963년 오슬로대학에서 의학박사를 취득하였고, 1965년에는 미국 하버드대학에서 공중보건으로 석사학위를 취득하였다. 그녀는 정계에 진출하기 전까지 의사로서 활동하였다.

그녀의 남편 아르네 올라프 브룬트란트(Arne Olav Brundtland)는 국제관계를 연구하는 학자로, 브룬트란트의 말을 빌리면 그녀의 강력한 정치적 후원자였다. 그는 1989년 선거에서 노동당을 지지하기 전까지는 브룬트란트와는 달리 보수당을 지지하였고 보수당 당수의 자문역할을 하기도 하였다. 그녀는 대학시절 그를 만나서 연애를 하였으나 그의 정치적 성향 때문에 베르나 게르하르드센과 같은 그녀의 가까운 친지들도 그와의 결혼에 반대했었다고 한다. 남편의 정치적 활동과 성향은 브룬트란트의 수상시절 그녀의 정치적 경쟁자들의 가십거리가 되기도 했다.

3. 정치적 활동

브룬트란트가 정치에 입문하게 된 결정적 계기는 1970년 노르웨이의 국내정치에서 낙태문제가 뜨거운 이슈가 되었을 때 의사로서 적극적으로 낙태옹호운동을 이끌어가면서 정치적 역량을 발휘한 것이다. 가족계획과 성교육 문제에 특별한 관심을 가지고 있던 브룬트란트는 낙태는 여성의 권리라는 입장을 가지고 있었다. 그래서 그녀는 낙태문제를 페미니즘적 담론으로 이끌어갔다. 그녀의 지적으로나 정치적으로나 수준 높은 낙태옹호를 위한 적극적인 활동은 당시 여론과 정계에 상당한 반향을 일으켰다. 특히 그녀의 활동은 전후 노르웨이에서 여성이 그 정도의 높은 수준에서 학문적으로나 사회적으로 논의를 전개한 적이 없었기 때문에 많은 사람들에게 깊은 인상을 남길 수 있었다. 이러한 활동은 그녀가 1974년 환경부장관으로 임명되는 데 직간접적으로 영향을 미쳤다.

그녀의 환경부 장관으로의 임명은 개인적으로나 노르웨이 역사상 여러 면에서 의미가 있다 :

첫째는 노르웨이 역사상 첫 번째 여성장관이었으며 최연소 장관이었다. 또한 노동당 출신의 장관들이 모두 노동계 출신이었던 것과는 달리 학문적 지식과 경험을 가진 최초의 장관이었다는 사실이다.

둘째는 정당으로부터의 통상적인 충원방법이 아니라 이례적인 방법으로 급작스럽게 비정치권의 여성이 장관으로 임명됨으로써 브룬트란트는 사회적으로나 정치적으로 주목받는 인물이 되게 되었다. 더욱이 그녀의 환경부장관으로서의 성공적인 역할수행은 그녀의 명성과 앞으로의 정치적 활동에 커다란 도움이 될 수 있었다.

셋째는 환경부장관으로 그녀의 생태정치에 대한 관심은 후에 노동당의 정치에 영향을 미치게 되었다. 녹색당이 없는 노르웨이에서 다른 어느 정당보다 먼저 노동당이 환경문제에 관심을 갖게 되고, 당의 정책에 녹색정치가 통합되게 하는 데 기여를 하였다.

그녀는 환경부장관 임기 중에 산성비에 대한 조치들과 1977년 4월 노르웨이의 남서해안 오일 플래트홈의 기름유출 사건에 대한 적절한 대처로 당 내외에서 역량을 인정받고 명성을 얻게 되었다.

한편 그녀는 환경부장관 시절 1977년 오슬로 시의 지역구에서 의원으로 당선되고, 1979년에는 노동당 원내대표가 되었다. 브룬트란트는 1981년 2월 노르들리(Nordli) 수상이 건강상 이유로 임기를 채우지 못하고 퇴진하게 되자 후임으로 수상이 되었다. 그녀는 임기 초에 여성수상에 대한 성적 편견 때문에 어려움을 겪었다. 그녀가 수상이 된 후 데모가 발생했는데, 데모는 직접적으로 브룬트란트에 반대한 데모는 아니었고 노동당 정부에 대한 반대 데모였다. 그러나 브란트란트는 그녀의 회고록에서 여성수상에 대한 부정적 편견이 많았고, 이것이 1981년의 총선에서 노동당 패배의 한 원인이 되었다고 회고하였다. 1981년 가을 총선에서 1978년 이후 내분에 시달리던 노동당은 보수당에 패하였고 그녀는 수상직을 물러났다.

수상직을 물러난 후에 브룬트란트는 야당의 정치인, 야당의 당수로서 정치적 역량을 유감없이 발휘하였다. 1978년과 1980년 노르웨이의 정계는 노르웨이 또는 스칸디나비아에 나토의 로켓 배치문제로 논란이 있었다. 그녀는 비록 나토 옹호자였지만 나토의 로켓이 노르웨이에 배치되는 것은 반대하였다. 또한 보수당 정권이 미국의 로널드 레이건의 정치에 편향하여 정치를 하는 것을 강력하게 반대하였다. 또한 유럽공동체(EC) 문제에 대한 이견으로 노르웨이 노동당이 분열될 위기에 처해 있을 때도 갈등해결에 결정적인 역할을 하였다.

한편, 국제적으로도 활발한 활동을 하였다. 그녀는 1984년 유엔의 세계환경개발위원회의 위원장으로 추대되어서 환경관련 문제를 처리하는 탁월한 능력과 지도력으로 국제무대에서 세계적 지도자로 발돋움할 수 있는 기회를 갖게 되었다. 그녀는 사업수행을 위해서 세계 각국을 여행하면서 많은 정치인 및 조직들과 교류를 하며 외교적 역량을 넓혀갔다. 1985년에 이 위원회는 오슬로에 주재하게 되었는데 당시 수상은 위원회의 일에 별로 관심을 갖지 않았던 반면, 브룬트란트는 노르웨이 생태계에 특별히 미치는 환경변화의 영향을 여론에 호소하여 많은 주목을 받게 되었다. 1987년 이 위원회가 발표한 레포트「우리의 공동 미래」(Our Common Future)에서 환경보호와 경제성장을 통한 '지속가능한 발전'이라는 개념을 개발하였는데, 이것은 처음으로 통합적인 지구적 정치전략의 기반이 되었다. 또한 이 위원회는 1992년 리우지구정상회의 개최와 '아젠다 21'의 초석이 되었다.

그외에도 그녀는 〈군축과 안보에 관한 독립위원회〉(The Independent Commission on Disarmament and Security : The Palme Commission)에 참여하고 사회주의자 인터내셔널(Socialist International)의 부의장으로 참여하며 국제적으로 활발한 활동을 하였다.

1986년 보수연정이 퇴장하게 되자 브룬트란트는 다시 수상으로 임명되었다. 브룬트란트의 정부는 경제회복책으로 소비억제, 내핍 재정정책 추구, 크로네 평가절하 조치 등 세부시책을 마련하여 소득의 공정한 재분배 및 공공지출 억제를 강조하고, 대외정책으로서 기존 외교정책에 입각하여 동 · 서 간 긴장완화, 군축, 원자력 국제안전장치 수립, 북구 비핵지대화 추구, 유가안정을 위한 OPEC와의 협력 등의 정책을 추진하였다. 그러나 경제정책과 금융문제를 해결하면서 우파정당으로부터 공격을 받았을 뿐만 아니라 노동당 내부와 노동조합으로부터도 수많은 혁신과 부분적으로 인기 없는 조치들 때문에 비판을 받았다. 노동당 내부의 분열과 상대적으로 비사회주의 계열 야당(보수당, 기민당, 중앙당)들의 단결, 1986년 이래 지속적 국내수요 감소, 경제성장 둔화, 경기침체와 실업 증가 등에 따른 미래에 대한 불안감의 사회적 파급은 1989년의 선거에 그대로 반영되어 노동당은 1945년 이후 최악의 선거결과를 가져오면서 패하였다. 브룬트란트는 다시 수상직에서 물러났고 보수당, 기민당, 중앙당의 연합정부가 들어섰다.

다시 야당이 된 브룬트란트는 1972년 이후 노르웨이에서 정치적으로 터부시되었던 테마 '유럽공동체 가입' 문제를 새롭게 제시하였다. 이 테마는 비사회주의적 정당의 연합을 깨뜨렸고 결국 1990년 브룬트란트가 새롭게 수상이 되는 데 기여하였다.

그러나 그녀는 수상으로서 세 번째 임기 중 유럽경제지역(EEA) 협상과정에서 EC 가입문제를 둘러싼 여론의 양극화 때문에 어려움을 겪게 되었다. 특히 농민들이 중심이 된 중심당 출신의 안나 란스타인과 유럽화 문제로 격렬한 논쟁을 벌여야 했다. 브룬트란트는 노르웨이의 유럽화야말로 노르웨이의 경제문제 및 이와 관련된 다양한 문제들을 해결할 수 있는 길이라고 확신하였다. 국민 다수의 반대여론에도 불구하고 브룬트란트 정부는 이것을 강행하고자 하였고, 의회는 1992년 10월 EEA 협정을 비준하고 1992년 11월에는 EC 가입 신청을 가결하였다. 노동당은 계속되는 실업과 EC 가입문제로 지지도가 집권 초기보다 현저하게 하락하였으나 1993년 총선에서는 1989년 총선의 지지율 34.3%보다 약간 증가한 37%의 지지율을 얻었고, 여러 가지 어려움에도 불구하고 계속적으로 정치적 우세를 유지할 수 있었다.

그러나 비록 노르웨이가 EEA 협정 등을 통해서 이미 경제적으로 유럽화를 진행하고 있었음에도 불구하고 노르웨이 국민들은 1994년 EU 가입에 관한 국민투표에서 찬성 47.6%, 반대 52.4%로 가입안을 부결하여 브룬트란트의 희망대로 노르웨이의 유럽화는 이루어질 수 없었다. 브룬트란트는 국민투표의 결과와 상관없이 수상직을 계속 유지하겠다는 약속을 지키고 수상직을 1996년까지 수행하였다.

한편, 그녀는 1992년 아들의 급작스런 죽음으로 정신적 충격을 받고 수상직 퇴임을 고려하였으나 주위의 만류로 노동당 당수직만 사임했었는데 1996년 10월 23일에 퇴임을 발표하고 노동당 당수 자그란트(Thorbjørn Jagland)에게 수상직을 물려주었다. 그러나 1997년 선거 때까지 의원직은 유지하였다.

수상직에서 물러난 브룬트란트는 주위의 권고로 1998년 세계보건기구의 사무총장 선거에 출마하여 첫 번째 여성 사무총장으로 선출되었다. 그녀는 사무총장이 되면서 건강보호와 질병예방에 대한 새로운 정책을 시도하면서 국제기구의 개혁을 단행하였다. 그녀는 10개의 새로운 분야에서 50개 이상의 프로그램을 합병하면서 기관을 합리화시키고 말라리아 퇴치와 금연을 위한 정책을 추진하였다. 또한 거시경제와 보건에 관한 위원회를 설립하고 중요한 공중보건 이슈로서 폭력에 역점을 두면서 공중보건에 대한 장기적 접근법을 채택하였다.

그녀는 세계보건기구의 사무총장으로 1998년부터 2003년 7월까지 5년 동안의 임기를 마치고 다시 평범한 노르웨이 시민으로 돌아왔다.

4. 정치적 특징

1) 페미니즘적 정책과 정치문화의 조성

브룬트란트는 어린 시절부터 페미니즘적 성향의 할머니와 어머니, 사회민주주의적 정치활동을 하였던 부모로부터 남녀평등과 사회정의에 대한 영향을 많이 받게 되었다. 그녀의 남녀평등에 대한 신념과 유년기부터 노동당 유년조직을 통한 정치참여 훈련은 1970년 낙태문제가 국내적 쟁점이 되었을 때 그녀의 적극적 활동에서도 잘 나타난다. 의사로서 가족계획과 성교육에 관심을 가지고 있었던 브룬트란트는 그녀가 정계에 진출한 이후인 1978년에 임신 첫 12주간 동안의 낙태를 여성의 권리로 인정한 법이 제정되는 데 기여하였다.

또한 그녀는 여성 정치참여가 증가되어야 사회적으로 남녀평등이 실현될 수 있고, 정치적 여권운동은 정당에서 시작되어야 한다는 확고한 신념을 가지고 있다. 정당의 역할을 강조하는 배경에는 노르웨이의 의원선거 지명과정부터 선출까지에서 정당의 역할이 매우 크다는 사실이 작용한 것으로 보인다. 브룬트란트는 이러한 신념을 수상이 되자 곧 현실화하기 시작하였다. 그녀는 1981년 2월 수상이 되자 17명의 장관 가운데 3명을 여성으로 임명하였고, 두 번째로 수상이 되어서 1986년에 구성한 내각에서는 18명의 장관 중 8명의 여성장관을 임명하여 그의 내각은 '여성들의 정부'로 알려지기도 하였다. 1990년부터 1996년까지의 세 번째 수상직 임기 중 내각 19명 중 9명의 여성장관을 임명하여 완벽한 남녀동수의 내각을 구성하였다. 이런 과정을 통해서 브룬트란트는 노르웨이 여성들이 정치적 입지를 확보하고 항구적으로 정치 권력구조에 진출할 수 있는 디딤돌을 만들었다. 그 결과 브룬트란트가 사임한 후 조각된 내각에서도 18개 부처 가운데 8개의 부처에 여성장관이 임명되었다.

또한 브룬트란트는 여성의 정치진출을 위하여 40% 성 할당제가 법으로 제도화되도록 노력하였고, 그 결과 1988년에는 모든 공공기관의 이사회 및 위원회에 남녀의 비율이 각 40%에 달해야 함을 규정하는 새로운 법 조항이 추가될 수 있었다.[2)]

브룬트란트를 필두로 하여 증가된 여성정치인의 정치적 영향력의 증가로 다양한 성평등 정책의 개선과 수립이 이루어져 1978년 성 평등 옴부즈만 제도,[3)] 탁아시설의 증가, 육아휴직제도의 개선(1993년 이후 육아휴직 기간이 급여의 전액 지급시 42주, 급여의 80% 지급 때에는 52주로 확대), 여성을 위한 유동적인 노동시간법 등이 실시되었다.

한편, 최초의 여성장관이자 여성수상이었던 브룬트란트는 탁월한 정치적 수행능력으로 취임 초기 그녀가 봉착해야만 했던 여성의 정치진출, 특히 여성의 고위직 진출에 대한 성적 편견과 불신을 불식시킬 수 있었다. 또한 브룬트란트 정권에서 증가된 여성의 정치진출은 노르웨이 사회에서 성 평등적 정치문화가 확산되는 데 커다란 기여를 하였다. 또한 그녀는 세계보건기구의 사무총장으로 재직하면서 세계보건기구의 조직을 새롭게 정비하였는데, 9개의 전문 이사직 가운데 5개의 자리에 여성을 임명하였다.

2) 변혁적이고 실용적인 정치 스타일

브룬트란트는 위에서 거론한 성인 지적 정책의 수립 이외에도 노르웨이의 정치변혁에 많은 기여를 한 인물로 평가된다. 그녀는 수상으로 활동할 때나 야당 당수로서 활동할 때나 과감하게 논쟁을 불러일으킬 수 있는 정치적 이슈를 제기하였다. 그 좋은 예가 노르웨이 정치에서 1972년 국민투표에서 부결된 이후 터부와 같이 여겨졌던 노르웨이의 유럽화 문제를 제기한 것이다. 사실 이러한 문제는 최악의 경우 정치적 생명에 타격을 가할 수도 있는데도 불구하고 그녀는 노르웨이의 유럽화가 노르웨이의 경제와 다양한 사회문제의 해결책이 될 수 있다는 확신을 가지고 정면 돌파를 시도하였다. 또한 그녀는 노르웨이의 유럽연합 가입 문제나 나토에 대한 변호 등의 경우에서처럼 우파적 정치성향이라고 비판을 받을 수 있는 것도 실용적인 정치를 위해서 수용하는 유연성을 보였다.

브룬트란트는 변혁적이고 실용적인 관점을 도입하여 노동당이 아래의 새로운 정치적 관점들을 수용하게 하는 데 기여하였다 :

① 녹색정치의 관점
실업률의 증가에도 불구하고 오일증산의 자제, 이산화탄소 방출 제한, 환경부는 브룬트란트를 통해서 강한 인상을 남겼다.

② 자유경제적 관점

③ 우파적 관점
드골식 조국들의 유럽화의 변호, 나토(NATO)의 변호

한편, 그녀의 변혁적인 정치는 국민들의 지지를 받아서 1970년대부터 계속되던 노동당의 내분과 노동조합 또는 노동운동의 극적인 침화현상에도 불구하고 노르웨이에서 사회민주주의의 우세를 유지할 수 있었을 뿐만 아니라, 이를 통하여 노르웨이 정치를 혁신시키는 데도 기여할 수 있었다.

3) 국제적 인물

브룬트란트는 노르웨이 정치가로 유엔사무총장이었던 트리그브(Trygve, 1946–1952) 이후 처음으로 국제적 무대에서 각광을 받으며 활동을 한 정치인이었다. 그녀의 국제적 활동에 이미 어린 시절부터 장관을 역임하였던 아버지의 대외적 정치활동을 통해서 많은 국제적인 정치인들을 만날 수 있었던 경험이 도움이 되었다고 한다.

그녀는 노르웨이 환경부 장관과 의사로서의 경험과 지식을 기반으로 환경과 보건문제의 전문가로서 역량을 세계적으로 발휘하였다. 브룬트란트 위원회라고도 불렸던 세계환경개발위원회는 '지속가능한 개발'(sustainable development)이라는 폭넓은 정치적 개념을 발전시켰으며, 보고서를 통해서 환경문제에 대한 세계여론의 관심을 환기시키는 데 이바지하였다. 또한 그후 환경과 개발과 관련된 유엔의 세계회의의 기초를 마련하는 데 기여하였다.

한편, 그녀는 제3세계에 대하여도 많은 관심을 가졌다. 특히 환경문제와 관련하여 제3세계의 특수한 처지를 고려하여 선진국이 제3세계 국가들에게 산업발전 과정에서 생성되는 환경오염 물질을 배제할 수 있도록 새로운 기술을 가르쳐야 한다고 주장하는 등 제3세계의 입장을 국제정치에 반영하는 데 기여하였다.

그녀는 2003년《사이언티픽 아메리칸》(*Scientific American*)으로부터 세계보건기구의 사무총장으로 사스 발병에 대하여 신속하게 세계적인 대응을 잘 조정했다는 이유로 그해의 인물로 선출되었다. 또한 그녀는 많은 국제적인 상을 받았는데, 예를 들어서 칼스프라이스(Karlspreis, 1994), 평화 · 비무장과 발전을 위한 인디라 간디상(1988), 제3세계 재단상(Third-World-Foundation-Prize, 1989), 오나시스 재단의 델피상(Delphi Prixe, 1992) 등을 받았다.

참고문헌

Mag, Andreas Salmhofer. "Gro Harlem–Brundtland: Ein Versuch, ihren Leadership zu analysieren." Seminararbeit. (http://univie.ac.at/vedran/Dzihic/leader–salm.doc).

라그네 비르테 룬트. 1997. 「노르웨이여성의 정치참여」. 김정숙 편. 『여성과 정치』(II). 서울 : 풀빛. pp. 277–288.

장성자. 1994. 「노르웨이 정치에 미친 여성문화의 영향」. 『여성연구』 통권 제42호. pp. 159–170.

http://people.brandeis.edu/–dwilliam/profiles/brundtland.htm.

http://en.wikipedia.org/wiki/Gro_Harlem_Brundtland.

주

1. 국회의원 선거구는 전국이 19개의 대선거구들로 나누어진다. 한 선거구는 하나의 주로 구성되며 4-15개의 의석을 갖는다. 각 선거구마다 마련되는 정당 명부식 비례대표제는 정당들로 하여금 선거구의 의석 보다 최대한 6석이 추가 가능한 후보자 명부를 작성하게 한다.
2. 노르웨이에서는 1974년 자유당과 사회당을 시작으로 여성 40% 할당제가 시작되었고, 그 후 노동당 등 노르웨이 주요 6개 정당 중 4개 정당이 선거 시 후보자 지명과 당의 지도부 구성 전반에 걸쳐 할당제를 채택하였다. 노르웨이에서 할당제의 도입은 초창기에는 논쟁의 대상이 되었지만 이제는 사회의 다양한 계층과 연령, 지역대표성과 마찬가지로 민주주의의 한 단면으로 자연스럽게 수용되고 있다.
3. 성 평등 옴부즈만은 성 평등법을 강화하는 책임을 가지고 있다. 성 평등 옴부즈만은 성 평등에 대한 불만이 접수되면 중재역할을 수행한다. 그러나 해결이 어려운 사안은 성평등제소위원회에 접수하게 된다.

메리 로빈슨

19세기적 아일랜드에서 21세기를 연 여성 대통령

사진 출처 http://de.wikipedia.org/wiki/Bild:Maryrobinson.jpg

엄태석

'20세기 최고의 여성지도자' 로 아일랜드의 첫 여성대통령 출신인 메리 로빈슨(Mary Robinson)을 꼽는 사람들이 많다. 그 이유가 단지 그녀가 아일랜드의 명문 트리니티대학 법학과 수석 졸업생에다 변호사와 교수, 그리고 스물다섯에 상원의원에 선출돼 20여 년간을 정치에 몸담으면서 아일랜드 최초의 여성대통령이 되었다는 화려한 경력 때문만은 아니다.

20세기임에도 여전히 19세기적 규범과 사고에 머물러 있던 보수적인 가톨릭 국가 아일랜드에서 여성으로서 산다는 것만으로도 버거운 상황에서 그녀가 보여준 적극적 사고와 용기가 이와 같은 평가를 받게 하는 근본적인 이유가 아닌가 싶다. 교수로서, 상원의원으로서, 그리고 거의 상징적인 존재에 불과한 대통령이지만 그럼에도 불구하고 세상의 숱한 편견과 싸우며 그녀가 보여준 '정의와 평화' 에 대한 열정, 그리고 '약자들' 에게 보여준 사랑에 대한 평가의 결과라는 것이다.

로빈슨은 상원의원 시절부터 이혼과 낙태, 동성연애, 그리고 심지어는 피임약의 판매에 이르기까지 만연돼 있던 숱한 금기사항들을 깨뜨리는 데 혼신의 노력을 기울여 왔다. 대통령이 된 이후에도 여성문제는 말할 것도 없이 가난한 사람들과 동성연애자, 장애인 등 소수자 인권문제를 정의의 이름으로 제기해 왔다. 뿐만 아니라 북아일랜드 문제와 소말리아 기아문제, 그리고 세계의 내란 분쟁지역에 직접 뛰어들어 정의와 평화를 구현하기 위해 헌신적인 노력을 기울여 왔다.

이와 같은 로빈슨의 사고와 성과, 그리고 정치적 리더십을 이 글에서는 아일랜드적 상황과 로빈슨의 활동을 중심으로 분석 · 평가하고자 한다. 그녀의 리더십은 어디에 그 뿌리를 두고 있으며, 여성정치인으로서 그녀의 리더십은 어떠한 유형으로 분류될 수 있는지 등의 문제를 생각해 보고자 하는 것이다. 이를 위해 먼저 아일랜드의 경제사회와 정치체제를 살펴보고, 이어 로빈슨의 삶의 궤적을 조명해 보고자 한다.

1. 아일랜드 개관 : 아일랜드 경제사회와 정치체제

로빈슨이 태어난 아일랜드는 면적이 7만 273㎢이며, 수도는 더블린이고, 공용어로는 영어와 아일랜드어를 사용하고 있다. 정식 명칭은 아일랜드 공화국(Republic of Ireland)이며, 영국 본토 그레이트 브리튼 섬의 서쪽에 얕은 아이리시해(海)를 사이에 두고 있다.

아일랜드의 인구는 높은 출산율, 외국 이민자의 증가 등에 힘입어 꾸준히 증가하여 2006년 2월 현재 403만 명을 기록 중이다. 이 중 취업인구가 201만 명에 달하며, 아일랜드 인구는 2015년경 500만 명 수준에 이를 것으로 전망되고 있다. 1인당 국민 총생산은 2004년 현재 3만 8,620

달리로 유럽에서 가장 비약적인 발전을 이루고 있는 나라로 1996년과 비교하여 무려 106%의 신장률을 나타내고 있다. 하지만 아일랜드 취업자 가운데 여성의 비율이 42%로 유럽연합 국가들의 평균 44%보다는 조금 낮다.

아일랜드는 노사정 삼자의 사회협약 모델을 통해 급속한 경제발전을 이룩한 대표적인 나라이다. 1980년대까지는 종속경제, 분권화된 노동조합주의, 민족주의 정당 등에 의해 지배되는 정당체제 등 정치적 불안정과 대립적 노사관계의 대표적 나라였다. 1980년 IMF 관리체제 하에서 성장률 0.4%, 실업률 16.8%라는 최악의 경제위기를 경험하였음에도 불구하고 1981년부터 1987년까지의 연정과 사회협약 노력은 내부갈등과 정파 간 대립 등으로 실패하고 말았다.

하지만 1987년 공화당과 아일랜드 통일당의 연정이 성립되면서 사회협약이 이루어져 경제발전과 사회안정의 기반을 구축할 수 있게 되었다. 1차 협약은 1987년부터 1990까지의 국가재건 계획으로 노사정농의 중앙교섭을 통해 임금억제, 저소득 노동자 보호, 저금리, 저인플레, 장기실업대책 등 경제사회 발전을 위한 사회통합 전략에 대한 합의가 주된 내용이었다.

2차 협약은 1991년부터 1994년까지의 경제사회 진보 프로그램으로 공화당과 진보민주당의 연립정부 하에서 경제발전을 위한 임금억제와 고용안정에 관한 협약이 이루어졌다.

3차 협약은 1994년부터 1996년까지의 경쟁력과 고용관련 프로그램으로 공화당과 노동당의 연립정부 하에서 적극적으로 노동시장정책이 추진되었다.

4차 협약은 1997년부터 2000년까지의 이른바 파트너십 2000으로 아일랜드 통일당과 노동당, 진보민주당의 무지개 연정에 의한 비정규직 보호에 관한 것이었다.

5차 협약은 2000년부터 2002년까지의 번영과 형평 프로그램으로 공화당과 진보민주당의 임금인상 억제와 연금인상에 관한 것들이었다.

6차 협약은 2003년부터 2005년까지의 지속적인 진보 프로그램으로 주택공급 확대, 인플레 억제, 최저임금인상 등 경제사회정책에서의 공공성 강화가 주된 내용이었다.

이와 같이 아일랜드는 각 정당들이 정당 이기주의를 버리고 지속적으로 사회조정 메커니즘을 유지, 소국 개방경제체제의 경쟁력을 강화하는 데 성공하여 1987년 1만 불에서 2000년 3만 불, 그리고 현재는 4만 불 시대를 맞이한 비약적인 경제발전을 이룩하고 있는 국가 가운데 하나가 되었다.

아일랜드의 정치체제는 공화제이며 정부형태는 의원내각제이다. 지방자치를 실시하고 있으며, 29개의 지방의회에 753명의 지방의원들이 있다.

국가의 수장으로 국민들이 직접 선출하는 임기 7년의 대통령이 있으며, 대통령 후보는 20명 이상의 국회의원 또는 4개 지역 이상의 지방자치단체로부터 추천을 받아야만 대통령 후보로 등록할 수 있고 두 번까지 연임이 가능하다. 현재의 대통령은 1997년 11월 선출된 메리 매컬리스(Mary Mcaleese)로 2004년 재선되어 두 번째 임기를 맞고 있다. 대통령은 국민의 대표이며 아일랜드의 수장이다. 국군통수권과 법률공포권이 있으며, 각료와 법관의 임명권이 있다. 상원소집권도 가지고 있다. 하지만 이와 관련된 모든 행위에 있어서는 반드시 총리의 조언(advice)을 들어야 한다. 뿐만 아니라 법무장관과 상원의장, 그리고 하원의장으로 구성된 대통령위원회(Presidential Commission)와 이들을 포함하여 부총리, 대법원장, 검찰총장, 그리고 전직 대통령과 상 · 하원의장, 법무장관, 또 대통령이 임명할 수 있는 7인이 포함된 국무의회(Council of State)의 조력(assist)을 받아야 한다.

대통령은 하원의 소집과 해산을 명령할 수 있다. 이 경우 총리의 제청을 받아야 하는데, 대통령은 이와 같은 권한을 총리의 제청 없이도 행사할 수 있다. 하지만 이와 같은 경우는 아일랜드 역사상 한번도 없었다고 한다. 결론적으로 아일랜드의 대통령은 의회에 상당한 견제를 받으며, 또 실질적인 권한이 거의 없는 상징적인 존재임을 알 수 있다.

아일랜드의 의회(House of the Oireachtas)는 상원(Seanad)과 하원(Dail)으로 이루어져 있다. 상원의 의원은 임기 5년이며, 총 60석 중 11명은 총리가 지명하고 43명은 직능분야에서, 그리고 6명은 대학 교수 중에서 선출한다. 하원의원 수는 166명이며, 이들의 임기는 최대 5년이다. 상원의 가장 중요한 권한은 법률제정에 관한 권한으로 법률에 대한 발의는 상원과 하원 모두 가능하다. 하지만 대부분의 법률은 정부가 제출하여 하원을 거쳐 상원으로 상정된다. 상원에서 발의된 모든 법률에 대해 90일 이내의 기간 동안 심의하여 제정, 폐기 또는 수정 여부를 하원에 권고한다. 하지만 하원은 이를 거부할 수 있다. 또 예산안에 대한 심의권이 있으나 이것은 매우 제한적인 권한으로 예산안의 제출은 하원만이 가능하며, 상원에 21일간의 심의기간이 주어지나 예산안에 대한 수정권한은 없다. 하원의 선거는 비례대표제에 기반한 대선거구 단기이양식 투표방식(proportional representation with a single transferabl vote in multi-seat constituencies)으로 한 선거구에서 3명 내지 5명의 의원을 선출한다.

2006년 현재 정부는 17명의 각료로 구성되어 있는데, 각료 가운데 여성의 비율은 21%이며, 상하원의원 가운데 여성의 비율은 11%이다. 그리고 지방정부의 여성 각료 비율은 14%로 유럽연합의 다른 국가에 비해 여성의 정치참여 비율은 그다지 높지 않다.

1949년 영연방에서 완전 독립한 이래 정권은 공화당이 장악하여 왔으나 1982년 11월의 총선에서 공화당이 하원의석의 과반수를 확보하지 못하여 통일아일랜드당(黨)이 노동당과 연립정부를 수립하였다. 1997년부터는 공화당과 진보민주당 간 연립내각이 구성되었다.

공화당과 아일랜드는 북아일랜드의 6주(州 : 영국령)를 국가 영토에 포함할 것을 헌법으로 규정짓고 있으며, 이 6주의 귀속을 둘러싸고 지금도 분쟁을 계속하고 있다. 1998년 4월 관련 정당들이 평화합의에 합의함으로써 1999년 12월 27년 만에 자치정부(북아일랜드 의회집행위원회)가 발족되었다.

그러나 이후 과격파 조직의 무장해제 문제를 둘러싸고 신교도와 구교도 간 대립이 다시 발생하여 2001년 7월 적극적 평화추진자인 자치정부 총리 트린불이 사임했다. 10월 이후 IRA(가톨릭계 과격파 무장조직)가 무장해제를 수용할 의사를 보여 2001년 11월 트린불이 총리에 재선되었다.

아일랜드는 1955년에는 UN(United Nations : 국제연합)에, 1973년에는 덴마크, 영국과 함께 유럽연합에 가입했다.

2. 로빈슨의 이력

아일랜드 최초의 여성대통령인 로빈슨은 1944년 5월 21일 아일랜드의 마요 주(州)에서 태어났다. 어릴 때 이름은 메리 테레즈 부르크(Mary Therese Winifred Bourke)로, 그녀의 양친 모두 의사였고 할아버지는 변호사였기 때문에 비교적 풍족한 환경에서 자랄 수 있었다.[1)]

가톨릭 신자였던 로빈슨이 트리니티대학(Trinity College)에서 법학을 공부하기 위해서는 가톨릭 대주교의 허락을 받아야만 했다. 당시 아일랜드에서는 가톨릭 신자가 영국의 엘리자베스 1세가 설립한 트리니티대학에 입학하는 것이 종교적으로 금지되었기 때문에 대주교의 허락을 받아야만 했던 것이다. 트리니티대학을 수석으로 졸업한 후 로빈슨은 미국의 하버드대학교에서 석사과정을 이수했다. 그녀는 유학시절 법학공부뿐만 아니라 인권신장을 위한 현실개혁운동에도 적극적으로 참여하였는데, 이때의 경험이 그녀의 자유주의적 성향을 더욱 견고하게 하였을 것으로 추측된다.

23세에 변호사 자격을 획득한 로빈슨은 25세에는 모교인 트리니티대학의 법학교수(Reid Professor of Law)로 임명되었는데, 이는 트리니티대학이 성공한 변호사에게 수여하는 명예로운 지위이기도 했다. 로빈슨은 26세에 니콜라스 로빈슨(Nicholas Robinson)과 결혼을 하였는데, 변호사였던 니콜라스 로빈슨은 가톨릭 신자면서도 자유주의 성향을 지닌 아내와 달리 개신교를 믿는 보수주의적 성향의 사람이었다. 가족의 반대가 극심하였으나 그녀는 종교의 차이가 결혼 반대의 이유가 될 수 없음을 가족들이 언젠가는 이해하리라는 믿음으로 그와 결혼했고, 얼마 안 가 니콜라스는 그들의 가족으로 받아들여졌다.

아일랜드의 정부형태는 의원내각제로 하원의원 166명은 선거로 뽑는다. 그리고 상원의원 60명은 총리의 지명으로 11명이, 직능분야에서 43명이, 대학 교수 중에서 6명이 선출된다. 트리니티대학의 교수였던 로빈슨은 대학 교수 가운데 뽑힌 6명의 상원의원 중 한 명이었다.

1969년 그녀가 상원의원이 될 당시 아일랜드는 상상할 수 있는 바와 같이 지금보다 훨씬 보수적이었다. 1937년 제정된 아일랜드의 신헌법은 여성의 역할을 주부와 어머니로 한정하고 있었으며, 이혼과 피임, 낙태가 법으로 금지되었다. 심지어 강간으로 인한 낙태수술조차 허용되지 않았다.

로빈슨 상원의원은 1970년부터 피임의 합법화를 위하여 활발하게 운동을 전개해 나갔으며, 이밖에도 이혼의 합법화, 여성 배심원의 인정, 서자의 유산상속권 인정문제 등 오랫동안 아일랜드 사람들을 구속해 왔던 불합리한 법률들을 고치는 데 힘썼다. 또 동성연애법 개혁을 위한 캠페인(Campaign for Homosexual Law Reform)의 법률 고문으로 활동하기도 했다. 상원의원으로 활동하던 1970년대 중반에 로빈슨은 하원의원이 되기 위해 노동당(Labor Party)에 입당하였지만 여성을 어머니와 아내로서 가정에만 묶어두려고 했던 전근대적인 사회적 분위기로 결국 그녀의 도전은 실패하고 말았다.

1969년부터 1989년까지 상원의원으로 활동하는 동안 그녀의 자유주의적 개혁 시도는 매번 강한 반대에 직면했다. 이런 상황에서도 로빈슨은 개혁을 포기하지 않았고, 결국 1979년 아일랜드에 결혼한 부부의 피임이 허용되었다. 가톨릭 내부에서는 지금도 피임이 인정되지 않는 점을 고려한다면 피임의 합법화는 획기적인 사건이 아닐 수 없었다.

로빈슨은 1990년 12월 3일, 46세의 나이로 아일랜드의 제7대 대통령에 당선되었다. 노동당의 후보로 일반의 예상을 완전히 뒤엎고 상당한 우여곡절 속에 당선된 로빈슨을 두고 한편에서는 최초의 여성대통령이라는 찬사를, 다른 한편에서는 '턱걸이 대통령'이라는 조소를 보내기도 했다.

아일랜드의 대통령은 선거로 선출되며, 임기는 7년으로 중임할 수 있다. 하지만 아일랜드는 의원내각제 정부형태를 취하고 있어 대통령이 막강한 권력을 가지고 있지 않으며 행정권도 가지고 있지 않다. 심지어 총리의 권위를 의식, 총리가 참석하는 자리에는 대통령이 잘 참석하지 않는 것이 예의로 받아들여질 정도라고 한다. 이처럼 대통령이 정치적으로 큰 실권을 갖고 있지 않지만 로빈슨은 대통령이 가진 상징성을 충분히 활용하여 아일랜드를 개혁하는 데 주력했다. 훗날 '비정치적 활동으로 가장 정치적 효과를 거둔 대통령', '실권이 없으면서도 빛나는 대통령'이라는 그녀에 대한 평가가 그러한 사실을 잘 반증해 준다.

로빈슨이 대통령이 되어 가장 먼저 한 일은 엘리자베스 2세 영국 여왕을 방문한 것이었다. 아일랜드 대통령으로서는 처음 있었던 일로, 이것은 가해자 영국에 대한 피해자 아일랜드의 용서의 뜻이 담긴 매우 상징적 사건이었다. 뿐만 아니라 북아일랜드 문제를 평화적으로 해결하기 위해서도 반드시 거쳐야 할 과정이기도 했다. 이어 로빈슨은 벨파스트를 방문하여 가톨릭계 신페인당의 당수인 게리 아담스를 만났다. 그밖에도 로빈슨은 북아일랜드를 방문할 때마다 개신교계 얼스터 통일당의 당수인 데이비드 트림블과 가톨릭계 사회민주노동당의 당수 존 흄과도 지속적인 접촉을 시도, 북아일랜드의 유혈분쟁 상황을 평화적인 방법으로 해결하기 위해 노력했다.

이와 같은 로빈슨의 적극적인 노력으로 아일랜드가 남과 북으로 분단된 후 처음으로 1992년 7월에 남 · 북아일랜드의 정치가들이 런던에서 만남을 가졌다. 그리고 아일랜드는 영국과도 북아일랜드 문제를 놓고 공식적으로 대화를 시도했다. 이런 성과들이 하나 둘 모여 마침내 1993

년 12월에 아일랜드와 영국은 북아일랜드 평화협정을 위한 기본 틀의 합의에 이르렀다. 아일랜드와 영국 사이에 평화협정을 위한 기초가 마련되면서 아일랜드 주변에 화해 분위기가 조성되었다. 이러한 분위기는 경제적인 상승효과로 이어져 아일랜드에 안정된 투자환경이 조성될 수 있었다. 정치외교적으로도 남 · 북아일랜드의 통일을 위한 기반이 마련될 수 있었다.

로빈슨은 '턱걸이 대통령'이란 조소를 받으며 '지지도 2%'로 출발했지만 임기의 절반이 지났을 무렵 그녀에 대한 지지도는 무려 93%에 이르렀다. 1997년 임기를 석 달 남겨두고 그녀는 "이제 인권분야에 헌신하고 싶다"고 발표하며 유엔 인권고등판무관(UN High Commissioner for Human Rights)이 되기 위해 대통령직을 사임했다.

1993년의 유엔 총회는 '모든 인권의 증진과 보호를 위한 고등판무관에 관한 결의'에 따라 인권고등판무관 제도를 만들었다. 이런 취지에서 코피 아난 유엔 사무총장은 제1대 인권고등판무관이었던 호세 아얄라 라쏘의 후임자로 로빈슨을 발탁했다. 인권고등판무관으로서 로빈슨은 콜롬비아의 기생적인 군벌세력, 알제리의 잔학행위, 캄보디아의 여성과 어린이들에 대한 인신매매 등을 신랄하게 비판했다. 또 콩고, 시에라리온, 코소보, 동티모르 등에서 자행되고 있던 인권침해 상황을 국제적 쟁점으로 부각시켰다. 약소국뿐만 아니라 강대국에 대해서도 그녀는 비판의 소리를 낮추지 않았다. 로빈슨은 러시아의 체첸공화국 처리문제, 중국의 티베트에 대한 정책, 아프가니스탄에서 일어난 민간인 학살문제에 대한 미국의 방관자적 태도를 비판했다. 우리나라 역시 예외가 아니었는데, 로빈슨은 1999년 서울에서 개최된 NGO 세계대회에 참가하여 탈북자들을 북한으로 송환하는 일은 인권침해라고 비판했던 것이다. 로빈슨은 인권고등판무관으로서 전 세계의 인권을 향상시키려고 했고, 그 공로를 인정받아 2002년 시드니 평화상(Sydney Peace Prize)을 수상하기도 했다.

2002년 로빈슨은 국제자선단체인 〈옥스팜〉(Oxfam)의 명예 총장으로 활동했고, 세계 여성지도자위원회의 창립 멤버 및 의장을 지냈다. 지금도 세계적 인권단체인 인권실현의 대표를 맡고 있다. 그녀는 인권교육도 소홀히 여기지 않아서 2004년부터 미국의 콜롬비아대학교에서 인권에 관한 강의를 하고 있다. 동시에 로빈슨은 여러 나라와 대학들을 방문하여 인권에 대한 강연을 활발하게 하고 있다.

로빈슨은 지금까지 우리나라를 세 차례 방문했는데, 2005년 도라산역에서 개최된 평화 · 인권 강연회에 참가하기 위해 우리나라를 방문한 그녀는 "진정으로 안정된 세상을 만들려면 개인과 사회의 안전에 치중하는 새로운 패러다임, 즉 인간안보를 확보해야 한다"고 강조하여 인권보호를 반영한 새로운 개념의 안보를 역설하기도 했다.

3. 로빈슨의 리더십

로빈슨은 전형적인 자수성가형 정치인이며 전문가로서 정치에 영입된 매우 성 인지적인 인물이라고 할 수 있다. 그녀는 양친이 의사이며 조부가 변호사인 매우 유복한 집안의 출신으로 그녀의 잠재력을 개발하는데 경제적 · 정신적인 조력은 받았을지 모르나 이들이 정치적인 활동과는 무관했기에 그녀는 자수성가형의 정치인이라고 할 수 있다.

46세에 대통령으로 당선되기까지 20년의 상원의원 활동이 있었으나 정치권력의 장악을 위한 정당활동이 주가 되기보다는 법학자로서의 전문적 지식이 바탕이 된 사회개혁, 법률개혁 운동을 주로 하였다는 점에서 전문가형 정치인이라고 할 수 있다. 그녀가 성 인지적인 인물인가의 문제는 재론의 여지가 없다. 그녀가 상원의원 시절 몰입했던 개혁의 대상을 보더라도 알 수 있듯이 여성의 피임과 낙태의 허용, 여성 배심원의 임명 등등의 문제는 그녀가 아일랜드 여성의 인권, 나아가 여성의 인권 신장에 얼마나 많은 애정을 가지고 있었는지를 대변하는 것이 아닐 수 없다.

그러면 로빈슨의 이념적 지향점은 과연 어디이며, 그녀의 이러한 이념의 토대는 무엇인지 생각해 보기로 한다. 로빈슨의 정치적 이념을 극단적으로 단순화하여 말한다면 그건 아마도 자유주의(Liberalism)라고 할 수 있을 것이다. 15세기 이후 현재에 이르기까지 다양하게 해석되어 온 자유주의이지만 자유주의의 변치 않는 원리는 역시 보편적 인권의 원리와 보편적 시민권의 원리라고 할 수 있다. 즉 정신적 · 사회적 활동에 있어서의 온갖 개인의 자유와 이니셔티브의 원리와 시민적 자유를 지킬 수 있도록 정치제도와 정책을 비판하고, 만들고, 고칠 수 있는 자유를 모든 남녀에게 인정하는 원리이다.

자유주의를 이와 같이 해석할 때 로빈슨은 다분히 자유주의적 정치인이라고 할 수 있다. 그녀의 인권에 대한 관심, 여성의 불평등한 현실에 대한 개선의 노력, 사회적 약자인 장애인과 동성애자들에 대한 그녀의 깊은 애정은 그녀의 자유주의적 성향을 여실히 입증해 주고 있다.

보다 구체적인 예를 들어본다면 로빈슨이 상원의원이었던 1970년부터 피임의 합법화를 위해 활발한 활동을 전개한 이유가 여성의 사회참여는 원하지 않는 임신으로부터의 자유로부터 시작된다는 믿음에서였다고 한다. 그녀의 이와 같은 신념은 결국 그녀의 자유주의적 사고의 발로라고 할 수 있을 것이다.

다음은 로빈슨이 유엔인권고등판무관으로서 한국을 방문했을 당시 한 기자와 주고받은 인터뷰 가운데 일부이다.

기자 : 대통령 재직시부터 인권고등판무관에 관심을 가진 것 같다. 97년 대선에서 당선될 수도 있었을 텐데 유엔으로 자리를 옮긴 이유는 무엇인가.

로빈슨 : 인권에 대한 관심은 아주 어렸을 때부터 있었던 것이다. 일종의 정의감 같은 거라고 생각하고 있다. 변호사로 활동하면서도 국제적인 인권상황에 굉장히 많은 관심을 가졌다. 코피 아난 사무총장의 제의가 있었을 때 곧바로 마음의 결심을 하였다. 앞으로도 세계의 인권단체들과 연대를 강화할 생각이다.

그녀의 이와 같은 언급의 바탕에는 변호사였던 할아버지가 어릴 때부터 "법은 약자에게 정의를, 그리고 사람들에게는 자신의 처지를 변화시킬 수 있는 기회를 제공한다"고 늘 일깨워준 가르침이 있었다. 그리고 법학의 지향점이 인간존엄성의 확보와 정의로운 사회의 구현이기에 그녀는 법학자로서 자신의 이와 같은 생각을 더욱 강화 · 발전시킬 수 있었을 것이다. 이와 같은 맥락에서 그녀는 대통령 선거운동 기간 내내 자신은 대통령의 직위를 소외계층의 이익을 대변하는 데 사용하겠다는 점을 강조하였다.

다음은 로빈슨의 정치지도자로서의 성과에 대해 평가해 보고자 한다. 한 인터뷰에서 자신이 정치지도자로서 성공할 수 있었던 요인에 대해 그녀는 다음의 세 가지로 요약하고 있다. 첫째는, 국민으로부터의 신뢰 확보이다. 대통령이 된 후 그녀는 국민들이 그녀의 사생활에 대한 모든 것을 알기 원한다는 것을 알았다.

그녀는 변호사, 상원의원의 경력을 지녔음에도 불구하고 매우 내성적이었다. 따라서 이러한 요구에 부응하는 것이 쉽지는 않았지만 사실대로 자신과 가족의 사생활을 드러냈고, 그럼으로써 국민으로부터 신뢰를 얻을 수 있었다고 한다.

둘째로, 그녀는 자신의 가치관과 도덕성을 국민과 공유하는 전략을 탁월하게 활용할 줄 알았다. 그녀가 선택한 전략은 언어와 상징성을 잘 활용하는 것이었다. 그녀의 강연과 질의에 대한 답변은 기성 정치가와는 달리 매우 부드러우면서도 간결하고 핵심을 찔렀다. 이것이 그녀가 말한 언어의 중요성이었다.

셋째로, 그녀의 힘은 그녀의 확고부동한 철학에서 비롯되었다. 그녀는 자신의 개인적 철학은 “모든 사람이 보다 나은 세상을 위해 일할 수 있어야 한다”는 것이다. 이러한 철학에 힘입어 명예직에 불과하던 대통령직은 그녀의 표현대로 ‘국민과 실질적인 관계를 맺는 실용적 대통령’이 되었다.

한 예로 그녀가 대통령 후보 시절 그녀는 다른 두 남자 대통령 후보보다 더 탁월한 현실적 의제를 제시함으로써 국민들로 하여금 그녀가 다른 후보들보다 한 수 위임을 알게 할 수 있었다고 한다. 하지만 이와 같은 점 이외에도 그녀가 정치지도자로서 상당한 성과를 거두게 된 데에는 그녀에게 다음과 같은 능력과 장점이 있었기 때문으로 판단된다.

첫째, 로빈슨은 20세기에 19세기적 아일랜드에서 21세기적 마인드를 가지고 상원의원으로서, 또 대통령으로서, 그리고 유엔인권고등판무관으로서 활동하였다. 19세기적 사고가 지배하고 있던 아일랜드를 20세기에 진입하게 하고 또 21세기를 준비할 수 있도록 하였다는 것이다. 여성의 삶을 20세기로 끌어올렸다면 동성애자들의 인권은 21세기로 견인하였음을 인정하지 않을 수 없다.

둘째, 그녀는 항상 시대를 앞서 살아나갔지만 그 어떤 대목에도 자신의 원칙을 버린 적이 없다는 점에서 높이 평가할 만하다. 상원의원 시절 남성들의 거센 반대에도 불구하고 여성의 피임과 낙태의 권리를 법률적으로 명문화하였다. 또 유엔인권고등판무관 시절에는 인권문제가 있는 곳은 강대국과 약소국을 구분하지 않고 적극적으로 비판하였다. 이와 같은 점은 여성지도자로서 뿐만 아니라 지도자로서 상당한 평가를 받을 만한 요소로 평가할 만하다.

셋째, 이와 같은 성과의 배경에는 그녀의 실패를 두려워하지 않는 강한 도전의식과 용기, 강한 추진력이 있었기에 이 모든 것이 가능했다고 할 수 있다. 이는 그의 종교적 신앙과 법학자로서의 정의감 같은 것들이 그 토대를 이루었을 것으로 생각된다. 그녀는 아일랜드 대통령으로는 처음으로 영국의 엘리자베스 여왕을 방문했으며, 많은 비판과 위험을 무릅쓰고 북아일랜드를 방문하여 가톨릭계 신페인당 당수를 만났다. 이와 같은 그녀의 노력이 결국 1993년 아일랜드와 영국이 북아일랜드 평화협정을 위한 기본 틀의 합의에 이르게 하였다. 이처럼 조국의 번영과 평화를 위해 용기 있는 도전을 멈추지 않은 그녀의 투지가 그녀를 높게 평가하는 하나의 이유가 될 수 있을 것이다.

넷째, 그녀가 다른 어떤 정치인보다 많은 성과를 거두고 높은 평가를 받게 된 것은 그녀가 의원내각제 하에서 총리나 수상이 아니라 대통령직을 수행하였기 때문이 아닌가 판단된다. 다시 말해 국정을 직접 담당하는 총리는 국민으로부터 항상 좋은 평가만을 받기 어렵다. 한 예로 영국의 대처 수상의 경우 압도적인 국민적 지지로 수상직에 취임하였지만 얼마 안 가 수만의 군중이 수상관저에서 데모를 하는 광경을 목도하게 되었다. 국가 개조를 위해 그녀는 노조와 공무원들과 전쟁을 하지 않을 수 없었기 때문이다. 하지만 국정 전반에 대해 어느 정도 거리를 유지하고 있는 의원내각제 하의 대통령은 이와 같은 문제로부터는 상대적으로 자유로울 수 있기 때문에 그녀는 보다 근원적인 문제에 몰입할 수 있었고, 또 다수의 호응을 받을 수 있었을 것으로 생각된다.

다음은 이러한 일반적인 평가와 더불어 그녀의 여성의 정치참여에 대한 입장을 우리나라의 한 학자와 나눈 대화를 통해 살펴보기로 한다.

> 나 역시 여성의 정치적 활동에 참여하고 책임을 지는 것이 매우 중요하다고 생각하는 입장이다. 그리고 이는 지난 1995년 북경에서 열린 베이징 대회의 행동강령을 잘 지키는 것이 관건이라고 본다. 행동강령에 대한 점검은 이번 NGO대회뿐만 아니라 앞으로 계속적으로 이뤄지리라고 본다. 이제까지 얼마만큼 이뤄졌고 앞으로 어떤 조치가 취해져야 하는지를 꼼꼼히 검토하는 일이 하나의 방법이다. 특히 아시아 국가들은 지역준비회의를 통해 이러한 것을 좀더 자세히 살펴볼 수 있을 거라고 생각한다.

이와 같은 언급은 결국 제도와 원칙을 중시하는 그녀의 법학자다운 입장을 잘 나타내 주고 있다. 그러면서 여성이 정치에 참여함에 있어서는 여성의 균형감각이 중요함을 강조하고 있다.

> 나는 여자가 남자보다 우수하다는 견해보다는 균형이 중요하다고 생각한다. 그리고 여성들이 책임을 가지고 리더십을 발휘하는 자리에 있는 것은 중요한 일이다. 왜냐하면 여성은 일의 우선순위를 두는 데 있어 매우 실용적인 접근을 한다. 그리고 특히 보호받을 필요가 있는 부분에 대해서 남자들보다 훨씬 실제적이다. 대표적으로 세계보건기구 리더인 노르웨이 수상 출신 그로 브룬트란트와 유엔난민고등판

> 무관의 오카다 사다코 씨를 들 수 있다. 그리고 이들의 공통점은 균형감각이다. 여성들이 역할을 관리하는 데 있어 가장 중요한 것은 균형감각이라고 본다.

여성의 균형감각이 여성이 정치에 참여하는 데 매우 중요하다는 로빈슨의 견해는 여러 측면에서의 해석이 가능하다. 또 이에 대한 반론 내지 이견도 있을 수 있다. 하지만 이보다 더 중요한 것은 여성이 리더십을 함양하고 리더의 지위에 가는 것이 중요하다는 점에 대한 그녀의 인식이다.

여성의 인권신장과 정치참여 확대라는 측면에서 그녀의 기여는 절대적으로 과소평가될 수 없다. 한 예로 그녀가 최초의 여성대통령이 된 후 그녀의 뒤를 이을 대통령 선거의 후보 5명 가운데 4명이 여자였으며, 당선자 또한 그녀와 이름이 같은 메리 매클리스였다는 점이다.

그녀는 이제 겨우 60대에 들어섰다. 하기에 앞으로도 그녀가 얼마나 인권과 여성의 지위향상에 기여할지는 아직 미지수이다. 하지만 분명한 것은 앞으로 그녀가 지난 30여 년간 이룬 것보다 더 많은 성과를 거둘 수 있으리라는 믿음이 우리에게 있다는 것이다.

참고문헌

고은 외. 2006.『그녀들은 무엇이 다른가』. 서울 : 명인문화사.

Horgan, John. 1998. *Mary Robinson : A Woman of Ireland and the World*. MD : Roberts Rinehart Publishers.

우먼타임즈. 2002. 08. 12.

여성신문. 1999. 10. 29, 2005. 07. 29.

http://en.wikipedia.org/wiki/Mary_Robinson.

http://www.oasis.gov.ie/government_in_ireland.

주

1. 로빈슨과 거의 비슷한 경력을 가지고 그녀의 뒤를 이어 아일랜드의 대통령이 된 메리 매클리스가 술집을 경영하는 가난한 부모 밑에서 태어나 9남매의 맏딸로 동생들을 돌보며 성장하였다는 점에서 흥미로운 대조를 이룬다.

안겔라 메르켈

독일의 내적 통합을 꿈꾸는 동독 출신의 여성 총리

사진 출처 http://www.bundesregierung.de/Webs/Breg/DE/PublikationenFotos/FotoArchiv/fotoarchiv.html

박채복

2005년 11월 22일은 독일 정치사에 새로운 장이 기록된 날이다. 안겔라 메르켈(Angela Dorotea Merkel)이 이끄는 독일 기민 · 기사당연합(CDU/CSU)이 기존 집권 사민당(SPD)과 대연정을 통해 새로이 내각을 구성하고 구동독 출신의 메르켈이 독일 역사상 최초의 여성총리로 선출된 것이다.

지난 1996년부터 1969년까지의 첫 번째 대연정에 이은 독일 현대 정치사상 두 번째 대연정으로 기록될 이번의 정치실험은 독일식 사회보장국가(Sozialstaat)의 개혁과 통일 이후 제기되어진 여러 국가적 난제들, 즉 연방주의의 개혁문제, 통일 독일의 내적 통합문제, 경제성장과 고용확대 및 사회복지 문제, 그리고 통일 독일의 대외적인 위상정립 등의 수많은 난제들을 해결하기 위한 독일의 전통적인 타협정치의 소산이다. 더욱이 동독 출신 여성총리의 등장은 통일 독일의 내적 통합문제뿐만 아니라 21세기 여성의 새로운 리더십의 가능성이라는 측면에서도 무척 의미심장하다고 할 것이다.

따라서 1990년 독일 통일 이후 심한 내부 통합의 위기상황을 타개하지 못하고 있는 독일의 현실에 비춰볼 때 동독 출신의 여성정치인이 새로이 산적한 난제들을 해결하고 구동독 · 서독인들 간의 반목을 잠재우며 소위 '독일병'을 치유할 수 있을지에 대한 관심이 고조되고 있다. 또한 동독 태생의 메르켈이 어떻게 통일 독일의 내적 통합을 완수하고 중 · 동유럽 국가들로 확대된 새로운 유럽연합의 난제들을 넘어서 새로운 정치적 비전을 제시하게 될 것인지 세계인의 관심이 고조되고 있다.

1. 독일 정치체제의 특성과 여성의 정치참여

독일은 의회민주주의를 근간으로 하는 연방제 국가이다. 의회민주주의 체제라는 독일의 정치구조에서 연방총리에게 강력한 권한과 리더십 책임이 주어지기 때문에 이를 총리민주주의(Kanzlerdemokratie)라고 지칭하기도 한다. 연방정부의 업무는 이와 같은 총리원칙(Kanzlerprinzip)과 더불어 관할원칙(Ressortprinzip), 합의원칙(Kollegialprinzip)에 의해 수행되어진다. 또한 연방제를 통해 연방의 행정조직과 주정부의 자율성이 법적 · 제도적으로 보장되어 있으며, 연방제의 법적 · 제도적 장치는 정당중심의 정치제제를 정치발생의 근원으로 독일 특유의 '정당민주주의'의 토대를 제공한다.

독일의 정치구조는 연방대통령, 연방 상 · 하원으로 구성되는 입법부, 연방총리를 정점으로 하는 행정부, 그리고 독립적인 사법부를 통한 수평적 권력구조와 연방과 주라는 수직적 권력구조로 대변되어질 수 있다.

이렇듯 독일의 정치구조는 권력분립, 연방제, 국정운영 원칙, 연립정권 등 독일 정치체제의 특성에 기인하여 권력이 다원적으로 분산되어 있는 특징을 가지고 있다. 이러한 분산된 권력구조로 인해 독일의 국정운영 과정에서는 견제와 균형이 유지되고 모든 결정은 합의에 의해 이루어진다는 특징을 지닌다.

대통령제의 대통령과는 달리 독일의 연방대통령은 극도로 자제된 역할을 수행하고 있고, 연방대통령의 권한은 형식적이며 절차적인 성격을 띠고 있다. 연방총리는 제1당의 리더이자 연립정당의 대표로서 독일 권력구조 속에서 가장 많은 권력을 갖고 있는데, 일반적으로 다수당의 당수 혹은 연립정당의 대표가 총리후보로 출마하는 경우가 대부분이다. 따라서 연방총리는 독일의 수직적 · 수평적 권력구조의 문제점을 보완하고 총리중심의 정치체제라는 독일 정치구조의 특징을 이해하는 데 매우 중요하다.

독일의 선거제도는 소선거구 다수대표제와 정당명부제에 의한 비례대표제가 독특하게 배합된 인물본위의 비례대표제이다. 이와 같은 선거제도는 독일 내 정치세력의 분화현상을 통해 현실적으로 항시 어떠한 형태이든지 간에 다당제적인 연립정권을 구성하지 않을 수 없는 결정적인 원인을 제공하고 있다. "전후 독일의 정치사는 연정의 역사이다"라고 할 만큼 연정은 독일 정치체제의 제도화된 절차와 과정이라고 할 수 있고, 이를 통해 독일 특유의 정치체제와 정당체제를 만들어내고 있다. 이러한 분화된 권력구조 하에서 총리의 당 내의 입지, 연정의 구도, 연방하원에서 과반수 유지 등은 정책적 지속력을 유지하면서 분산된 권력을 상호 조정해야 하는 연방총리의 리더십에 많은 영향을 주는 변수로 작용하고 있다.

이와 같은 독일 정치체제에서 여성의 정치참여는 프랑스와 영국보다는 활발한 편이나 스칸디나비아 국가들에 비하면 낮은 편이다. 독일 여성의 평균적인 정치참여율(주의회, 연방하원, 유럽의회 등)은 30%를 넘는 것으로 나타나고 있는데, 이는 유럽연합 회원국들의 평균인 24. 2%보다는 높은 것이다. 2005년 총선결과 614명의 하원의원 중 420명은 남성이고 194명은 여성으로, 여성이 차지하는 비율은 31.6%로 2002년의 32.5%보다 약간 하락하였다. 또한 여성의 정부기관 참여율은 43.6%로 유럽국가들 중에서도 높은 편이다.

독일에서 여성의 정치참여율이 상대적으로 높은 것은 각 분야의 여성참여 증진을 위한 할당제를 실시함으로써 정치, 경제, 사회, 교육 등 모든 부문에서의 평등실현 속도를 촉진한 제도적인 측면을 지적할 수 있다. 또한 독일 정당정치의 발전이 여성의 정치참여에 긍정적인 영향을 주었다고 할 수 있다. 소선거구제를 채택하고 있는 독일에서 각 정당들은 여성의원들의 정치참여를 증진을 위해서 비례대표제 선거명부의 당선가능성 있는 위치에 먼저 여성을 배치함으로써 여성의원의 수를 증진시키고 있다. 이와 함께 독일의 의원후보 선출규정은 정당법과 연방선거법에 의해 제도적으로 엄격히 명문화되어 있고, 선출기구와 관련해서도 연방선거법에 의해 당원총회나 대의원회에 의한 투표를 규정하고 있어서 상대적으로 민주적이라고 할 수 있다.

그럼에도 불구하고 의장단, 위원회 위원장, 당대표, 당총재, 당대변인, 정당의 사무총장직 등 여성의 고위직으로의 진출은 상대적으로 낮은데, 여성의 고위직 진출은 1980년대부터 점차 증가하여 1990년에는 14.7%이고 현재는 약 20%정도를 나타내고 있다. 여성할당제와 여러 제도적 장치를 통해 여성의 대표성을 확대하고 여성의 제도권 진출을 보다 용이하게 하려는 시도에도 불구하고 상대적으로 적은 여성의 고위직으로의 진출은 아직도 개선될 부분이 많음을 보여준다. 의회민주주의를 토대로 한 연방제 국가라는 정치체제의 특성과 당 내 민주주의의 확대라는 양성평등을 강화시키기 위한 제도적 보완뿐만 아니라, 기회의 균등을 확대시키는 실천적 운영의 측면이 매우 중요하다는 점이 드러나는 것이다.

이와 같은 맥락에서 2005년 대연정을 통한 최초의 여성총리의 등장은 전통적인 남성중심의 독일 정치에서 정치의 주변부에 위치해 온 여성들에게 이제 여성이 어떠한 지위에도 제 역할을 수행하게 될 것이라는 자신감을 갖게 하였다. 많은 독일 여성들에게 메르켈은 자신의 캐리어를 생각하는 데 가장 좋은 본보기를 제공하게 될 것이며, 정치분야에 있어서도 여성의 지위는 현저하게 상승될 것으로 예견된다. 독일 국민 대다수는 여성이 총리가 된다는 것에 거부반응을 보이지 않았고, 단지 지금의 독일 문제를 해결하는 데 능력과 전문성을 가진 총리를 원하였다는 점에서 메르켈의 등장은 전통적인 남성중심의 독일 사회에서 양성평등과 여성의 정치참여에 대한 인식의 지평을 확장하는 데 중요한 계기를 마련하였다.

2. 메르켈의 정치적 리더십

1) 독특한 성장배경과 양가적 정체성

독일의 어떤 여성정치인도 메르켈처럼 여론의 관심을 많이 받은 경우는 없었다. 그녀에게는 보수적인 기민당 최초의 여성당수, 최연소 여성총리라는 꼬리표뿐만 아니라 동독 출신의 '콜 수상의 총아' 라는 수식어가 항시 붙어다녔다.

독일 최초의 '오씨' (Ossi) 여성 총리인 메르켈은 1954년 7월 17일 서독 땅인 함부르크에서 출생한 직후 목사인 아버지를 따라 동독으로 이주하여 줄곧 사회주의 사회 내에서 목사가족이 겪는 핸디캡 하에서 성장한다. 메르켈은 집과 집밖의 서로 대립적인 두 세계 사이에서 자라났다고 할 수 있는데, 이 점이 동독 출신임에도 불구하고 동독적인 기질과 사고를 별로 찾을 수 없다는 메르켈의 개인적 성향을 뒷받침해준다.

유난히 언어에 소질이 있어 교사나 통역사가 되기를 꿈꾸었으나 메르켈은 종교의 자유가 억압받는 동독에서 목사가족들의 직업선택에 있어서의 제약 때문에 라이프치히대학에 진학해 물리학 박사학위를 취득하였다. 또한 목사의 딸이라는 배경 때문에 현실의 어려움에 직면했던 메르켈과 이상주의를 실현시키고자 했던 메르켈의 아버지는 때로는 이념적으로 대립되기도 하였다고 한다. 정치사찰과 인권침해가 거듭되는 동독 현실에 혐오감을 느끼며 자라난 그녀의 특이한 성장배경은 추후 그녀의 정치적 신념을 정립하는 데 큰 영향을 미쳤다. 반면에 메르켈은 여성정치인이면서 여성들에게 호소력이 작아 보이는데, 이 점은 아이러니하게도 자의식이 강한 여성들이 성장할 수 있는 토양이 마련되었던 동독 출신이라는 점에서 관련성을 찾아볼 수 있을 것이다.

2) 정치입문 과정 및 정치경력

독일 통일과정에서 정치에 입문한 메르켈은 로타 드 메지에르(Lothar de Maiziére) 전 동독 총리에 의해서 동독의 마지막 정권의 정부대변인으로 전격 발탁된다. 통일 후 헬무트 콜(Helmut Kohl) 전 총리와의 만남은 메르켈이 통일 독일의 정치무대에서 급성장하게 되는 계기가 되었다.

1990년 12월 통일 이후 치러진 첫 선거에서 기민당 소속 하원의원으로 선출된 메르켈은 통일된 독일의 정치적 현실에서 동독 출신의 신성 정치인으로서의 가능성을 인정받아 내적 통합문제에 고심하던 당시의 헬무트 콜 총리에게 전격 발탁된다. 동독 출신에다 여성인 메르켈은 당시 부드러운 이미지의 대변인을 찾고 있는 콜 전 총리에게는 적임자가 아닐 수 없었다.

헬무트 콜 내각에서 메르켈은 1991년 1월 연방여성청소년부 장관을 거쳐 1994년에는 환경부 장관으로 선출되었다. 연방여성청소년부 장관으로서 메르켈은 그리 큰 성과를 거두지는 못하였으나, 환경장관으로서 메르켈은 재직기간 중 과학자 출신이라는 경력과 전문지식을 기반으로 「교토의정서」 합의에 큰 기여를 하는 등 탁월한 업무수행 능력을 보여줬다.

1998년 기민 · 기사당 연합이 총선에서 패배한 후 메르켈은 당 최초의 여성 사무총장으로 지명되었다. 당시 메르켈에게 콜 전 총리와의 특별한 관계는 메르켈이 동독 출신이라는 한계를 극복하고 당 지도부의 핵심 자리에 오르게 하는 기반이 되었지만 정치적 지지기반을 형성하는 것은 너무나 어려운 일이었다. 그러나 남성이 지배하는 독일의 정치현실에서 최초의 여성 사무총장직은 메르켈에게 새로운 기회를 제공하였고, 콜의 그늘에서 벗어나 독자적인 지지기반을 형성할 수 있는 토대를 마련할 수 있게 하였다.

1998년 기민당의 비자금 스캔들을 계기로 메르켈은 자신의 후원자인 콜 총리의 정계 은퇴를 가장 먼저 요구하고 나선 정치생명을 건 승부수를 던진다. 이 사건을 계기로 그녀는 당의 실력자로 급부상할 수 있었다. 기민당 내의 포스트 콜 시대의 새로운 정치적 비전에 부합하는 정치행보를 통해서 나름의 정치적 입지를 구축하였던 것이다. 이를 통해 2000년 4월 메르켈은 기민당의 당 대표로 선출됨으로써 차기 총리후보로 부상하게 되었다.

당초 메르켈은 콜 총리의 불법비자금 사건으로 만신창이가 된 기민당을 정비할 시한부 대표로 선출된 셈이다. 차기 총리를 꿈꾸던 기민당 내 잠재적 후보들에 비해 당 내 지지기반이 없던 메르켈은 동독 출신에 정치적 경험이 적을 뿐만 아니라, 뚜렷한 비전을 가지고 있지 못하다는 이유로 '이미지 개선을 위한 대타용' 정도로 생각되었다. 더욱이 대내·외적으로 남성중심의 기존 정치판도에서 보수정당의 여성 당 대표라는 직함은 메르켈에게는 버거운 임무로 여겨졌다. 또한 정치적 기반이 미비한 메르켈이 당시 기민당을 소생시키기 위한 리더십을 발휘할 수 있는 역량이 절대적으로 부족할 것이라는 견해가 지배적이었다. 그러나 이와 같은 예상을 깨고 메르켈은 당 대표로서 자신의 입지를 뿌리내리기 시작하였고, 후에 콜 수상과의 정치적 화해를 적극적으로 시도하여 당 내 콜의 정치적 기반을 자신의 기반으로 만드는 데 성공하였다.

메르켈의 리더십은 당을 장악하는 과정에서도 잘 나타났다. 기민당의 당 대표가 된 메르켈은 2000년 9월 원내총무직까지 겸임하면서 권력에 대한 집념을 드러내기 시작하였고, 남자 이상의 수완을 발휘하며 당을 이끌어 나갔다. 2002년 총선을 앞두고 기민당의 당수임에도 불구하고 자매정당인 기사당의 슈토이버 대표에게 총리후보 자리를 넘겨줘야 하는 수모를 참아내면서 메르켈은 총리후보를 양보하는 대가로 당원들을 더욱 확고하게 장악하였고, 2002년 당 대표로 재선출되었다. 당 내외의 우려를 불식시키고 2004년 다시 당 대표로 선출되어 당권을 장악한 메르켈은 2005년 5월 전통적인 사민당의 표밭인 노르트라인-베스트팔렌 주 선거에서 승리를 이끌어냄으로써 쉬뢰더 정부에 결정적인 타격을 주었고, 연이은 총선에서 승리함으로써 총리에 선출되기에 이른다.

메르켈은 특유의 단호함과 뛰어난 적응력으로 동서독 정치적 통합과정의 상징적 마스코트에 머물지 않고 변화를 주도하는 명실상부한 독일 정치의 중심인물로 성장하기에 이른 것이다. 메르켈의 정치적 리더십은 자신의 목표를 추구하면서도 지속적인 변화의 흐름에 자신을 적응시킬 수 있었던 결단과 용기의 소산이라고 할 수 있다.

3) 보수적 현실주의 정치성향

메르켈의 정치성향을 설명하는 데는 보수적이라는 평가와 더불어 실용주의적이라는 평가가 항시 따라다닌다. 메르켈의 정치성향을 가늠하는 데는 이전의 정치적 경력에서 보여지는 몇 가지 실례들을 언급하는 것이 무척 유효하다.

여성청소년부 장관으로 재임하던 1992년 메르켈은 낙태와 관련된 독일 기본법 제218조의 개정 논의에서 자신의 보수적인 의견을 끝까지 고집한다. 비록 낙태법안의 개정안을 상정하기는 하였지만 표결에서 본인은 기권한다. 또한 환경장관 재직시 메르켈은 무엇보다 베를린 기후협약의 체결을 통해 「교토의정서」 비준을 가능하게 하였다. 뿐만 아니라 핵폐기물 수송과 여러 환경문제 현안들의 처리에 있어서 메르켈은 예의 추진력뿐만 아니라 단호함을 보여준다. 환경장관으로서 메르켈은 온실가스 규정에 대한 국제협약에 공을 들인 반면 내부적으로 여론의 반대에도 불구하고 강력한 원자핵 정책을 추진하였지만, 반면에 자연보호 정책 분야에서는 별로 기여한 바 없다는 평가가 지배적이다. 또한 환경장관 재직시에는 환경세(Ökosteuer)의 도입을 주장하였지만, 막상 사민당 정권이 이 환경세를 도입하게 되자 갑자기 강력하게 반대의사를 표명하여 많은 이들에게 당혹감을 선사하기도 하였다.

이렇듯 실용적인 메르켈의 정치적 현실감이 가장 두드러지게 나타난 점은 무엇보다도 기민당의 사무총장 재직시 폭로된 콜 정권의 정당 기부금 스캔들에 대한 그녀의 단호한 입장표명이다. 독일 검찰은 1999년 11월 4일 기민당의 전 재정책임자(Walter Leisler Kiep)에게 세금포탈 혐의로 구속영장을 집행하였는데, 이 사건은 과거 콜 정권의 정치자금 모집에서의 부도덕성을 여실히 보여주는 사건으로 기민당에게는 최대의 위기순간이었다. 그럼에도 대다수 기민당 지도부는 과거 콜 정권 하에서 이뤄진 부정부패와의 연결의 고리를 끊지 못하고 은폐만을 일삼고 있었다. 1999년 12월 22일 메르켈은 당시 기민당 지도부 그 누구와도 상의 없이 《프랑크푸르터 알게마이네 차이퉁》(*Frankfurter Allgemeine Zeitung*)에 기고문을 통해서 기민당과 자신의 대부이기도 한 콜과의 단호한 단절을 호소하였다. 결과적으로 이러한 메르켈의 단호한 결단력과 타고난 정치적 감각은 이후 메르켈에게 기민당 당대표의 길을 열어주었으며, 독일 최초의 여성총리로서 정치적 성장을 가능하게 한 원동력이었다고 할 수 있다.

사회주의 국가인 동독에서 목사의 딸로 자란 메르켈은 기본적으로 공산주의와 독재, 자유의 제한에 대해 비판적이며, 메르켈 자신이 동독 출신이기 때문에 자유의 소중함을 누구보다 잘 안다고 말해왔다. 메르켈은 시장경제체제의 신봉자로 메르켈에게 사회주의적인 것은 곧 비효율적인 것을 의미한다. 더구나 동독 시절 물리학 연구소에서 일하며 동독 체제의 한계를 경험한 메르켈은 연방 여성청소년부 장관으로 재임하던 당시 기존의 독일의 사회정책 가운데 사회주의적 요소가 아주 많다고 지적했다는 일례를 통해서도 드러나듯이, 어느 면에서 보면 전통적인 기민당 내의 인사들보다도 더 보수적인 정치적 성향을 가지고 있다고 평가되어진다. 메르켈이 기민당 대표로 당을 이끌면서 기민당의 정책이 한층 더 시장경제체제에 친화적이 되었다는 평가를 받고 있으며, 지난 총선에서도 친기업적인 경제정책을 공약으로 내세우기도 하였다.

3. 여성정치인 메르켈에 대한 평가

메르켈은 더 이상 동서독 정치통합 과정에서의 상징적 인물이 아닌 그 변화의 중심에서 독일을 주도하는 인물이 되었다. 비록 고지식하고 유연하지 못하며 역대 총리에 비해 유약한 카리스마를 가지고 있다는 평가에도 불구하고 최초의 과학자 출신 총리답게 정확하고 성실한 것이 그녀의 정치 스타일이다. 투박하지만 간결한 어투로 복잡한 정치현안을 쉽게 설명하는 능력을 보유하고 있고, 뚝심 있게 밀고 나가는 추진력도 갖췄다는 지적이다. 어려운 결정을 내릴 수 있는 냉정한 분석력과 판단력의 소유자인 그녀는 그녀의 정치적 경력에서 잘 나타나듯이 자신의 환경적 요소에 의해 형성된 원칙을 고수하고 특유의 우직함으로 자신에게 주어진 과제를 성실하게 준비하고 해결하려 노력하였다.

비록 메르켈은 구동독지역에서 뿐만 아니라 구서독지역에서도 뚜렷하고 확고한 지지층은 없으나 현실정치의 난제들에 무척 발 빠르게 적응하는 학습능력과 정치감각을 가졌다는 평가를 받고 있다. 독일 정치계의 최상층에 오른 몇 안 되는 동독 출신 정치인임에도 불구하고 정치인 메르켈의 그간의 행보를 보면, 지금까지 통일 후 동독이 직면한 문제를 해결하는 데 별다른 기여를 하지 않았으며, 이로 인해 구동독과는 그다지 관계가 없는 정치인으로 구동독 지역민들에게 여겨지고 있다. 다시 말해 메르켈은 여성이지만 어찌 보면 15년 동안 독일 정치의 심장부에서 주요 요직을 두루 거치는 특이한 이력으로 전체 독일을 대변할 수 있는 정치인이며, 그녀가 동독 출신이기 때문에 동독지역까지 통합할 수 있는 지도력을 겸비한 정치인으로 부각되어 왔다는 점이다. 이는 동독 출신이며 여성이라는 핸디캡을 극복하고 정치를 향한 자신의 목표를 꾸준히 추진해 온 메르켈의 강점이자 성공요인이라고 할 수 있다.

또한 여성이 아닌 정치인으로서의 메르켈은 전통적 여성상을 선호하는 보수당인 기민당의 여성상에 어울리는 여성은 아니다. 그녀는 오히려 남성들 세계 속에서 작용하는 법칙에 따라 보수적 남성들 사이에서 성공할 수 있었다. 메르켈은 여성으로서 정치하는 것이 아니며 여성의 권리를 위해 활동한 적도 없다는 비판에도 불구하고 메르켈의 이런 특성은 그녀가 남녀평등이 중시되고 자의식 강한 여성들이 성장할 수 있는 토양이 마련됐던 옛 동독 출신이라는 점과 연관이 있다고 보여진다.

동독인과 여성을 정치적으로 배려하거나 고려한 적이 거의 없고 뚜렷한 여성정책을 내놓은 적도 없다는 점은 메르켈의 정치적 리더십의 특성이라고 할 수 있다. 여성청소년장관직을 수행하게 되어서야 메르켈은 비로소 여성정책의 필요성을 실감하게 되었다고 할 정도로 남성 일변도의 자연과학 분야에서 성장한 메르켈에게는 여성정책이 낯선 것이었다.

이제껏 여러 분야에서 상존하는 차별과 장벽을 뛰어넘어 주도적인 여성 리더로 성장한 여성들의 경우, 현 사회가 지닌 남녀 기회균등과 여성의 잠재력에 대한 사회적 차원의 지원의 실례라기보다는 남성성이 지배적인 사회 내에서의 성공한 적응의 가능성 모델들로 비춰지기 십상이다. 그동안 많은 여성 리더들은 남성적 리더십 모델과 남성의 가치 및 행동양식을 따랐고, 기존의 전통적인 남성적 리더십에 대한 문제제기와 이를 극복하려는 노력보다는 이에 적응하려는 움직임이 더 강하였다고 할 수 있다. 이러한 맥락에서 보자면 메르켈도 독일 남성중심의 정치의 한 복판에서 살아남은 여성정치인으로 남성들의 룰과 규칙을 존중하였고, 이에 빨리 적응하였으며, 현실적인 어려움을 극복하면서 자신의 리더십을 확고히 하는 스타일이라고 할 수 있다.

메르켈은 여성문제와 관련하여서는 일과 가정의 조화라는 원론적인 이야기만 할 뿐 여성의 직업활동이나 이를 지원하기 위한 여성복지정책이나 구체적인 프로그램에 대한 정책적 차원에서의 고려가 매우 부족하다는 점에서 비록 여성총리이지만 여성을 대변하는 총리라고 보기 어려울 수도 있다. 반면에 이러한 점은 동독 출신이면서도 동독 출신이라기보다는 전 독일을 대표하는 총리가 되고자 했고 여성이면서도 여성의 표에 기대지 않고도 총리가 되었다는 점에서 정치적 의미를 지닌다고 볼 수 있다.

독일 정치의 미래와 관련하여 보자면 동독 출신의 여성인 메르켈이 독일의 총리가 됨으로써 남성중심의 독일 정치에 새로운 발상의 전환을 꾀할 수 있는 단초를 제공하였다. 물론 그녀의 리더십을 전통적인 의미의 여성적 리더십과 연계해서 바라볼 수도 있을 것이다. 여성이 정치적 리더로서 성공한 경우를 살펴보면 리더로서 여성은 남성 리더와는 다른 리더십을 발휘한다는 점을 알 수 있다. 즉 여성 리더들에게는 복잡한 문제를 이해하고 해결하기 위하여 여러 사람의 의견을 수렴하고, 인간적인 신뢰구축을 중시하며, 구성원의 가치를 인정하고 정보와 권력을 공유하고자 한다. 뿐만 아니라 여성 리더는 원칙을 중심으로 자신의 이미지와 일관되게 행동하고 소신 있게 조직을 이끌어가는 특성이 있다는 점을 발견하게 된다. 이러한 여성 리더의 특질은 메르켈에게도 발견된다.

4. 메르켈 리더십의 향후 전망

독일 정치사에서 보자면 집권총리의 첫 번째 정부성명에는 그 정권의 정책기조가 잘 드러나 있다. 가령 1949년 아데나워의 정부성명에는 무엇보다도 이제 막 걸음마를 시작한 독일연방공화국의 정치적 · 경제적 · 문화적 측면에서의 "서방세계로의 편입"을 강조하고 있으며, 빌리 브란트의 경우에는 동 · 서독 간의 새로운 관계설정과 더불어 "보다 많은 민주주의"를 요청하고 있다. "정신적이고 도덕적인 전환"을 요청한 바 있던 콜 정부의 정책기조는 유럽연합의 통합정책에의 능동적인 참여로 현실화된 바 있으며, 지난 쉬뢰더 정부는 무엇보다도 「Agenda 2010」으로 대변되는 개혁정책에서 잘 드러난 바 있는 "기회의 정의"(정의로운 기회균등)를 주창한 바 있다.

메르켈의 경우에 있어서는 사회적 연대감과 정의에 기반한 사회적 시장경제의 활성화를 염두에 둔 자유의 개념을 중심화두로 삼고 있다. 메르켈의 정책기조는 무엇보다도 "자유-연대-낙관주의"에 기반하고 있는데, 이러한 일반론적인 정책적 제시에도 불구하고 메르켈 정부는 매우 실제적이고 실용적인 일련의 정책들을 시행하게 될 것으로 관측된다.

독일의 정치구조상 국정의 최고책임자이자 연립정당의 리더인 연방총리에게 많은 권력이 집중되어 있다. 다시 말해 연방정부 업무의 추진력과 효율성 및 통일성을 담보하기 위해 연방총리에게 상대적으로 강력한 권한이 집중되어 있는 독일 정치 시스템에서 보자면 총리의 정치 스타일, 카리스마, 성향, 정치철학 등은 정치운영에 매우 중요한 역할을 한다. 그러나 독일의 분산된 권력구조에서 총리는 국정을 자신의 판단과 비전에 따라 이끌어가기 쉽지 않은 것도 사실이다. 즉 연방의 행정조직과 주정부의 자율성이 법적·제도적으로 보장되어 있어 이들의 자발적 협조를 유도하거나 이들과의 합의를 얻어내지 못하면 총리가 설정한 국가정책을 관철하기 어렵다. 또한 연정이라는 독일 정치체제의 독특한 구조 하에서 지속적인 정책의 수행을 위해 당 내 지지기반을 규합하고 분권화된 권력을 상호 조정해 나갈 수 있는 강한 리더십은 정치적 안정과 효율성을 담보하는 기준이 될 것이다.

대연정의 합의로 새로운 독일 정치를 이끌고 있는 메르켈은 대연정의 통합성을 유지하면서 '독일병'을 치유해야 하는 과제를 안고 있다. 그리고 여성총리 메르켈이 얼마나 효율적으로 이를 수행할 수 있을지에 귀추가 주목된다. 따라서 독일 최초로 여성총리에 오른 메르켈은 연정참여 정당 간의 다른 이해관계를 조절하면서 정책의 일관성을 유지해야 하는 어려운 과제에 직면할 것으로 보인다. 더구나 기민·기사당 연합과 사민당의 대연정에서 메르켈이 리더십을 발휘하기 위해 의존할 수 있는 가장 주요한 제도적 수단은 총리실과 자신이 속한 정당인데, 총리의 리더십이 소속 정당에서의 정치기반과 당 내에서의 위치에 크게 의존된다는 점에서 메르켈은 이중의 부담을 가지고 있다고 생각된다.

뿐만 아니라 메르켈 총리가 앞으로 풀어가야 할 여러 숙제 중 가장 시급한 것은 효율적인 경제정책의 수행이다. 메르켈이 이끄는 대연정 정부가 사회복지 축소를 최소화하면서 동시에 자유주의적인 경쟁력을 확충해야 하는 모순적 정책실현을 통해 독일이 안고 있는 재정적자문제를 최소화하고 실업을 줄일 수 있는 경제정책을 잘 추진해 나갈 것인가가 관건인 셈이다.

한편, 메르켈의 등장은 독일의 국내정치 상황의 변화를 넘어서 독일의 대외정책뿐만 아니라 유럽 전체의 면모에 상당한 변화를 가져올 것이라고 예견된다. 독일 정부의 외교정책의 기조는 유지될 것이라고 관측된다. 그럼에도 불구하고 메르켈의 외교정책은 일정 정도 쉬뢰더 정부와 차별성을 지닐 것으로 여겨진다. 그 실례로 유럽통합의 심화를 위한 유럽헌법의 채택과 유럽방위공동체에 대한 강조에서, 그리고 유엔안전보장이사회에서의 유럽연합의 상임이사국 참여 등을 주장하고 있는 점에서 잘 나타난다.

뿐만 아니라 독일이 미국과 유럽의 가교역할을 다시금 떠맡아야 한다고 강조하고 있다. 쉬뢰더 총리가 전통적인 미국과의 관계를 프랑스와 러시아와의 밀접한 협력으로 위태롭게까지 하였던 반면에, 메르켈은 프랑스와의 밀접한 관계를 발전시켜 나갈 뿐만 아니라 미국과의 관계에 있어서 새로운 돌파구를 모색할 것으로 기대된다. 이와 함께 메르켈의 정치적 행보는 기존의 유럽연합국 회원국들과 새로이 가입한 중 · 동유럽 국가들 간의 이견을 좁히고 합의를 도출시키는 데 최선의 노력을 다할 것이다. 메르켈은 유럽연합의 내적 통합을 둘러싼 모든 문제점들을 다시금 재검토하여 어떠한 형태로든지 유럽연합의 통합을 심화시키는 데 경주할 것이다. 이런 점에서 유럽정책의 성공은 향후 메르켈의 정치적 행보에 많은 영향을 미칠 것이라고 보여진다.

21세기는 흔히 여성의 시대라고 한다. 사회 전반에서 여성적 가치관, 여성적 감성, 여성적 행동양식, 여성적 특성이 강조되고 적극적으로 재조명되어지고 있으며, 그동안 가려져 있었던 여성주의적 가치체계에 대한 새로운 의미부여 작업이 활발히 이뤄지고 있다. 인적 자원의 경쟁력이 과거와 같은 물리적인 힘의 우위성을 강조하기보다는 창의력과 풍부한 감성, 섬세함과 같은 지적능력에 의해 결정되기 때문에 여성적 가치와 여성적 리더십(feminine leadership)에 대해 새롭게 조명되고 있는 것이다.

이러한 점에서 보자면 독일 정치에서 메르켈이라는 새로운 여성 리더의 등장은 리더십의 본질로 생각되어지던 남성적인 명령과 통제방식이 아닌 조직구성원 사이에 유기적인 상호관계를 중시하고 역할을 공유하며, 민주적 · 참여적이며 변혁적이고 상호 호혜적인 관계설정으로 유형화할 수 있는, 즉 여성적 리더십을 실험할 수 있는 토대를 마련하였다는 점에서 메르켈, 그녀의 정치행보에 주목하게 된다.

참고문헌

Franzmand, Ali (ed.). 1997. *Modern Systems of Government : Exploring the Role of Bureaucrats and Politicians*. London : Sage Publications.

Ismayr, Wolfgang. 1999. *Die politische Systeme Westeuropas*. Opladen : Leske & Budrich.

Langguth, Gerd. 2005. *Angela Merkel*. München : Deutscher Taschenbuchverlag.

Roll, Evelyn. 2001. *Das Mädchen und die Macht : Angela Merkels demokratischer Aufbruch*. Berlin : Rewohlt.

Rudzio, Wolfgang. 1996. *Das politische System der Bundesrepublik Deutschland*. Opladen : Leske + Budrich.

Stock, Wolfgang. 2005. *Angela Merkel : Eine politische Biographie*. München : Olzog.

세골렌느 로와얄

프랑스의 보수성에 도전하는 대통령 후보

사진 출처 http://de.wikipedia.org/wiki/Bild:Meeting_Royal_2007_02_06_n8.jpg

김민정

1. 프랑스 정치의 특성과 여성정치인

프랑스는 유럽의 어느 국가보다도 남성지배적인 정치성향이 강한 국가로 알려져 있다. 스칸디나비아 국가들의 여성의원이 40% 이상이고 그 이외의 국가에서도 독일이 30% 이상이다. 10%대에는 영국과 프랑스가 있다. 영국은 19.7%이고 프랑스는 12.2%이다. 프랑스의 경우 2000년 동수법이 통과되면서 10%대로 진입하게 된 것이다. 이렇게 볼 때 유럽 어느 국가보다도 정치영역에 있어서는 남성중심적인 성향이 강하다고 할 수 있다. 프랑스 여성의 경제참여는 스칸디나비아 국가들 다음으로 높은 비율을 보이고 있으며, 여성의 고등교육 참가율도 남성에 비해서 훨씬 높은 데 비해서 정치영역에서만 유독 여성의 참여가 낮은 국가이기 때

* 이 글은 2007년 1월 시점에 쓰였다. 2007년 5월 6일 실시된 프랑스대선 결선투표에서는 사르코지 후보가 로와얄을 물리치고 대통령에 당선되었다.

문에 정치의 남성중심성이 두드러진다. 이렇게 정치가 남성지배적인 성향을 띠게 되는 이유로는 몇 가지가 있다.

우선 첫째, 프랑스는 다른 국가들에 비해 상당히 중앙집권적인 국가이다. 다른 표현으로 하자면 국가중심적인 성향이 강하다. 오랫동안 강력한 국가에 의해서 지배되어 왔고, 그 강력한 국가는 중앙집중식의 권력구조를 가지고 있었다. 특히 5공화국에 들어오면서 이원집정부제의 권력구조이지만 4차례의 동거정부 기간을 제외하고는 강력한 대통령제로 오랫동안 운영되어 왔기 때문에 중앙집중식 권력구조에 익숙해있다. 중앙집중식 권력구조는 분산된 권력구조에 비해서 훨씬 폐쇄적인 특징을 가지고 있다. 이러한 이유로 프랑스 정치는 폐쇄적인데, 특히 주요 남성정치인들을 중심으로 정치가 움직이고 신인정치인이나 여성정치인들이 들어가기 어려운 폐쇄적인 속성을 가지고 있다.

이러한 폐쇄적인 구조는 정부에서 뿐만이 아니라 정당에서도 그대로 나타난다. 정당의 경우 분파를 중심으로 폐쇄적인 구조로 움직인다. 예를 들어 프랑스 사회당은 좌에서 우까지 다양한 이데올로기적 스펙트럼을 가진 분파들로 구성되어 있고 이들이 사회당의 당권을 장악하고 있다. 그렇기 때문에 여성정치인들은 분파의 도움 없이는 당 주류에 진입하기 어렵고, 분파의 도움을 받게 되더라도 분파에 의해서 주변화되는 것이 전통적인 당 내 정치이다. 이러한 정당의 남성중심적 성향은 여성정치인들이 당 내에서 고위직에 오르는 것을 어렵게 만들고 대통령 후보로 결정되는 것을 거의 불가능하게 만들고 있다.

두 번째, 제도적인 측면이다. 제도 가운데 여성의 정치참여를 어렵게 하는 것은 소선거구 다수대표제이다. 프랑스는 유럽 다른 국가들과는 다르게 소선거구 다수대표제를 택하고 있는 국가이다. 이미 경험적으로 증명되었듯이 소선거구 다수대표제는 비례대표제보다 여성의 정치참여를 어렵게 하는 측면이 있다. 프랑스의 소선거구 다수대표제는 결선투표를 가진 소선거구제도로서 각 선거구에서 한명만을 뽑는 선거제도이다.[1] 이러한 선거제도는 이미 많은 정치학자들이 언급하였듯이 검투사의 전쟁과 같은 성격을 가지고 있어서 단 한명의 유력자만이 당의 공천을 받아 선거에 나갈 수 있는 제도이다. 이 선거제도의 특징 때문에 각 정당들은 그 지역의 유력자만을 공천하는 경향을 보여왔다. 정치신인, 특히 여성과 같은 정치적으로 거의 알려지지 않은 사람이 정치에 입문하기에는 어려운 정치환경이라고 할 수 있다.

제도적 측면의 두 번째 장애물은 겸직허용제이다. 프랑스는 오랫동안 선출직에 있어서 겸직을 허용하는 제도를 가지고 있었다. 국회의원들은 대부분 여러 선출직을 겸하고 있어서 1997년 겸직이 제한되기 이전까지에는 전체 하원의원 가운데 하원의원직만을 가지고 있는 의원은 7%에 지나지 않고 47%가 하나의 다른 선출직을, 그리고 46%는 2개 이상의 선출직을 겸직하고 있었다.[2] 2000년 겸직제한법이 통과되면서 국회의원은 유럽 의회의원을 겸직할 수 없게 되었고, 다른 선출직 의원의 경우에도 1개를 초과할 수 없도록 규정하였다.[3] 이러한 이유로 여성의 정치참여가 상당히 제한되어 있었다.

세 번째, 프랑스 여성운동의 성향과 관련이 있다. 1기 여성운동기에는 참정권 획득이 목표였지만 다른 국가들이 다 여성의 참정권을 얻었던 1차 세계대전 이후에 프랑스 여성들은 참정권을 얻지 못했다. 1944년에 좌파가 정권을 유지하는 것을 두려워했던 드골이 보수적인 여성들에게 참정권을 줌으로써 정권의 좌경화를 막으려는 의도에서 여성참정권을 인정했다. 2기 여성운동기에 프랑스 여성들이 관심을 가졌던 것은 여성의 실제적인 권한이었다. 낙태권과 관련한 여성의 몸에 관한 권리, 그리고 낙태에 대한 의료보험 혜택에 많은 관심을 두었다. 2기 여성운동기에 특히 정치에 대해서 부정적이어서 심지어 반정치적 성향까지 보였다. 이러한 점은 결국 여성들이 정치에 직접 참여하는 것을 거부하게 되었고 정치에 참여하는 것을 비난하는 현상까지 보여주었다. 따라서 프랑스 여성운동의 영향으로 여성들의 활동은 정치와 거리를 두게 되었던 것이다. 이후 미테랑 대통령 시기에 오면서 일련의 여성운동가들이 미테랑의 후보시절부터 연결되어 정치적 지지를 해왔고 미테랑이 대통령에 당선되면서 이들이 정부에 진입하게 되면서 여성운동과 정치가 연결되게 되었다.

네 번째는 정치문화이다. 프랑스는 근대국가가 성립되면서 정치와 여성을 분리시키는 정치문화를 유지해 왔다. 유럽의 어느 국가보다 근대국가의 발전이 철저했고 제도적으로 이루어졌다. 나폴레옹의 법전이 이를 증명해 준다. 이런 제도적인 발전과정에서 여성은 철저히 배제되었고, 가정영역에서만 활동하게 하였다. 근세 초의 살롱문화는 여성들을 문학 및 음악 등의 활동만을 허용했다는 것을 의미한다. 중세시대에는 여성이 국왕에 오를 수도 있지만, 중세 말 1328년에 살리크 법이 만들어지면서 여성은 왕위를 계승할 수 없게 되었다. 이후 여성들은 정치와 철저히 멀어졌고, 정치적으로 아무런 역할도 할 수 없었다.

오늘날에도 여성은 정치와 무관하다고 생각되기 때문에 여성 후보가 출마를 하더라도 유권자들이 여성을 지지하지 않는 경향이 있다. 2000년에 들어오면서 유권자들의 의견이 많이 바뀌고 있지만 남성정치인들은 여전히 정치는 그들의 것으로 생각하고 있다. 2005년 로와얄이 대통령 선거 출마를 시사하자 사회당의 또 한 후보였던 도미니크 스트라우스 칸은 "아이들은[4] 누가 돌보겠는가"라고 질문하였고, 또 다른 예비후보 작크 랑 전 문화부장관은 "대통령 선거는 미인대회가 아니다"라고 말하는 등 프랑스 정치에 팽배해 있는 여성정치 참여에 대한 편견을 잘 보여주었다. 이러한 남성정치인들의 패쇄적인 정치문화가 여성정치를 어렵게 한다.

한편, 프랑스 정치는 전근대적인 속성을 가지고 있는데, 그것은 지방에 기반한 기존 정치인 중심의 정치구조 때문에 프랑스 여성정치인들의 상당부분은 정치인 집안에서 성장하였거나 혹은 정치인과 친인척으로 연결된 경우가 많다는 것이다. 보통 아버지의 선거구를 이어받아 정치를 시작하는 경우가 많이 있는데, 대표적인 예가 현 국방부장관이면서 과거 RPR 정당의 당수였던 미셀 마리(Michele Alliot Marie)가 있다. 마르틴 오브리(Martin Aubry)는 사회당의 유명 정치인이며 전 유럽집행위원회 위원장이었던 들로아르(Jacque Delors)의 딸이다. 이번에 살펴볼 세골렌느 로와얄(Segolene Royal) 푸아투-샤랭트 지역의회 의장은 프랑수아 올랑드 사회당 당수의 부인[5]이다. 이렇게 볼 때 서구의 다른 어떤 국가보다도 정치인집안에서 정치를 전수받아 정치에 입문하는 예가 높은 국가가 프랑스이며, 프랑스의 배타적인 선거문화, 그리고 폐쇄적인 정치구조가 그 원인이라고 지적될 수 있다.

또한 프랑스 정치에 있어서 중요한 역할을 하는 것은 국립행정학교(Ecole nationale d'administration : ENA)이다. 영국의 옥스포드대학교나 캠브리지대학교와 마찬가지로 대부분의 프랑스 정치지도자들은 이 학교를 졸업하였고 또한 사회의 지도층들도 이 학교를 졸업하여 엘리트 네트워크가 형성되어 있다. 이 학교는 1958년 드골이 5공화국을 시작하면서 정치인들에 의해서 프랑스 정치가 지나치게 황폐화되는 것을 문제로 지적하면서 전문행정가를 양성하는 국립학교로 만들어졌다. 이 학교는 말하자면 공무원 양성소와 같은 곳으로, 이 학교 졸업생들은 대부분 정부의 중요한 부처의 공무원으로 들어가기 때문에 이 학교에 다니는 동안에도 이미 준공무원과 같은 대우를 받듯이 월급을 받으면서 학교에 다닌다. 엘리트 지배의 속성이 강한 프랑스 정치는 이렇게 ENA를 졸업한 전문행정가들에 의해서 움직이고 있고, 이들이 각 정당의 지도자 중 상당 비율을 차지하고 있다. 이들은 대부분 재무분야나 외교분야에서 활동하였고 재무부장관 혹은 외무부장관, 내무부장관 등의 경험은 대통령으로 가는 경력이라고 할 수 있다. 로와얄은 이 학교 출신으로 프랑스 정치인들이 걷는 전형적인 길을 걸어온 인물이지만 재무나 외교분야가 아닌 환경분야 및 교육, 가족부장관을 지닌 인물로서 말하자면 사회문제를 주로 다루었다고 할 수 있다. 이런 점에 로와얄은 프랑스 정치의 전형적 인물이라고 할 수도 있으면서 프랑스 대통령 후보로서는 이색적인 길을 걸어왔다고 할 수 있다.

2. 로와얄의 정치적 위상

로와얄이 2005년 한 여성지와의 인터뷰에서 대선출마 가능성을 언급했을 때만 하더라도 그는 별로 주목받지 못한 인물이었다. 2003년 인터넷 웹사이트인 "L'internaut-le journal des femmes"에서 실시한 여성정치인에 관한 인기도 투표에서 1위는 현재 국방부장관인 미쉘 알리오 마리가, 2위는 현 릴 시장이면서 전 노동부장관인 마르틴 오브리였고 3위가 로와얄이었다. 로와얄은 사회당 내에서는 2005년까지는 큰 주목을 받지 못했는데, 특히 사회당수인 남편 프랑소와 올랑드 역시 대통령에 관한 꿈을 계속 키워왔었기 때문에 올해 10월 당 내 대통령 후보 경선에 입후보가 결정되기 이전까지는 남편과의 관계 때문에 후보경선 참여조차도 불투명하였다.

그러나 2006년 11월 17일 로와얄은 당 내 경선에서 60%가 넘는 지지로 대통령 선거 후보로 결정되었으며, 각종 여론조사에서 상대당(UMP)의 유력 후보인 현 내무부장관 니콜라스 사르코지 후보를 근소한 차로 앞서고 있었다.[6] 앞으로의 지지도는 2007년 1월 UMP의 후보경선이 끝나고 나면 보다 분명해지겠지만 현재로서는 사회당은 내년 대선에서 이기기 위해서 최선을 다할 것으로 보인다. 사회당은 1996년 이래로 두 번의 대선에서 모두 UMP에 패했고, 특히 2002년에는 극우파 후보인 장마리 르펜에게조차 1차 투표에서 패해 2차 투표에 나가지 못하는 수모를 겪었다. 2차 투표에 사회당이 도달하지 못한 것은 1958년 대통령 선거가 시작된 이래 처음 있는 일이었다. 따라서 2007년 선거는 사회당에게 상당히 중요한 의미를 가지기 때문에 전력을 다할 것으로 보인다.

당 내 · 외에서 별로 주목받지 못했던 로와얄이 언론의 주목과 여론의 관심을 받기 시작한 것은 2004년 지방선거이다. 2004년 지역의회 선거에서 26개의 지역 가운데 유일하게 샤랑트-포아투 지역만이 여성인 로와얄을 지역의장으로 선출하였다. 특히 그녀가 당선된 지역은 당시 총리였던 장 피에르 라파랭의 지역구였고 UMP가 우세한 지역이었다. 이 지역에서의 승리로 인해서 로와얄은 크게 언론의 주목을 받았고, 여론의 관심을 끌기 시작하였다. 이후 로와얄의 정치적 스타일, 즉 유권자에게 직접적으로 다가가는 스타일은 크게 유권자들의 관심을 얻었고, 당 내의 조직적 취약성에도 불구하고 경선에서 승리하는 원동력이 되었다. 특히 로와얄이 사회당 당 내 경선에 참여하면서 사회당의 저변은 크게 확대되고 있다. 2006년 초 이래로 사회당의 당원은 2배로 증가하였고, 이들 중 대부분은 고학력의 젊은 여성들이다. 이들은 로와얄에게서 사회당의 새로운 가능성을 읽고 있고 로와얄을 적극적으로 지지하여 11월 16일 당 내 경선에서 높은 비율로 로와얄이 승리하는 데 결정적인 힘을 제공하였다. 이런 점을 볼 때 로와얄의 상승은 이제 막 한 고비를 넘겼다고 할 수 있다.

그러나 프랑스 정치의 중요한 변수 가운데 하나인 불확실성이 로와얄의 발목을 잡고 있다. 대선이 있기 1년 전의 지지도에서 1위를 차지한 후보가 실제 대선에서 진 경우가 왕왕 있었기 때문이다.[7)]

3. 로와얄의 정치적 역정

로와얄은 1953년 직업군인이었던 아버지의 8남매 중 넷째로 세네갈의 다카르에서 태어나서 로렌느 지방의 대저택에서 자랐다. 그녀의 아버지는 엄격한 규율을 자녀들에게 강조하였고, 일요일에는 반드시 그레고리안 찬송을 불러야 할 정도로 엄한 집안 분위기 속에서 성장하였다. 로와얄은 근처의 가톨릭 기숙학교에서 공부하였고 이어서 낭시대학에서 경제학을 전공하였다. 낭시대학 이후 프랑스 정치인들의 보편적 통로인 파리 시앙스포에서 공부하고 이어서 ENA에서 수학하였다. 그녀가 세계에 눈을 뜨고 기회평등의 가치에 관심을 가지게 된 것은 국립행정학교에 입학하게 되면서였다. 이 학교에서 정치적인 성향이 발달되었고, 이후의 정치적 역정의 첫걸음이 되었다. ENA의 동창생으로 만난 올랑드와는 30여 년을 함께 하는 인생의 파트너가 되었고, 현 총리인 도미니크 빌팽과는 사회당과 UMP로 정치적 경쟁관계에 놓이게 되었다. 이후 1994년에는 변호사 자격증을 얻었다.

그녀의 정치적 경력은 ENA를 졸업하고 시작되었다. 미테랑 정부 하에서 대통령의 기술자문으로 청소년 스포츠 문제와 사회문제를 담당하였다. 1988년 미테랑의 후원으로 국회의원에 당선되어서 낙하산에 의한 연착륙에 성공한 셈이었다. 이후 국회의원직을 3번 연임하였다. 이어서 1992년 그녀는 베레고보아 정부에서 환경부장관을 지냈고, 환경부장관 시절 네 번째 아이를 임신한 상태에서 리우 환경회의의 프랑스 대표로 참석하였다. 이어서 교육부의 학교 담당장관을 지냈는데, 이때에는 학교 운영에 부모의 역할을 강화하는 정책을 추진하였고, 따돌림과 페도필을 다룬 새로운 법을 통과시켰으며, 고등학교에 모닝에프터필(morning-after pill)[8]을 비치하도록 하는 파격적인 조치를 취하였다. 2000-2002년에는 가족과 어린이부 담당장관을 역임하였다. 이 기간 그녀는 부성휴가제를 도입하였고, 이혼한 아버지가 자녀양육에서 보다 확대된 역할을 할 수 있는 권리를 보장하는 법을 입법하였다.

로와얄은 대통령 선거 직전에는 지역의회 의장직을 맡고 있었다. 프와투 샤랑트 지역의회는 원래 전 총리였던 라파랭(UMP당 소속)의 선거구였는데 2004년 로와얄이 승리함으로써 언론의 집중적인 조명을 받았다. 이 승리에 힘입어 그녀는 사회당 내에 차기 대선주자가 없는 상황에서 새로운 대선주자로 급부상하여 사회당의 당원으로부터 광범위한 지지를 얻게 되었고 사회 전반에 걸쳐 폭넓은 지지를 받았다.

4. 로와얄의 정치적 성향

로와얄의 정치적 성향은 전통적인 좌파이기도 하지만 좌파 내에서 상당히 우파적이라는 것이 일반적인 평가이다. 사회당 내에서는 우파에 속한다. 그러나 상당히 좌파적인 정책을 주장하는 경우도 있는데, 그것은 시민의 직접 참여에 대한 그녀의 소신이다. 하원의원들을 견제하기 위해서 시민들이 직접 판단해야 한다는 주장은 큰 반향을 불러일으키고 있는데, 시민의 직접 참여를 강조한다는 점에서 상당히 좌파적이라고 할 수 있다. 반면, 가족에 대한 강조나 교사들이 주당 35시간은 근무해야 한다는 주장은 상당히 우파적이다. 그래서 로와얄을 일컬어 정치적 절충주의 혹은 실용주의라고 한다.

경제적으로 그녀는 연구와 개혁에 대한 보다 많은 투자를 통해서 기업을 활성화시키는 데 중점을 두고 있다. 사회당의 기본 경제정책이 35시간 노동법에 강조를 두었던 것에 비해서 상당히 우파적인 성향을 보인다고 할 수 있다. 35시간법의 개정에 대해서도 반대하지 않지만 재정적자를 감소하기 위해서는 성장을 위한 경제정책을 추구해야 한다고 주장하고 있다. 또한 최저임금을 올리는 대신 일하지 않은 사람에 대해서는 임금을 지불하지 말아야 한다는 우파와 같은 경제정책을 추구하고 있다.

정치개혁에 대해서는 프랑스 사회당의 기본 노선을 따르고 있다. 사회당은 겸직 금지법안을 준비하고 있는데 로와얄 역시 겸직 금지에 동의하고 있으며, 2004년 이래로 포와투-샤랑트 지역의회 의장직을 맡고 있기 때문에 자신의 하원의원 선거구였던 두-세브르 지역(Deux-Sevres)

에서 출마하지 않을 것을 선언하였다. 또한 현재 국가원수의 손에 집중되어 있는 권력을 분할하여 새로운 공화국을 수립해야 한다고 주장하였다. 이를 위해 대통령직 연임 제한과 하원의원 임기 연임도 제한할 것을 주장하였는데, 대통령직의 경우 중임으로 제한할 것을 제안하였다. 또한 하원의원의 행동을 평가하는 시민재판단을 만들자는 급진적인 주장을 하여 많은 논란을 불러일으켰다. 이 주장은 정치인들 사이에서 마오이스트(Maoist)나 혹은 1793년의 상퀼로트(Sans-culottes)의 주장을 연상시키면서 당장 정치인들은 이를 시민들을 대상으로 포퓰리즘을 동원하기 위한 제스처라고 비판하였다.

이민문제나 환경문제에 있어서는 사회당의 기본 노선과 같이 한다. 이민문제에 대해서는 이민자들의 국적취득 및 통합정책을 적극 지지하고 있으며, 합법적으로 혹은 비합법적으로 프랑스 영토에 입국한 이민자라고 하더라도 국적을 취득할 수 있도록 하는 방안을 검토해야 한다고 주장하고 있다. 기본적으로 우파의 강력한 대통령 후보인 니콜라스 사르코지(Nicolas Sarcozy, UMP당 소속, 현 내무부장관)의 선택이민정책을 강력히 비판하면서 프랑스는 식민종주국으로서 오랫동안 이들 식민지국가의 일차 자원을 수탈하면서 억압해 왔는데 또한 이들 국가들의 인적 자원을 약탈하는 정책이라고 비판하였다. 대신 개발도상국가와의 공동 발전방향을 선호하였다. 환경문제에 있어서도 환경부장관 시절 재활용법을 통과시켰고 국토의 보존 및 재활용에 대해 강조하고 있다.

로와얄은 프랑스의 현재 외교정책을 강하게 비판하고 있다. 제3세계 개발지원에 있어서 21개국 가운데 18위인 현재 프랑스의 위치에 대해서 비판하면서 아직 민주주의가 정착되지 못한 국가들에 대한 지원을 해야 하지만 독재국가들에게 무기를 파는 것은 잘못된 정책이라고 비판했다.

미국이 선언한 테러와의 전쟁에 대해서 로와얄은 예방전쟁은 그 자체가 오히려 긴장을 증가시키기 때문에 반대하며, 부시 미국 대통령의 "악의 축" 이론은 지나친 단순화라고 비난하고 있다. 이러한 그녀의 대외정책은 많은 사람들에게 구체적인 정책 대안이 없다는 비판을 받고 있으며, 이데올로기적인 공허함이라는 공격과 더불어 순진한 마케팅의 산물이라는 비판을 받고 있는 것도 외교정책의 깊이가 부족하기 때문이다. 로와얄은 외교나 국방분야에서 일한 경험이 없기 때문에 앞으로의 대선경쟁에서 이 부분에 대한 집중적인 논란이 예상되고 있으며, 대선경쟁에서 승리하기 위해서는 외교 · 국방부분에 대한 보완이 필요하다고 할 수 있다.

그러나 한편으로 생각하면 한 국가의 대통령의 우선순위가 반드시 국방이나 외교여야 하는가를 질문할 필요가 있을 것이다. 국가의 안위에 중요한 정책분야는 국방이나 외교도 있지만 복지나 교육 등 사회영역도 여기에 포함되어야할 것이다. 이제까지 남성중심의 정치가 지속될 수밖에 없었던 것은 국가의 정책 우선순위를 국방과 외교로 암묵적으로 정해두고 그것이 사회화되었는데, 결국 이러한 분야는 남성들에게 익숙하고 여성들에게는 접근이 어려운 분야라고 할 수 있다. 여성의 정치참여 확대 및 정치의 변화를 위해서는 국방과 외교분야가 친여성적인 분야가 되도록 하는 노력도 필요하지만, 다른 한편으로 국방과 외교만이 국가정책 우선순위에서 최상위에 놓이도록 하는 사고방식을 고칠 필요가 있을 것이다. 이러한 점에서 로와얄의 대선도전은 프랑스에서 이러한 변화를 가능할 수 있는 좋은 기회라고 할 수 있다.

사회문제에 있어서 로와얄은 대마초 불법화의 폐지에 명백한 반대를 표명하면서 대마초를 인정하게 되면 다른 마약의 사용도 보편화될 수 있는 가능성이 있기 때문에 인정할 수 없다는 태도를 보이고 있다. 매춘에 관해서는 프랑스 내에 독일식 공창제에 대한 논란이 존재하는데, 로와얄은 공창제뿐만 아니라 매춘 자체에 대해서도 분명히 반대의사를 밝히고 매춘은 육체를 매매행위의 대상으로 함으로써 국제 인권협약에 대한 명백한 침해라고 주장하였다.

교육문제와 가족문제에 있어서는 상당히 보수적인 성향을 보여준다. 교육문제와 이민자 문제는 최근 프랑스에서 실업문제와 더불어 가장 중요한 사회적 이슈이다. 교육에 관해서는 프랑스 교육의 경쟁력을 최대한 고양하는 정책에 관심을 가지고 있으며, 대학의 경쟁력 강화를 위한 예산과 학생 선발의 자율을 대학에 어느 정도 허용하는 정책을 추구한다. 가족문제에 있어서는 프랑스 사회에서 가족이 중심가치가 되도록 하기 위해서 노력하고 있다.

로와얄은 특히 여성문제에 큰 관심을 가지고 있다. 로와얄의 존재 자체가 이미 많은 여성들에게 큰 희망이 되고 있으며, 로와얄을 통해서 여성의 정치참여 확대를 기대하고 있다. 또한 그의 여성적 스타일과 여성적 언변은 여성들에게 큰 희망을 주고 있다. 다른 여성정치인들과는 달리 상당히 부드럽고 여성적인 이미지를 고수하고 있는 로와얄은 공식석상에서 흰색 원피스나 부드러운 질감의 의상을 착용함으로써 자신의 이미지를 극대화하고 있다. 이것은 정치에서 성공하기 위해서 남성보다도 더욱 남성적인 이미지, 즉 강경한 노선 고수, 의지가 굳어 보이는 언어사용, 남성적 용어의 사용 등이 중요하다고 여겨지고 있는 프랑스 정치에서 신선한 모습으로 비춰지고 있다.

5. 로와얄의 정치적 장점

로와얄은 프랑스 대선후보들이 일반적으로 걸어온 정치적 역정과 유사한 점과 차이점을 동시에 가지고 있다. 유사한 점은 ENA 출신에 행정부에서의 다양한 직위를 섭렵했다는 것과 선출직에 있어서도 국회의원직과 지역의회 의장직을 역임하였고 현재 맡고 있다는 것이다. 이러한 다양한 중앙정치에서의 경험은 다른 대선후보들과 유사하다. 그러나 대부분의 남성후보들은 재무부 및 외교문제를 담당하는 부서에서 일해온데 비해서 로와얄은 환경과 교육, 가족문제 영역에서 일해왔다. 사회문제에 관여해 온 로와얄의 이런 정치적 역정은 로와얄에게 장점이 되기도 하고 단점이 되기도 한다. 단점이 된다는 것은 이제까지 일반적으로 프랑스 대통령은 국방과 외교분야, 재무분야 출신이 많았기 때문이다. 지스카르 데스탱 전 대통령은 재무분야 출신이고 현 시락 대통령도 국방분야에 있어서 강점을 보여왔다. 미테랑 대통령도 외교분야에서 발군의 실력을 보여왔다. 이런 점에서 로와얄이 국방과 외교, 재무분야의 경험이 전무하다는 것은 대선전에서 약점이 되었다. 장점이라는 것은 로와얄은 변화의 상징이라는 것이다. 이제까지 프랑스 정치가 짙은 색의 정장을 입은 남성적인 영역이었다면 로와얄의 등장으로 부드럽고 화사한 이미지로 바뀌고 있다는 것을 의미하며, 그녀가 사회당의 대선주자로 결정되었다는 것은 적어도 사회당 내에서는 당원들이 변화를 요구하고 있다는 것이다. 이런 점에서 그녀가 대선전에 성공하여 프랑스 대통령이 된다면 사회당의 변화추구 현상이 프랑스 사회 전역에서도 나타나고 있다는 것을 입증하는 것이 되었을 것이다.

로와얄의 정치 스타일은 사실 다른 프랑스 정치인들과는 상당히 다르다. 우선 로와얄은 당 내에서 주요 분파들의 지지를 받지 못하는 열악한 상황에 놓여 있었다. 당 내 경선을 통해서 후보로 결정되기 이전에도 '반(反)로와얄' 연대가 거론될 정도로 당 지도부에서는 로와얄만은 안 된다는 분위기가 지배적이었다. 당 내에서는 영향력이 거의 없었지만 그녀의 지지기반은 시민이었다. 그녀의 정치적 전략은 당 내 정책결정 과정을 통해서 위로 올라가기보다는 시민에게 직접 다가가는 것이다. 그녀는 올해 초 "Desirs d'avnir"라는 웹사이트를 개설하고 시민들과 직접 토론하면서 저변을 확대해 나갔다. 시민들과 직접 대면하면서 자신의 정책을 설득하고 지지를 확산하였다.

그녀는 자신의 여성성을 감추거나 포기하려 하지 않고 최대한 활용한다. 그녀는 여성적인 차림새로 등장하여 여성적인 언어로 연설하고 여성적인 미소로 시민들에 다가가면서 순백의 정장을 즐겨 입는다. 그녀의 이러한 모습은 회색의 남성 정장으로 특징되는 프랑스 정치에 신선한 바람을 불러오고 있다. 특히 그녀의 여성성은 정책에서 잘 드러난다. 그녀의 비판자들은 그녀가 이데올로기적으로 공허하며 특별한 정책 아이디어가 없기 때문에 곧 그녀의 능력 없음이 드러날 것이라고 한다. 그러나 그녀의 지지자들은 그녀는 아이디어가 없는 것이 아니라 프랑스 정계에 팽배해 있는 엄격하고 현학적인, 모호하고 추상적인 단어를 사용해서 정치를 하지 않고 대중이 쉽게 이해할 수 있는 실제적이고 현실적인 언어로 이야기하고 있다고 주장한다. 어느 편의 의견이 맞든지 그녀는 현학적이나 화려한 수사로 무장된 이데올로기적 논리보다는 현실적이고 실용적인 주장을 한다고 할 수 있다.

이데올로기에 관해서 프랑스 사회당은 유럽의 어느 정당보다도 노선

논쟁이 강하다. 리오넬 조스팽(Lionel Jospin)과 로랑 파비우스(Laurant Fabius)로 이어지는 정통 사회주의 노선 주창자와 스트라우스 칸(Strausse Kahn)의 사민주의로 대별되는 데 비해 그녀는 당 내에서 우파적인 성향의 소유자이다. 사회당 내 우파는 소수파로 이제까지 당 내 우파에서 대선후보가 나온 적은 한 번도 없다. 그래서 당 내에서는 그녀가 이데올로기적으로 공허하며 지나치게 유권자에게 의존한다고 비판한다. 그러나 그녀의 우파적 성향은 이데올로기적으로 완전한 우파라기보다 사회당 내의 대부분의 분파가 논쟁적이며 도그마적이라면 그녀는 보다 실용적이며 현실적인 대안을 말한다고 할 수 있다. 그녀가 당 내 경선에서 승리한 것은 사회당의 일반당원도 도그마적인 사회당의 논쟁보다는 현실적인 그녀의 대안이 2007년 대선에서 더 먹혀들어갈 것이라고 생각하였음을 시사한다. 이러한 점에서 이제까지 사회당의 대선후보로 사회당 우파가 선출된 적은 없었지만 그녀는 2007년 대선에서 사회당 우파의 대중성을 실험해 볼 수 있는 좋은 기회를 가진 것이었다. 유럽 각국의 정당은 2000년에 오면서 거대정당들의 중도화, 소수정당들의 극단화로 특징지어져 있는데 사회당에서 우파적 성향의 로와얄이 대선후보로 결정되었다는 것은 이러한 유럽적 상황의 프랑스 사회당적 표현이라고 할 수 있다.

참고문헌

James Graff. 2006. "Where's the Gray Suit?" *Time*. 2006. 11. 16.
http://news.bbc.co.uk/go/pr/fr/-/2/hi/europe/4625248.stm.
http://fr.wikipedia.org/wiki/S%C3%A9gol%C3%A8ne_Royal.
"Sego-Sarko, Qui est le meilleur?" *L'Express*. 2006. 3. 16.
Le Monde. 2006. 11. 15.

주

1. 시의회 선거와 유럽의회 선거에는 정당명부식 비례대표제도를 사용하고 있다. 상원의원의 경우에는 간접투표제도이다.
2. 김민정. 「프랑스 여성의 정치참여, 현황과 문제점」. 『한국정치학회보』 32집 1호. 1998. p. 311.
3. "Loi organique relative aux incompatibilites entre mandats electoraux"이며 2000년 4월 5일 제2000-294호로 제정되었음.
4. 프랑소와 올랑드와 로와얄 사이에는 4명의 자녀가 있다.
5. 로와얄과 프랑소와 올랑드는 사실혼관계이며 법적인 혼인관계는 아니다. 이들은 로와얄이 ENA에 다닐 때 만나서 1978년부터 동거관계를 유지해 왔다.
6. 프랑스 선거는 결선투표제도이기 때문에 1차 투표와 2차 투표에 대한 유권자들의 의도를 동시에 설문조사한다. 1차 투표에서는 근소한 차로 사르코지에 뒤지고 있지만 2차 투표에 대한 지지후보에 대한 질문에서는 근소한 차로 사르코지를 앞서고 있다.
7. 1980년 지스카르 데스탱, 1987년 레이몽 바르, 1994년 에듀아르 발라뒤르, 2001년 리오넬 조스팽은 모두 대선 1년 전 여론조사에서 선두를 차지했으나 대선이 있는 해에 갑자기 등장한 정치적 변동으로 대선에는 실패했다. 데스탱을 제외하고는 1차 투표를 통과하지도 못하였다.
8. 성교 후에 복용하는 경구 피임약.

콘돌리자 라이스

전문성으로 승부한 비당파적 흑인 여성정치인

사진 출처 http://www.state.gov/r/pa/ei/pix/2007/feb/80493.htm

김 욱

1. 미국 정치체제의 특성과 여성정치

미국은 우리에게 가장 잘 알려지고 친숙한 국가이다. 그러나 비교정치제도론적 관점에서 보면 가장 독특한 정치체제를 갖고 있는 나라이다. 미국 정치체제의 특징은 한마디로 권력의 분산이라고 할 수 있다. '권력의 파편화'(fragmentation)라고 불릴 정도로 미국 정치의 권력은 이곳저곳에 분산되어 있다.

권력의 기본 구조를 보면 먼저 연방제는 권력의 지역적 분산을 보장하고 있다. 그리고 대통령제는 행정부와 의회의 구조적 분리를 의미한다. 행정부와 의회가 융합되어 있는 의원내각제와는 달리 대통령제 하에서 행정부와 의회는 각자가 독립적인 정치적 기반을 가지고 탄생하여 서로 견제하도록 되어 있다. 게다가 의회 또한 상하 양원제로 구분되어 있으며, 사법부도 사법심사권이라는 막강한 권력을 가지고 행정부 및 의회를 견제하고 있다. 미국은 삼권분립의 원칙이 가장 충실하게 지켜지는 국가 중의 하나이다.

정치제도 및 과정의 측면에서도 권력의 분산현상은 뚜렷하게 나타나고 있다. 선거제도는 소선거구 단순다수제를 채택하고 있으며, 그에 따라 양당제가 일찍부터 발달하였다. 그런데 미국 정당은 조직면에서, 그리고 정당 규율면에서 매우 약한 정당체계를 가지고 있다. 조직면에서는 별도의 전국 수준의 정당조직(즉 중앙당)이 존재하지 않을 정도로 취약한 구조를 갖고 있다. 또한 정당 보스가 공천권을 갖고 있지 않고 예비선거(primary)나 코커스(caucus)를 통해 후보를 지명하기 때문에 정당의 내부 규율도 매우 약하다. 그에 따라 자연스럽게 원내정당이 발달하였으며, 의원 개개인의 자율성이 매우 높다.

이처럼 정당이 약한 상태에서 미국은 "이익집단의 천국"이라고 불릴 정도로 각종 이익집단이 활발히 활동하고 있다. 긍정적으로 보면, 이는 정책결정 과정의 다양한 수준과 통로에서 여러 집단이 영향력을 행사할 수 있는 기회를 갖고 있음을 의미한다. 부정적으로 보면, 다양한 이익의 표출은 매우 활발하게 이루어지나 이러한 다양한 이익을 통합 · 조정하는 기능이 약함을 의미한다. 이 때문에 정책결정이 통합적으로 이루어지지 않고 정책분야별로 독자적으로 이루어지는 소위 '하위정부'(subgovernment) 현상이 나타나기도 한다.

일반적으로 이처럼 분권화된 정치구조와 제도는 여성과 같은 소수세력이 정치적 영향력을 행사하기에 유리하게 작용한다고 할 수 있다. 영국이나 프랑스처럼 권력이 집중된 국가에 비해 소수세력이 움직일 공간이 넓기 때문이다. 그러나 실제로 미국의 여성정치가 다른 유럽의 민주국가에 비해 그리 활발한 편은 아니다. 2006년 10월 31일 현재 미국의 여성의원 비율은 하원 15.2%, 상원 14.0%로 매우 낮은 편이다. 하원 여성의원의 비율은 전체 183개국 중 67위에 해당한다.[1)]

이처럼 미국에서 여성정치가 활발하지 못한 이유는 미국의 독특한 정치문화와 선거제도에서 찾을 수 있다. 미국민은 유럽인에 비해 보수적인 성향이 강하다. 각종 조사를 보면 미국민은 유럽인에 비해 종교적이고 도덕주의적 성향이 강한 것으로 나타나고 있다. 또한 여성의 역할에 대한 인식도 유럽에 비하면 보수적이고, 그에 따라 여성의 사회진출도 유럽에 비하면 활발하지 못한 편이다. 다시 말하면 정치영역뿐만 아니라 사회 전반에서 여성의 역할이 상대적으로 활발하지 못한 것이다.

더욱 직접적이고 결정적인 요인은 소선거구 단순다수제를 통해 의원을 선출하고 있다는 사실이다. 단순다수제는 지역대표성을 보장한다는 장점에도 불구하고 사표를 유발함으로써 비례성을 약화시키며, 동시에 여성 등 소수세력과 군소정당에게 불리한 제도이다. 따라서 비례대표제를 채택하고 있는 국가에 비해 단순다수제를 채택하고 있는 국가의 여성의원 비율은 대체적으로 낮은 편이다.

이러한 문화적 · 제도적 장애요인에도 불구하고 미국의 여성정치가 과거에 비해 점차 활발해지고 있음은 분명하다. 여성의원의 비율이 매년 꾸준히 증가하고 있을 뿐만 아니라, 특히 최근에는 여성정치인의 활약이 두드러지게 나타나고 있다. 지난 2006년 11월 중간선거 결과 캘리포니아 주 출신 민주당 의원 낸시 펠로시(Nancy Pelosi)가 여성으로서는 사상 최초로 차기 하원의장에 선출되었다. 힐러리 클린턴(Hillary Clinton)은 뉴욕 주 상원의원을 연임하는 데 성공하면서 차기 민주당 대선후보로서의 위치를 굳혔다.

이와 더불어 미국 정치에서 최근 새롭게 부상하는 또 한 명의 여성정치인이 있다. 바로 콘돌리자 라이스(Condoleezza Rice) 국무장관이다. 흑인 여성 최초로 국무장관 자리에 오른 라이스는 최근 폭넓은 대중적 인기를 바탕으로 차기 공화당 대선후보로 거론되고 있다. 특히 힐러리가 민주당 후보로 확정시될 경우, 공화당에서는 힐러리를 이길 수 있는 거의 유일한 대안으로서 라이스를 영입하게 될 것이고, 그럴 경우 두 여성 간의 대결에서 라이스가 우세할 것으로 전망하는 사람이 많다.

라이스의 정치적 성공은 미국 특유의 정치제도와 정치문화, 그리고 정치적 역사의 산물이다. 정치와 권력에 뜻이 없던 학자가 일약 정치 스타로 부상할 수 있었던 데에는 의원이 아니라 전문가를 장관으로 기용하는 대통령제의 특징, 그리고 개인의 능력을 중시하는 미국의 영웅주의적 정치문화가 크게 작용하였다. 미국은 다민족국가로서 다양한 문화가 혼재하고 있는 동시에 과거 흑인 등 소수인종에 대한 차별이라는 아픈 역사적 경험도 갖고 있다. 미국 남부의 작은 도시에서 태어난 흑인 여자 아이가 국무장관을 거쳐 대통령후보로 거론되고 있다는 사실은 이러한 미국의 역사와 문화를 복합적으로 반영하는 것이다.

2. 라이스의 일생

1) 출생과 어린 시절

라이스는 1954년 11월 14일 미국 알라바마(Alabama) 주 버밍햄(Birmingham)에서 중산층 이상 가정의 큰 딸로 태어났다. 라이스의 부모는 양쪽 모두 대학교육을 받은 흑인 인텔리였으며, 둘은 학교 교사로 만나 결혼하였다. 라이스가 태어날 당시 아버지는 지역 교회의 목사로서 그 지역의 지도자격인 인물이었다. 이러한 가정환경 덕분에 당시 버밍햄은 인종차별이 매우 심한 지역이었음에도 불구하고 라이스는 차별적인 사회적 환경으로부터 차단된 채 어린 시절을 보낼 수 있었다.

라이스는 어린 시절 피아노 연습에 많은 시간을 할애했다. 라이스의 어머니는 자신이 이루지 못했던 피아니스트의 꿈을 라이스를 통해 이루려고 하였다. 라이스는 밖에서 친구들과 어울려 놀기보다는 집에서 피아노를 연습하고 또한 그밖에도 여러 가지 교육을 철저히 받았다. 당시 대부분의 흑인 아이들이 불우한 환경에서 제대로 교육을 받지 못했던 데 반해, 라이스는 피아노를 비롯하여 부유한 백인 가정 아이들만이 누릴 수 있었던 다양한 교육을 받으면서 자랐다. 비록 피부색은 흑인이었지만 가정환경과 교육내용은 중산층 이상 백인 가정의 아이와 더 가까웠다.

2) 피아니스트에서 소련 전문가로

1969년 부모와 함께 덴버로 이주한 라이스는 백인과 흑인이 함께 다니는 고등학교에 입학하여 피아노 공부를 계속하였다. 그리고 부모의 권유에 따라 1971년 16살의 어린 나이에 덴버대학교에 입학하여 피아니스트의 꿈을 이루기 위해 열심히 노력하였다. 그러나 대학 2학년을 마칠 때쯤 라이스는 피아니스트로서 자신의 능력에 한계를 느끼고 전공을 바꾸기로 결심하였다.

이때 라이스는 우연히 코벨(Joseph Korbel)이라는 유명한 교수의 강의를 듣고 러시아에 관심을 갖게 되었다. 코벨은 훗날 최초의 여성 국무장관을 지낸 울브라이트(Madeleine Albright)의 아버지로서 소련 전문가였는데, 그는 라이스에게 각별한 관심을 보였다. 코벨의 지도와 편달에 힘입어 라이스는 정치학으로 전공을 바꾸어 1974년 우수한 성적으로 덴버대학교를 졸업하였다.

대학 졸업 후 라이스는 아버지의 권유에 따라 노틀담(Notre Dam) 대학교 대학원에 입학하였고, 뛰어난 성적으로 1975년 정치학 석사학위를 취득하였다. 석사학위 취득 후 법학전문대학원 입학을 잠시 고려했으나 코벨의 강력한 권유에 따라 1976년 덴버대학교 국제관계대학원(Graduate School of International Studies : GSIS) 박사과정에 입학하였다. 1981년 26살의 나이에 라이스는 박사학위를 취득하고 소련 전문가의 길을 가게 되었다.

3) 스탠포드대학교 교수 : 스코우크로프트와의 만남

덴버대학원 졸업과 동시에 라이스는 스탠포드(Stanford) 대학교 부설 국제안보연구소의 박사후(post-doc)과정 프로그램에 들어갔다. 그러나 연구소로 간 지 몇 달 지나지 않아 라이스는 스탠포드대학교 정치학과 교수가 되었다. 당시 정치학과에서는 차별시정조치(affirmative action)의 일환으로서 소수자를 충원할 계획이었는데, 라이스의 인상적인 세미나 발표에 많은 교수들이 감명을 받고 일단 그녀를 충원하였던 것이다. 그리고 3년 후 그녀의 객관적인 업적과 능력에 따라 재계약 여부를 결정하기로 하였다.

3년이 지난 1984년 라이스는 객관적인 기준에 따라 재계약되었으며, 그후로도 계속 승승장구하여 1987년에는 부교수로 승진하였다. 라이스의 정열적인 강의와 탁월한 연구업적은 널리 인정을 받았으며, 소련 전문가로서의 명성 또한 성공적으로 쌓아가고 있었다. 이러한 학자로서의 인생과 더불어 그녀의 사생활도 화려하게 진행되고 있었는데, 덴버 브롱코스(Broncos)라는 팀 출신 미식축구 선수와 열애 끝에 약혼하기에 이르렀다. 그러나 결혼을 얼마 앞두고 둘은 파혼하였으며, 그 이후 라이스는 아직도 싱글로 지내고 있다.

스탠포드대학교 교수 시절 라이스는 자신의 인생에 새로운 전기를 맞이하게 된다. 그것은 1987년 우연히 스탠포드대학교를 방문한 스코우크로프트(Brent Scowcroft) 전 국가안보보좌관(National Security Adviser)과의 만남이었다. 짧음 만남이었지만 스코우크로프트는 라이스의 뛰어난 분석력에 감명을 받았으며, 그후로도 라이스와의 연락을 유지하였다. 이러한 스코우크로프트와의 인연은 훗날 라이스의 백악관 진입의 길을 터주게 되었다.

4) 라이스의 백악관 진입

1989년 새로 취임한 조지 H. 부시(George H. Bush) 대통령은 스코우크로프트를 국가안보보좌관으로 임명하였다. 그리고 스코우크로프트는 라이스에게 국가안전보장회의(National Security Council)팀에 합류하기를 요청하였다. 이에 라이스는 서른 네 살의 나이에 소련 및 동유럽 담당 국장으로서 백악관에 진입하게 되었고, 그후 1991년까지 2년 동안 소련의 변혁과 독일 통일로 이어지는 냉전의 와해과정을 최일선에서 지켜보았다.

국가안전보장회의 일원으로 보낸 2년 동안 라이스는 부시 대통령을 비롯한 많은 정치인들과 좋은 관계를 맺었다. 보좌관으로서 특히 돋보였던 그녀의 장점은 복잡한 대외정책 문제를 쉽게 설명할 수 있는 능력이었으며, 이러한 장점과 그녀의 개인적인 매력 덕분에 부시 대통령 내외의 총애를 받았다고 한다. 백악관을 떠난 후에도 라이스는 부시 대통령 내외와 가족 같은 관계를 계속 유지하였으며, 이는 뒷날 조지 W. 부시(George W. Bush) 대통령과의 인연으로 발전하게 되었다.

5) 스탠포드대학교 교무처장(Provost)

라이스는 백악관을 떠난 후 스탠포드대학교로 돌아갔다. 대학에 돌아가서도 사회봉사 활동을 계속 유지하는 동시에 몇몇 유수 대기업의 이사직을 맡기도 하였다. 또한 학문적 활동도 꾸준히 하여 1993년에는 정교수로 승진하였고, 그해 9월에는 새로 총장에 취임한 캐스퍼 (Gerhard Casper)에 의해 대학 내 제2인자의 위치라고 할 수 있는 교무처장(Provost)으로 발탁되었다.[2] 학과장과 학장도 거치지 않은 그녀가 마흔도 안 되는 젊은 나이에 교무처장으로 발탁된 것은 매우 예외적인 일이었다.

라이스는 1999년 7월 사임할 때까지 스탠포드대학교의 운영을 실질적으로 책임지는 막중한 임무를 수행하였다. 그녀가 교무처장이 될 무렵 스탠포드대학교는 다른 대학과 마찬가지로 심각한 재정난에 빠져 있었다. 라이스는 많은 이들의 반대에도 불구하고 과감한 예산축소와 다양한 개혁조치를 추진하였으며, 그를 통해 적자에 빠져 있던 대학 재정을 건실하게 만드는 데 크게 기여하였다. 이러한 대학경영 및 행정경험은 훗날 그녀에게 커다란 자산이 되었다.

6) 조지 W. 부시 대통령과의 만남과 전국적 영웅으로의 부상

조지 H. 부시 대통령의 소개로 라이스는 조지 W. 부시 당시 텍사스 주지사를 만나게 되며, 그 이후 두 사람은 상호 존경의 바탕 위에 장기적인 관계를 유지하게 되었다. 1999년 조지 W. 부시의 대통령 선거 캠페인이 본격적으로 시작되면서 라이스는 그의 외교정책보좌관으로 일하게 되었다. 처음에는 외교정책에 대한 자문만 할 것으로 생각했지만, 캠페인의 열기가 뜨거워지면서 라이스는 부시 캠페인의 주요 인물로 부상하게 되었다. 그 결과 2000년 공화당 전당대회에서 조지 W. 부시가 공화당 대통령 후보로 지명될 때, 라이스는 수많은 군중과 시청자 앞에서 연설할 기회를 갖게 되었다.

2001년 조지 W. 부시가 대통령에 취임하면서 라이스는 그의 국가안보보좌관에 임명되었다. 여성 최초로 이 중요한 자리에 오른 라이스는 점차 전국적 영웅으로 부상하게 되었다. 본래 국가안보보좌관의 주요 임무는 전면에 나서지 않고 뒤에서 여러 정책결정자들의 다양한 의견을 조정하는 것이다. 그러나 2001년 9 · 11 사태가 발생하면서 라이스는 집중적인 스포트라이트를 받게 되었다. 위기의 시기에는 영웅을 필요로 한다. 흑인 여성이라는 특수성과 그녀의 개인적인 매력 등이 복합적으로 작용하여 라이스는 일시에 능력 있는 국가안보보좌관일 뿐만 아니라 가장 대중적인 인기를 가진 정치인 중의 하나로 부상하였다.

2001년부터 2004년까지 조지 W. 부시의 첫 번째 임기 동안 라이스는 성공적으로 대통령을 보좌하였다. 9 · 11 사태와 이라크 전쟁 등 주요 사건 때마다 라이스는 전면에 나서 대통령의 입장을 미국 국민과 외국 외교관들에게 알렸다. 물론 부시와 라이스의 외교정책 방향에 대해서는 대내외적으로 많은 비판이 있는 것이 사실이다. 정책의 옳고 그름을 떠나 4년의 임기 동안 부시와 라이스의 관계가 더욱 돈독해졌으며, 그와 더불어 라이스의 정치적 영향력도 증가한 것만은 분명한 사실이다. 이러한 요인에 힘입어 2005년 부시의 두 번째 임기가 시작되면서 라이스는 국무장관(Secretary of State)으로 발탁된다. 여성으로서는 울브라이트에 이어 두 번째, 그리고 흑인 여성으로서는 최초였다.

3. 여성정치인 라이스에 대한 평가

1) 개인적 성격 및 충원과정

라이스는 엄청난 개인적 매력을 지닌 다재다능한 여성으로 평가받고 있다. 그녀의 뛰어난 피아노 실력, 미식축구에 대한 해박한 지식과 정열, 복잡한 외교문제에 대한 명쾌한 분석력, 그리고 흑인으로서는 상당히 뛰어난 외모 등은 그녀를 만나는 사람마다 그녀에게 인간적으로 끌리게 만든다. 특히 흑인은 일반적으로 다혈질인 것으로 생각되지만, 그녀는 어린 시절부터 익혀온 자제력을 바탕으로 침착하고 부드러운 이미지를 만들어내는 데 성공하였다.

이러한 라이스의 개인적 성향은 그녀가 정치적으로 충원된 과정에서도 반영되고 있다. 그녀가 어려서부터 권력지향적이었다고 보기는 어려웠다. 그녀와 늘 비교되는 힐러리 클린턴이 학창시절 학생회장 등을 역임하면서 스스로의 정치적 욕망을 드러낸 것과는 대조적으로, 라이스는 주로 혼자 지내며 자신의 실력을 쌓는 데 열중하였다. 그녀가 정치권에 들어간 것도 자신이 스스로 권력을 추구했다기보다는 그녀의 뛰어난 전문가적 능력과 개인적 매력 때문에 발탁된 것이었다.

사실 그녀의 인생과정을 보면 늘 후원자가 있었다. 학창시절에는 코벨 교수, 스탠포드대학교에서는 캐스퍼 총장, 외교세계에서는 스코우크로프트와 조지 슐츠(George Schultz) 전 국무장관, 그리고 정치권에서는 두 부시 대통령이 그녀의 능력을 인정하여 후원자 역할을 해 주었다. 힐러리가 투쟁과 대결을 통해 자신의 권력을 만들어 나가는 스타일이라면, 라이스는 개인적 매력과 친화력을 바탕으로 후원자를 만들어 그를 통해 권력의 상층부로 진입하는 스타일이라고 할 수 있다.

이러한 라이스의 스타일이 성공할 수 있었던 데에는 미국의 정치제도와 문화가 크게 작용하였다. 미국 대통령제의 특징 가운데 하나는 전문가를 장관으로 임명한다는 것이다. 의원내각제와는 달리 비정치인 출신이 선거를 거치지 않고 장관이 되어 정치적인 인물로 부상할 수 있는 것이다. 또한 대통령제 및 단순다수제 선거제도와도 어느 정도 연관이 있지만 개인적 능력을 중시하는 미국의 정치문화도 라이스의 정치적 부상에 크게 작용했다고 본다. 정당중심으로 움직이는 의원내각제-비례대표제 국가의 정치와는 달리 미국 정치에서는 정치인 개인의 능력과 매력이 크게 작용한다. 이러한 개인중심의 정치문화 덕분에 정당활동을 많이 하지 않았으면서도 라이스가 공화당 내의 주요 인물로 부상할 수 있었던 것이다.

2) 리더십 스타일

라이스의 리더십 스타일은 설득과 논리에 의한 부드러운 리더십이라고 할 수 있다. 이 또한 그녀의 개인적 성격을 반영하는 것으로서, 라이스는 어린 시절부터 절대 주위 사람을 적으로 만들지 않으려고 노력했다고 한다. 라이스는 분명 자신의 입장이 있지만 자신의 주장을 고집스럽게 주장하지는 않는다. 학자답게 토의와 논리적 설득과정을 거쳐 다양한 의견을 조정해 나가는 것으로 알려져 있다.

그렇다고 라이스에게 부드러운 면만 있고 강한 측면이 없는 것은 아니다. 그녀가 조지 H. 부시 대통령 당시 처음 국가안전보장회의에서 일할 때, 남자 동료들 중에서 그녀를 어린 여자라고 우습게 보았다가 크게 망신을 당한 경우가 여러 번 있었다고 한다. 라이스는 리더로서 다른 사람들의 의견을 경청하고 존중해 주는 대신 자신을 얕잡아보고 무례하게 대하는 사람에 대해서는 단호하게 대처하는 스타일이다.

이러한 라이스의 부드러운 리더십 스타일은 여성성을 강조한다는 면에서 의미를 갖는다. 과거 전형적인 여성정치인의 이미지는 남성의 강인함을 추구했던 이스라엘의 "철의 여제" 골다 마이어스, 그리고 영국의 "철의 여인" 마거릿 대처로 대표된다. 여성도 남성처럼 강할 수 있다는 것이 그녀들의 정치적 장점이었다. 그러나 최근 부상하고 있는 여성정치인의 리더십은 "남성 따라잡기"에서 벗어나 여성성을 강조하고 있다. 최근 프랑스 사회당의 대선 후보로 확정된 로와얄, 그리고 미국 최초의 여성 하원의장으로 선출된 펠로시와 함께 라이스는 여성의 우아함과 부드러움을 강조하는 새로운 리더십을 보이고 있는 것이다.

3) 정치적 성향

전반적으로 볼 때 라이스의 정치적 성향은 진보보다는 보수에 가깝다. 그녀는 대학시절까지 대부분의 흑인이 그러하듯이 자신을 민주당원으로 생각하였다. 그러나 당시 지미 카터 대통령의 유약한 대소련 외교정책을 보고 실망하면서 공화당으로 마음을 돌렸다고 한다. 이는 라이스의 보수성향은 주로 외교정책 분야에서 비롯된 것임을 의미한다. 그러나 외교정책에 있어서 라이스의 성향이 극단적인 보수 강경파(매파)는 아니다. 부시 행정부 내에서 그녀의 주요 역할은 여러 가지 다양한 의견을 조정하는 것으로 알려지고 있다.[3)]

외교정책 분야를 제외한 다른 분야에서 라이스의 정치적 성향이 정책적으로 검증된 바는 없다. 평소 그녀의 발언을 토대로 볼 때, 경제영역(경제에서 정부의 역할)에 있어서는 작은 정부를 지향하는 공화당의 보수적 입장에 상당히 동조하고 있는 것으로 보인다. 실제로 그녀가 쉐브론(Chevron), 휴렛-팩커드(Hewlett-Packard) 등과 같은 대기업의 이사직을 역임했다는 사실은 그녀의 친기업적 시각을 간접적으로 시사한다.

반면, 사회적 이슈에 있어서의 그녀의 입장은 보수보다는 오히려 진보에 가까운 것으로 보인다.[4)] 예를 들어, 미국 정치사회에서 가장 뜨거운 이슈 중의 하나인 낙태문제에 대해 라이스는 개인적으로는 낙태를 반대하지만, 국가가 강력하게 낙태를 규제해야 한다는 보수주의자의 입장에는 우려를 표명한 것으로 알려지고 있다. 다시 말하면 태아의 생명도 중요하지만 부모(그 중에서도 특히 산모)의 선택권을 더욱 강조하는 입장이다.

4) 여성문제에 대한 인식

사실 외교전문가로서 국내정책보다는 외교정책 분야에 전념해 온 라이스가 여성문제에 대해 어떠한 인식을 갖고 있는가는 정확히 파악하기 어렵다. 앞에서 언급한 낙태문제에 대한 그녀의 의견도 한 인터뷰를 바탕으로 한 것이지만 여성문제와 관련한 그녀의 몇몇 인터뷰 내용을 무조건 신뢰하기는 어렵다. 그렇다고 그녀가 뚜렷한 여성운동 경력을 통해 정치권에 진입한 것도 아니기 때문에 향후 그녀가 여성관련 정책을 결정할 입장에 서게 될 때 어떻게 행동할지는 예측하기 어렵다. 다만 라이스의 두 가지 주요 과거 경력은 여성 및 소수자에 대한 그녀의 기본적 인식을 간접적으로 확인할 수 있도록 도와준다.

먼저 라이스는 스탠포드대학교 교수시절 상당한 사회활동을 한 것으로 알려져 있다. 그 중에서도 특히 라이스가 관심과 애정을 가진 것은 가난한 지역 어린 학생들을 대상으로 한 방과후 교육이었는데, 일생 동안 이러한 교육활동을 해온 아버지의 영향이 컸다고 한다. 라이스는 이러한 목적을 위해 〈새로운 세대를 위한 센터〉(The Center for a New Generation)라는 자원봉사 조직을 공동으로 창설하기도 하였다.

이러한 활동을 통해 라이스가 불우한 어린이들과 같은 사회적 약자에 많은 관심을 갖고 있음을 알 수 있다. 동시에 이러한 사회적 약자를 돕기 위한 최선의 방법은 정부의 무조건적인 지원이 아니라 자원봉사 활동과 교육에 있다고 그녀는 믿고 있다고 추론할 수 있다. 라이스 본인도 흑인 여성이라는 불리한 조건 속에서도 교육을 통해 성공할 수 있었기 때문에 특히 교육의 중요성을 깊이 믿고 있었던 것으로 보인다.

둘째, 라이스가 스탠포드대학교 교무처장 시절 보인 사회적 소수자에 대한 차별시정조치에 대한 태도 또한 그녀의 인식을 잘 보여준다. 라이스 본인이 차별시정조치의 수혜자였음은 앞에서 밝힌 바 있다. 그녀의 입장은 본인이 그랬던 것처럼 처음 충원할 때는 여성 및 소수자에게 우선권을 주되 정년보장 계약(tenure)을 맺는 데 있어서는 객관적인 기준에 따라야 한다는 것이었다. 따라서 비록 그녀의 재임기간 동안 많은 여성과 소수자들이 충원되기는 하였지만 정년보장 계약에 있어서는 많은 소수자들이 탈락하기도 하였다. 그 때문에 라이스는 진보적인 동료 교수들로부터 차별시정조치를 철저하게 이행하지 않았다고 많은 비판을 받기도 하였다.

이러한 경력을 통해 여성 및 소수자에 대한 라이스의 기본적인 태도를 알 수 있다. 그녀는 여성과 소수자에 동정적인 입장이기는 하지만 이들이 사회적으로 얼마나 성공하는가의 여부는 궁극적으로 개인의 노력에 달려 있다는 입장이다. 사회적 약자를 보호하기 위해 정부가 지나치게 개입하기보다는 그들에게 교육을 통해 자신의 잠재력을 실현할 수 있는 기회를 부여하는 것이 바람직하다는 것이다. 다시 말하면 한 개인의 성공여부는 사회구조적 요인보다는 개인적 요인이 더 중요하다는 것으로, 이는 전형적인 보수적 신자유주의자의 입장이다.

4. 향후 라이스의 정치적 진로

많은 사람들이 라이스가 차기 미국 대통령이 될 가능성이 높다고 전망하고 있다. 특히 민주당 대통령 후보로 힐러리 클린턴이 결정될 될 경우, 공화당으로서는 힐러리를 이길 수 있는 유일한 대안으로서 라이스를 후보로 내세울 수밖에 없을 것이라는 시나리오이다. 만일 두 여성이 본선거에서 만나면 누가 이길지는 예측하기 어렵지만, 라이스가 전통적으로 민주당을 지지해 왔던 흑인과 여성의 표를 어느 정도 잠식할 수 있다고 가정한다면 그녀의 대통령 당선 가능성은 매우 높다고 할 수 있다.

이러한 시나리오가 현실화되기 위해서는 물론 여러 가지 조건이 맞아야 한다. 첫째, 현재 공화당 내 기반이 약한 라이스가 공화당 대통령 후보가 되기 위해서는 힐러리가 민주당 후보로 강력하게 부상하는 것이 반드시 필요하다. 이는 지난 서울시장 선거에서 강금실이 열린우리당 후보로 확정시되면서부터 오세훈이 강력한 한나라당 후보로 부상한 것과 마찬가지 논리이다. 여성과 소수자에게 폭넓은 지지를 받고 있는 힐러리가 부상해야만 그 대항마로서 라이스의 가치가 올라가게 될 것이기 때문이다.

지난 2006년 11월의 중간선거 기간에 실시된 여론조사 결과에 따르면 민주당 대선 후보 중 힐러리는 29%의 선호도로 1위를 지켰다. 2위는 젊은 흑인 정치인으로 인기를 얻고 있는 배럭 오바마 일리노이 주 상원의원으로 22%의 선호도를 차지했으며, 3위는 앨 고어 전 대통령 후보(13%), 4위는 존 에드워즈 전 의원이었다. 힐러리의 민주당 후보 가능성이 높음을 의미한다. 한편, 공화당 후보로는 줄리아니 전 뉴욕 시장이 24%의 선호도로 1위를 차지하였고, 라이스는 18%로 2위, 그리고 메케인 상원의원이 17%의 선호도로 3위를 지켰다.[5)]

둘째, 힐러리가 민주당 후보로 확정시된다 가정한다고 할지라도 과연 라이스가 공화당 후보가 될지는 불확실하다. 라이스의 성향에 비추어 볼 때, 그녀가 초반부터 자발적으로 공화당 후보 경선에 뛰어들 가능성은 적다. 그렇다고 힐러리가 민주당 후보로 확정시될 때쯤이면 라이스가 공화당 경선에 뛰어들기는 시간적으로 이미 너무 늦는다. 그렇다면 라이스가 공화당 대통령 후보가 되는 거의 유일한 방법은 본인이 후보 천명을 하지 않은 상태에서 영입되는 방식(draft)이다.

이는 정당에 의한 책임정치를 강조하는 의원내각제 국가에서는 있을 수 없는 일이다. 그러나 개인적 역량과 능력을 강조하는 미국의 정치제도와 문화 아래서는 충분히 가능한 일이다. 실제로 미국의 초대 대통령이었던 조지 워싱턴(George Washington)도 영입방식으로 대통령이 되었다. 그리고 전후에는 아이젠하워(Dwight Eisenhower) 대통령이 공화당으로 영입되어 대통령이 된 경험이 있다. 과연 라이스가 공화당에 의해 영입될지는 아직 의문이지만, 이미 미국 국내에는 라이스를 대통령으로 추대하자는 내용의 인터넷 사이트가 다수 존재하고 있다.

셋째, 힐러리와 라이스가 본 선거에서 싸울 경우 과연 온순한 라이스가 싸움닭 힐러리를 이길 수 있을지 의문이다. 힐러리는 비록 남편 클린턴 대통령을 배경으로 정치에 입문했지만 그 성향에 있어서는 라이스에 비해 훨씬 정치적이고 투쟁적이다. 그녀는 이미 두 번의 상원의원 선거를 승리로 이끈 경험도 가지고 있다. 그에 비해 라이스는 조지 W. 부시의 캠페인을 옆에서 도와준 경험은 있지만 본인의 선거를 치른 적이 한 번도 없다. 과연 갈등보다는 타협을 지향하는 학자 출신의 라이스가 선거가 가져올 엄청난 개인적 희생과 스트레스를 견뎌낼 수 있을지는 의문이다.

그러나 라이스가 가진 유리한 점도 분명히 있다. 많은 흑인 유권자들이 머리로는 (정책으로는) 힐러리를 지지하면서도 마음으로는 라이스에 대한 응원을 하고 있다고 한다. 투표할 때 머리보다는 마음이 중요하다는 것은 오랜 기간 동안 지역주의 선거를 경험하고 있는 우리로서는 매우 익숙한 명제이다. 게다가 라이스가 지닌 탈정치성 또한 그녀에게 유리하게 작용할 가능성이 높다. 미국 정치문화의 한 측면이 의회와 기존 정치인에 대한 불신이다. 근래 들어 상원의원 출신 후보가 대통령에 당선된 적이 한번도 없다는 사실은 이러한 미국 정치문화의 특성을 반영하는 것이다. 국무장관으로서 정치적 공방에서 비교적 자유로운 라이스가 자신의 온화한 이미지를 잘 활용한다면 힐러리보다 유리한 고지에 설 수 있다.

라이스가 향후 대통령이 되고 않고를 떠나서 그녀는 이미 미국에서, 아니 전 세계에서 가장 영향력 있는 여성 중의 하나이다. 라이스의 정치적 성향과 정책에 대한 선호도를 떠나서 그녀가 이미 많은 사람들의 마음을 사로잡고 있는 것 또한 분명하다. 세계적으로 유명한 첼로리스트 요요 마(Yo-Yo Ma)와 함께 그녀가 피아노를 연주하던 모습은 아직도 많은 미국민의 마음 속에서 생생하게 남아 있다. 흑인차별이 극성을 부리던 남부의 작은 도시에서 흑인으로 태어난 한 여자 아이가 이렇게 유명한 사람이 되었다는 그녀의 인생 스토리 그 자체가 이미 많은 미국민에게 감동을 안겨주고 있는 것이다.

참고문헌

서정갑 외. 1994.『미국정치의 과정과 정책』. 서울 : 나남.

Felix, Antonia. 2002. *Condi : The Condoleezza Rice Story*. New York : Pocket Books.

Morris, Dick and Eileen McGann. 2005. *Condi vs. Hillary : The Next Great Presidential Race*. New York : Regan Books.

주

1. 지난 2006년 11월 미국 중간선거 결과 여성의원의 수가 다소 증가하였다. 상원에서 2명, 하원에서 최소한 5명이 증가한 것으로 보도되고 있다. 따라서 여성의원의 비율과 순위도 다소 올라가게 되었다. 참고로 한국의 여성의원 비율은 13.4%로 77위이다.
2. 미국 대학의 provost라는 직책은 보통 교무처장으로 번역된다. 그러나 실제로 이 직책은 한국 대학의 교무처장에 비해서 훨씬 더 막강한 권한과 책임을 갖고 있다.
3. 부시 행정부 내에서 소위 '네오콘' (신보수주의자)이라고 불리는 보수 강경파의 대표 인물은 체니(Cheney) 부통령과 럼스펠드(Rumsfeld) 국방장관이었다. 라이스는 굳이 분류하자면 대화를 강조하는 비둘기파에 가깝다. 지난 2006년 11월 8일 럼스펠드가 국방장관 자리에서 사임함으로써 향후 부시 행정부의 대외정책이 라이스에게 무게가 실리면서 보다 유화적으로 바뀔 가능성이 크다고 전망하고 있다.
4. 미국 정치의 맥락에서 보수–진보성향은 크게 세 개의 '연결되면서도 상당히 독립적인' 영역으로 이루어져 있다. 대외정책에서 개입과 고립, 경제정책에서 국가의 개입 정도, 그리고 사회적 문제(동성애, 낙태, 사형제 등)에 대한 국가의 개입 정도이다. 한 개인이 이 세 가지 영역 모두에서 일관되게 보수적 성향을 가질 수도 있지만 실제로는 영역별로 다른 성향을 갖는 사람도 많다. 라이스의 경우도 후자에 속한다고 할 수 있다.
5. 물론 이러한 선호도 조사결과만 보면 라이스가 공화당 후보로 선출될 가능성은 높아 보이지 않는다. 그러나 힐러리가 민주당 후보로 확정시될 경우 그녀의 가치와 인기도가 수직상승할 것이라는 전망이다.

미첼 바첼렛

따뜻함과 강인함의 리더십

사진 출처 http://www.gobiernodechile.cl

이순주

칠레는 라틴아메리카에서도 가장 보수적이며 남성지배적인 국가이다. 미첼 바첼렛(Verónica Michelle Bachelet Jeria)은 이러한 보수적인 국가에서 라틴아메리카 최초의 여성 국방부장관, 그리고 다시 칠레 최초의 여성대통령이 되었다. 라틴아메리카에서는 이미 4명의 여성대통령이 등장한 바 있다. 그러나 칠레의 바첼렛이 주목받는 이유는 많은 다른 여성대통령들이 부친이나 남편의 후광에 힘입어 대통령에 오른 것과는 달리 자신의 인생역정을 통해 대통령이 되었다는 점이다. 바첼렛은 또한 1970년대에서 현재까지 칠레의 정치사와 고락을 함께 한 인물이다. 쿠데타 이후 아버지를 잃고 자신도 군부정권에 의한 정치탄압의 희생자였으며, 민주주의의 회복과 함께 다시 권위주의 청산의 중심에 선 인물이기도 하다. 이러한 측면들은 바첼렛 대통령 탄생이 갖는 정치, 사회 및 역사적 의미를 대변한다고 할 수 있겠다.

바첼렛은 여성인 자신이 기존의 남성에 의한 정치와는 '다른 정치'

를 하겠다고 공언했고, 그러한 시작은 첫 내각의 절반을 여성으로 구성함으로써 4년 동안의 짧은 임기이지만 앞으로의 많은 변화를 예고하고 있다.

이 글은 칠레와 같이 보수적인 국가에서 어떻게 바첼렛이 대통령으로 등장할 수 있었고, 어떠한 리더십을 가진 인물이며, 바첼렛의 등장이 갖는 의미는 무엇인지에 관한 것이다. 이를 위해 이 글에서는 칠레 사회와 정치문화의 특징, 바첼렛의 개인적 삶과 정치적 역정, 그리고 리더십의 특징을 살펴본다.

1. 칠레 사회의 정치문화

칠레는 라틴아메리카에서 가톨릭의 영향이 가장 강한 국가 중 하나다. 바람직한 여성의 역할에 대한 사회적 인식이 가정에서의 주부와 어머니로의 역할에만 한정되어 있었고, '이혼제도' 또한 존재하지 않았던 국가다. '이혼'은 2004년에 와서야 법적인 인정을 받았을 정도로 여성의 사회적 역할범주에 있어서 매우 보수적인 국가이다. 이러한 보수성은 칠레 최초의 여성대통령 등장 가능성을 앞두고 각 당의 최종 대선 후보 선출과정에서부터 여성의 정치활동 및 능력을 폄하하는 발언들과 이에 대한 반박의 공방전 속에서도 매우 두드러졌다.

칠레는 피노체트(Augusto Pinochet)라는 독재자의 이름으로 우리에게 매우 익숙한 나라다. 그는 1973년 라틴아메리카 최초로 선거에 의해 집권한 사회주의자 대통령이었던 살바도르 아옌데 정부를 쿠데타로 무너뜨리고 집권했다. 1989년 민간정부로 정권을 이양하기 전까지 15년이

넘는 기간 동안 피노체트 집권기는 라틴아메리카에서 가장 민주적인 전통을 자랑하던 칠레의 정치문화를 후퇴시켰다. 피노체트는 집권하는 동안 철저하게 자신이 대통령에서 물러난 이후를 준비를 해왔고, 그러한 준비는 1980년 신헌법에 그대로 반영되어 있었다. 1980년 신헌법을 통해 선출에 의한 것이 아니라 '제도'에 의해 임명되는 상원의원과 종신 상원의원제도를 두어 자신의 퇴임 후의 권력을 보장받기 위한 수단의 하나로 활용하고자 했다. 이는 이번 2005년 선거에서 폐지되기 전까지 상원에서 군부를 지지하는 우파의 세력이 유지되도록 하는 결과를 낳기도 했다. 자신의 집권기반을 보장받기 위해 구상해낸 이 선거제도는 결과적으로 여성들의 국회진출도 매우 어렵게 했다.

칠레 선거 시스템은 여성들의 정치적 대표성이 상대적으로 높은 것으로 알려져 있는 비례대표제를 채택하고 있다. 현행 선거제도는 개방형 비례대표제를 실시하고 있는데, 각 정당마다 선거구별로 2명의 후보를 추천하도록 되어 있다. 이러한 '2석 선거구(binominal)방식'에서는 보다 많은 의석확보를 위해서 각 정당들이 연합을 통해 공동으로 후보를 공천하고 있는 현상이 두드러지고 있다. 여성들은 이러한 연합들에서 더욱 더 의회진출에 어려움을 겪고 있다. 1990년대 후반 일부 정당들이 내규로서 당 지도부 내 여성비율을 정하거나 선거 후보 중 최소비율을 정하기는 했으나 제대로 지켜지지 않고 있다. 이러한 여성비율과 관련한 경향은 당의 이데올로기와 무관하게 매우 소극적으로 나타나고 있으며, 그 결과는 여성들의 낮은 대표성의 원인이 되고 있다. 여성할당제와 '2석 선거구방식'은 바첼렛 정부에서 매우 중요한 선거법 개혁을 위해 활발한 논의가 이루어지고 있는 부분이다.

이미 칠레 사회는 강한 가톨릭 문화로 인해 여성의 사회적 진출은 상당히 제한적이었다. 여기에다 피노체트 정권은 집권기 동안 여성의 '애국'을 '아내와 어머니로서의 충실한 가정에서의 역할'이라고 강조함으로써 칠레의 사회문화를 더욱 더 보수적으로 고착시키고자 했다. 그러나 오히려 칠레 여성들은 이러한 피노체트가 강조한 '아내'와 '어머니'로서의 역할을 피노체트 정권의 '인권남용'과 '독재'에 대한 저항과 반정부 운동을 정당화하는 도구로 사용했다.

칠레 여성들은 1980년대 중반 피노체트 정권 말기에 매우 광범위하게 반독재운동에 참여했고, 그 결과 민주화 과정에서 여성들은 사회의 한 구성요소로서의 역할비중을 인정받을 수 있었다. 피노체트 이후 새롭게 등장한 문민정부 하에서 여성들은 "국가와 가정에서의 민주주의"(Democracia en el país y en la casa)를 모토로 정치적 민주주의의 회복을 사회와 가정에서의 민주화로 연계시키고자 했다. 민주화 과정에서 나타난 여성들의 결집된 노력들은 1991년 여성정책 전담 정부기구인 SERNAM(Servicio Nacional De la Mujer)의 창설로 이어졌다. 민주화 과정에서 '반독재 민주화'라는 구호를 통해 매우 강한 결집력을 보였던 여성운동은 문민정부 수립 이후 각 여성운동 그룹마다 다양한 이슈를 가지고 활동영역을 확대해 나갔다.

이러한 민주화와 여성운동의 확대와 함께 SERNAM의 역할도 칠레 여성의 지위와 비중을 강화하는 데 매우 중요한 역할을 한 것으로 볼 수 있다. SERNAM은 창립 이후 "더 많은 여성을 의회로!"(¡Más Mujeres al Parlamento!)라는 프로그램을 통해 1차적으로 사법부와 행정부에서의 여성고용을 확대시켰다. 이 프로그램은 가급적 많은 여성들을 입법부를 비롯한 공직에 진출시켜 여성들을 위한 새로운 입법 및 정책결정을 용이하게 하도록 하기 위한 것이었다. 이러한 칠레사회의 변화들은 현재 바첼렛 대통령을 탄생하게 한 밑거름이 되었다고 볼 수 있겠다.

칠레의 대통령은 직접선거에 의해서 선출되는데, 1차 선거에서 과반수 이상 득표한 후보자가 없을 경우 최다 득표자 2인이 결선투표를 거쳐 대통령에 당선된다. 임기는 6년이었으나 지난 2005년 9월 개헌을 통해 4년으로 단축되었으며 연임은 불가능하다.

내각은 20개 부처로 구성되어 있으며, 국회동의 없이 대통령이 각료를 임명하도록 되어 있다. 현재 바첼렛 대통령이 구성한 내각은 자신의 공약대로 남성과 여성 각 10명씩 동일한 비율로 이루어져 있다. 칠레 국회는 양원제이며 하원 120명, 상원 38명으로 구성되어 있다. 2005년 12월 총선결과 하원 18명, 상원 2명의 여성이 선출되었다. 이는 세계 72위에 해당되며, 미주대륙 전체 평균인 21.6%에도 훨씬 못 미치는 비율을 보이고 있다.

2. 바첼렛의 이력

1951년 9월 29일 칠레의 수도 산티아고에서 인류학자인 어머니 앙헬라 헤리아 고메스(Ángela Jeria Gómez)와 당시 공군 준장이었던 아버지 알베르토 바첼렛 마르띠네스(Alberto Bachelet Martínez) 사이에서 태어났다. 현재 이혼경력이 있으며, 1남 2녀를 두고 있다. 전직 직업은 소아과/공공보건 전문의이며, 스페인어, 영어, 독일어, 불어, 포르투갈어 등 5개 국어에 능통하다. 2000년도에 보건장관을 역임했고, 2002년 초반 민간인 여성으로서 국방장관에 임명되었다. 그의 국방장관 취임은 군사잔재 청산과 민군관계 개선이 최대 정치적 쟁점이던 시기에 국민화합의 상징으로 떠올랐다. 2004년 10월 1일 국방장관에서 퇴임하여 2차 선거를 통해 2006년 3월 대통령에 취임했다.

바첼렛의 정치적 입문은 그의 유 · 청년기를 통해 나타난 리더로서의 자질과 가족사를 통해 이미 예견된 것이라 할 수 있다. 우선 그는 중학교 시절부터 합창단, 발리볼, 연극반 등의 다양한 특활활동에 참여했을 뿐만 아니라 〈박수, 박수〉(Las Clap Clap)라는 교내 뮤지컬그룹을 이끌고 학교 간 경연대회에 다수 출전하기도 했다. 1970년도 칠레대학교 의학부에 입학한 후 사회학과 경제학 공부에도 상당한 열의를 보였다. 1973년 이전까지 인민연합정부 시기에 학생회장을 지냈으며, 사회주의 청년단에 입단하여 활동한 바 있다.

공군 소장 출신인 그의 부친은 아옌데 정권기에 식량공급 사무국장직을 맡아왔으나 군사 쿠데타 이후 아옌데를 지지했다는 이유로 '국가반역죄'로 지목되어 체포되었다가 고문 후유증으로 인한 심장마비로 사망했다. 바첼렛에게는 쿠데타 이후 수년간이 자신의 인생에서 가장 어려웠던 시기였다. 바첼렛은 피노체트에 저항하기 위해 의과대학에 재학하면서 학생신분으로 비밀리에 사회주의 청년단(Juventud Socialista)에서 사회당 유지와 관련한 활동과 정치적 수배자들을 돕는 활동을 했다. 그러나 결국 비밀경찰들에 의해 독재정권의 가장 핵심 고문처로 유명한 일명 "비야 그리말디"(Villa Grimaldi)라고 불리는 국가정보국에 체포 · 감금되었다가 3개월 만에 친척 등의 인맥을 통해 풀려났다.

이후 국외로 추방당해 호주와 동독 등을 전전했다. 1979년 동독에서 귀국한 후 칠레대학교에서 의학공부를 다시 시작하여 1982년도에 소아과전문의가 되어 공공보건의를 신청했으나 '정치적인 이유'로 거부당했다. 바첼렛은 이때부터 본격적으로 다양한 정치활동에 참여하게 된다. 피노체트 정부가 금지시킨 사회주의 진보를 위한 활동에 참여하기도 했다. 이러한 활동 중 바첼렛은 사회주의자로서 정부가 국가경제의 실질적인 부분을 통제해야 한다고 믿게 되었다. 당시 그의 정치활동 중 가장 중요한 것은 〈국가 비상사태에 의한 피해아동 보호단〉(PIDEE) 활동이었다. 군정기 동안 희생되거나 체포된 자들의 자녀들을 전문적으로 지원하는 민간단체활동으로, 이 단체의 의료부문을 맡았다.

바첼렛은 평생 사회주의 당원이었다. 민주주의로의 이양과 함께 사회당의 수뇌부에 들 수 있었다. 바첼렛은 1990년대 중반부터 칠레 민주주의가 공고화되어 가는 과정에서 민-군관계의 완전한 정상화에 많은 어려움이 있다고 판단했다. 또한 자신의 아버지에 대한 존경의 의미로 칠레의 가장 권위 있는 군사학교인 국립 정치-전략연구 아카데미에서 군사전략 과정을 수료할 수 있었다. 거기서 그는 보건부에서 시간제 근무를 병행했다. 바첼렛은 그의 학급에서 가장 뛰어났고, 그 결과 미국 워싱턴 DC에 있는 미주안보학교(Inter-American Defense College)에 장학생으로 입학하는 영예를 얻었다. 국립 정치-전략연구 아카데미와 미주안보대학 재학시절 동안 그는 제도, 정치, 문화가 안보정책들과 어떠한 상호관계를 가질 수 있을 것인가를 고민해 왔으며, 칠레 국방부의 고문역할도 수행한 바 있다. 이러한 경력들은 이후 바첼렛이 2000년 보건부 장관을 거쳐 2002년 국방부장관으로 임명되는 데 중요한 배경으로 작용했다.

2000년 바첼렛은 리카르도 라고스 정부의 보건부장관으로 임명되었다. 보건부 책임자로서 그녀는 7만 개의 기구들과 서비스 국가망을 직접 이끌었다. 그녀는 지역 보건자치 서비스와 민간 의료보험기구인 ISAPRES(Instituciones de Salud Previsional)와 사설병원에 이르기까지 광범위한 부분에까지 직·간접적으로 관리하였다.

라고스 대통령이 보건부장관인 그녀에게 부과한 과제는 두 가지였다. 한 가지는 1차 진료를 개선하는 것이었다. 말하자면 진료를 받자면 3개월이나 기다려야 하는 1차 진료의 범위와 질을 향상시키기 위한 것이었다. 다른 한편으로는 보건부문의 대개혁을 준비하는 것이었다. 이 두 가지 과제를 위해 바첼렛은 최선의 노력을 다했고, 협력을 얻어내야 할 대상과 기술적 복잡성을 고려한다면 상당히 만족스러운 결과를 얻어냈다. 그의 성공적인 임무수행은 보건부 내의 기술관료들과 1차 진료 종사자, 그리고 기관들로부터 전례 없는 참여와 약속이행을 얻어냈다.

이후 2002년도에는 라틴아메리카에서 최초의 여성 국방부장관이 되었다. 아이러니하게도 그녀가 국방부장관 재임시절 이끌고 있었던 군부 고위자들 중에는 바첼렛과 그의 부친을 고문한 책임자도 포함되어 있었다. 군부에 의해 부친을 잃고 스스로도 억압을 당했던 민간인 여성을 국방장관으로 임명한 라고스 대통령의 인사는 피노체트 신병처리 문제와 군사잔재 청산 등이 주요 이슈였던 당시에 매우 신선한 충격이었다. 칠레의 장군들은 새로운 장관이 예전의 장교들보다 나을 것이라고 전혀 기대하지 않았다.

그러나 그녀는 여성모병을 확대하고 징병제를 폐지하는 가능성에 대해 논의하는 등 칠레 군대의 현대화에 착수했고, 군에 대한 민간인의 통제를 강화했다. 유력한 칠레 시사잡지 《*Capital*》의 편집장 헥토르 소토는 바첼렛을 넬슨 만델라에 비유하면서 그녀의 가족이 가진 좌파적 비극과 군사적 역사가 민간인과 군부를 화해시킬 수 있는 유일한 사람으로 만들었다고 평가하기도 했다(Daniels 2006, 31). 바첼렛은 2003년 환 에밀리오 체이레(Juan Emilio Cheyre) 장군이 군부는 '결코 다시' 칠레의 민주주의를 뒤엎는 일은 하지 않겠다는 선언을 하도록 만드는 데 핵심적인 역할을 수행했다. 이는 칠레 사회에 새로운 민-군관계 정립의 전기를 마련한 것으로 평가되었다.

바첼렛의 후보 추대는 매우 보수적이고 충실한 가톨릭 국가에서 놀라운 일이었다. 세 명의 아이를 두고 있는데, 그 중 혼외관계로 한 명의 자녀를 두고 있기도 한 이혼녀인 바첼렛은 13세인 딸을 위해 아침식사를 준비하고 학교까지 배웅하고 하루 일과를 시작하는 여성이었다. 바첼렛은 대통령직에 뜻을 가지고 있지 않았다. 그러나 라고스 정부에 입각하면서 유명인사가 되었고, 라고스 임기말에 일부 상원의원들로부터 정당의 대통령 후보로 관심이 있는지를 타진받았다. 이들이 바첼렛에게 물은 것은 그의 삶에서 원하는 것이 무엇인가였다. 바첼렛은 "제 꿈이 뭔지 아십니까? 아주 간단합니다. 내 연인과 함께 손을 잡고 해변을 걸어보는 겁니다"라고 대답했고, 결국은 꼰세르따시온의 후보로 확정되었다.

이후 바첼렛은 대통령 후보로서 "사람들은 여성에게 남성보다는 좀 더 윤리적이고 세심함을 원한다"면서 자신은 "여성이기 때문에 정치를 다르게 할 수 있을 것"이라고 주장하여 여성대통령으로서의 다른 면모가 있을 것이라는 것을 지속적으로 강조해 왔다.

2005년 12월 실시된 1차 대통령 선거에서 꼰세르따시온의 후보로 출마하여 45.96%를 획득했고, 25.41%를 획득한 우파의 삐녜라(Sebastián Piñera Echenique) 후보와 결선에 올랐다. 결선에서 바첼렛은 53. 5%의 지지를 받아 대통령에 당선되었다. 바첼렛에게 투표한 유권자의 53.1%는 여성이었다.

3. 정치적 성향

일부 언론들에서는 그의 정치적 삶은 '극좌'에 가깝다고 평가하고 있다. 또한 라고스보다 더 좌파적이라는 평가가 많았다. 바첼렛의 승리는 그녀의 인간적인 따뜻함에서만 비롯된 것이 아니라, 바첼렛과 같은 사회당 출신이자 좌파 대통령인 라고스의 대중성과 국가경제의 호황에 힘입은 바 크다. 베네수엘라의 우고 차베스와는 달리 라고스는 개방경제를 유지했으며, 사회주의자 대통령임에도 불구하고 모든 미국의 비판을 불식시켰다. 바첼렛은 이러한 라고스의 경제정책과 대외관계에서의 노선을 유지하고 여성과 빈민에 대한 관심을 쏟겠다고 약속했다. 바첼렛은 라틴아메리카에서 좌파정권들의 정치적 공격대상이 되고 있는 미국의 부시 대통령과 미국이 주도하고 있는 미주자유무역지대를 적극적으로 옹호하지는 않고 있다. 그러나 가벼운 형태의 미주자유무역지대를 지지하고 있으며, 정부의 개입과 방임을 혼합하고자 한다. 이러한 측면에서 볼 때 바첼렛은 사회주의자이기는 하지만 극좌와는 다르다.

또한 바첼렛은 사회당 내에서도 매우 혁명적인 인물은 아니다. 바첼렛은 실제로 한 언론과의 인터뷰를 통해 자신은 '민주주의자'라고 말하면서, '민주주의'에서는 폭력이 정당화될 수 없으며 그러한 측면이 '극좌'와의 차이라고 말했다. 또 바첼렛은 스스로에 대해 1970년대에는 '사회주의자'였지만 현재는 '사회민주주의'에 가깝다고 말하고 있다. "민주주의는 대표성으로서만 존재하는 것이 아니라 점차 더 포괄적이 되어야 한다. 사회적 통합성과 평화를 유지하기 위해서는 가능한 모든 부문들을 통합하는 것 외에는 왕도가 없다"는 신념을 가지고 있다. 그는 신자유주의 경제개혁에 따른 시장의 강화는 시민들에게 매우 가혹한 것이라고 전제하고, 이를 완화하기 위해 정부의 사회정책이 반드시 필요하다는 인식을 가지고 있다.

그녀가 군사 권위주의의 희생자였던 만큼 군사 권위주의의 잔재에 대해서는 매우 단호한 입장을 가지고 있다. 바첼렛은 "칠레가 지금은 바른 길로 가고 있지만 아직은 해결되어야 할 일들이 많습니다. 특히 군사독재와 결탁했던 민간인들에 관한 것입니다"라고 말한다. 그녀는 그들이 절대 민주주의를 공격하는 누군가를 지지하지 않겠다고 맹세하도록 원하고 있다. 그는 "나는 결코 군사독재 동안 인권남용으로 기소된 군부 관계자들을 용서하는 법을 지지하지 않을 것입니다"라고 공언했다.

그리고 극단적인 페미니스트는 아니지만 양성관계에 있어서 마초주의적 전통을 가진 사회라는 측면에서 볼 때, 그녀는 대단한 평등의식을 가지고 사회민주주의를 꿈꾸는 인물로 비추어졌다. 바첼렛은 칠레 최초의 여성대통령으로서 여성들에 대한 정책적 책임을 매우 무겁게 가지고 있다. 그의 가시적인 정책 중 하나는 4년 동안 정부를 이끌 내각의 1/2을 여성으로 구성하겠다는 것이었고, 이러한 약속은 충실히 이행되었다. 이와 같은 구성은 집권 연정인 꼰세르따시온에 소속된 정당들과의 협의에 의해 이루어진 것이 아니라 자신의 씽크탱크인 〈엑스판시바〉(Expansiva)에서 충원했다. 그 결과 정치계에서는 비교적 새로운 인물들이 등장하여 내각의 경험부재와 정당들과의 관계에 있어 불안정성의 문제가 제기되고 있다.

바첼렛의 여성정책은 '칠레를 위한 더 많은 여성계획'(Plan Más mujeres para Chile)으로 압축된다. 그는 2005년 7월 아라우까 원주민여성들과의 만남에서 이 계획을 제시했는데, 모두 6개 분야로 나뉜다. 1) 교육의 질

향상을 통해 여성을 위한 더 많은, 더 나은 일자리 창출, 2) 여성의 평균 수명을 고려한 연금 및 사회보장제도의 개선, 3) 동등한 권리를 누리는 가족, 4) 여성에 대한 폭력 근절, 5) 교육, 노동, 문화 등 다양한 분야에서의 여성차별 철폐, 6) 여성건강 증진 및 섹슈얼리티 등을 세부내용으로 하고 있다.

바첼렛은 칠레 전체 가구의 1/3에 해당하는 여성 가장의 한 사람이다. 이러한 그의 입장은 다양한 가족형태에 따른 정부의 다양한 정책이 필요하다고 역설하는 직접적인 배경이 되었다. 칠레 사회에서는 2004년 1월 상원에서 이혼을 허용하는 법안이 통과되었으며, 낙태 및 피임에 대해서도 매우 보수적이다. 바첼렛은 이에 대해 정부는 가톨릭 교회의 의견표명과 상관없이 국민들에게 실질적으로 가능한, 국민 개개인의 신념과 의지에 따라 모든 것을 결정할 수 있는 대안을 제공할 의무가 있다고 본다. 바첼렛은 전직 의사로서 낙태에 대해서는 반대하고 있다. 그 이유는 모성건강에 심각한 위험을 초래하기 때문이라고 주장하고, 대신 사후피임약을 사용하는 것은 낙태가 아니기 때문에 찬성하고 있다. 섹슈얼리티와 관련한 책임 있는 정책의 모색과 제시를 공약으로 내걸고 있다. 그는 교육 및 보육정책에 있어 취학 전 아동에 대한 100% 무상교육 실시와 교육의 질 향상을 공약으로 내세웠다.

대통령 집권 이후 양성평등 분야에서 구체적으로 실행에 옮긴 양성평등정책들은 다음과 같이 요약된다. 첫째, 라틴아메리카 최초로 내각을 남·녀 같은 비율로 구성했다는 것이다. 둘째, 동일노동 동일임금의 원칙을 수립하기 위해 국가의 중앙행정부에서부터 차별 없는 노동을 위한 법안을 수립하도록 지시하여 이에 대한 국가의 의지를 재확인했다. 이는 고용주로서 국가가 피고용자에 대한 차별을 하지 않는 방법과 정책을 강조하기 위한 것이며, 사적 부문의 고용에서도 참여기회 및 처우에서의 양성평등을 유도하는 데 그 목적이 있다. 또한 이러한 양성평등적인 고용문화를 수립하기 위해 『여성에 대한 차별을 없애기 위한 바른 노동 가이드』를 무역 및 제조업협회를 통해 여러 기업들에 배포했다. 셋째, 양성평등과 여성들에게 보다 나은 연금을 제공하기 위한 개혁을 통해 새로운 기초연금으로 60%의 여성이 혜택을 볼 수 있도록 했다. 그리고 군대에서 여성지원 병력을 추가로 1,000명 증원했다.

4. 바첼렛에 대한 칠레 사회의 기대

칠레와 같은 강한 가톨릭 전통을 가지고 있으며 여성의 정치적 진출이 낮은 국가에서 어떻게 바첼렛이라는 여성대통령이 등장할 수 있었는가? 바첼렛에 대한 기대는 바첼렛의 개인적 삶과 정치적 역정, 그리고 전통적인 여성역할에 대한 현대적 기대의 복합체라고 할 수 있다.

라틴아메리카의 남성성과 여성성은 마치스모와 마리아니스모로 대변된다. 특히 마리아의 믿음에 대한 강력한 문화적 흐름이 존재한다. 마리아는 동정녀로서 상징적 존재이다. 라틴아메리카의 여성은 정복기부터 차별받고 남성권력에 종속된 여성상이다. 그러나 마리아에 대한 믿음은 차별당한 여성과 독신, 남성에게 버려진 여성들에게는 강력한 여성의 이미지로 비춰진다. 여성 가장으로서 숱한 어려움과 고통에도 불구하고 자녀를 교육시키고 정체성을 부여하고 가치를 만들어내는 그런 이미지이다. 어머니는 혹독한 상황에서도 아버지와 어머니의 역할을 동시에 수행한다. 어머니는 그것이 전부이다.

이러한 논리를 바첼렛에게 적용시켜 보면, 그녀의 이혼은 여러 가지 상황에서 비난받아 왔지만 그것이 그녀를 약화시키는 것이 아니라 오히려 강화시켰고, 오히려 마리아니스모에 의해 새로운 공적 사례로 변모되었다. 이혼한 여성이라는 조건이 수년 전까지만 하더라도 커다란 상처일 뿐만 아니라 원죄의 하나로 말할 수 있었다. 그러나 지금은 이혼이 페미니즘의 아이콘으로까지 말해지지는 않는다 하더라도 적지 않은 여성들에게서 나타나는 상황이고, 자연스러운 신분상태로 받아들여지고 있다. 특히 칠레에서 오랜 논쟁 끝에 이혼이 허용된 것도 이러한 변화를 반영하고 있다고 볼 수 있다. 칠레 가정의 거의 절반이 아버지의 부재로 인한 편모가정인 실정에 있다. 칠레 사회는 강하고 이상화되어 있지만 추상적인 아버지의 이미지와는 거리가 멀고, 실질적으로 약하지만 지속적이고 현존하는 어머니에게 맡겨져 왔다고 해도 과언이 아니다.

지금까지 이러한 모성 이미지는 칠레와 라틴아메리카 정치의 많은 사례들에서 나타나 있다. 오월광장의 어머니들, 공동부엌, 그리고 저항의 상징무기로서 냄비를 사용하기 등의 모습들은 결코 그 중 어느 인물이 대통령이 되는 데까지는 이르지 못했다. 바첼렛의 경우는 이러한 강한 여성에 대한 사회적 믿음과 그녀의 정치적 역정이 그녀를 대통령으로 만드는 데 중요한 요소로 작용했다고 볼 수 있을 것이다.

바첼렛은 칠레 최초의 여성 국방부장관으로서 수년 전부터 여론의 관심의 대상이었고, 대통령 후보로 거론되면서 더욱 더 많은 여론의 지지와 반대의 중심에 서 있었다. 그녀는 여성이자 이혼녀로서, 사회주의자로서, 그리고 불가지론자로서 활동하여 여론의 관심을 집중시켰다. 바첼렛에 대한 지지는 그녀가 걸어온 삶의 역정이 격변을 겪어온 칠레의 역사와 맥을 함께 하고 있고, 현재 그녀가 가진 모습이 많은 칠레 여성들의 모습을 대변하기 때문이었다. 그녀는 그녀의 활동과 존재, 칠레 사회의 커다란 부분의 근대성과 변화의 가능성 간의 연계를 지속적으로 얻어내어 대통령이 될 수 있었던 것으로 평가되고 있다.

5. 바첼렛의 리더십 스타일과 그에 대한 평가

기존의 라틴아메리카 여성대통령들이 남편의 후광에 힘입어 대통령이 되었던 반면, 바첼렛은 스스로의 삶의 역정과 정치활동을 통해 만들어진 '자수성가형' 지도자라고 볼 수 있다. 군사정권기의 정치적 활동들과 투옥, 망명생활은 대통령으로서의 강인함과 단호함, 인내심과 끈기를 만들어냈다. 그녀의 장관경력 또한 보건과 국방분야에 대한 전문적인 지식의 습득과 활동들이 바탕이 된 것이다. 또한 그의 집권기동안 예고되고 있는 칠레 사회 패러다임 변화의 중심인 양성평등은 여성으로서 살아온 그녀의 삶이 그 안에 반영되어 있다고 볼 수 있다.

여성 사회주의 인터내셔널의 총재 삐아 로카텔리(Pía Locatelli)는 바첼렛 대통령의 리더십을 '라틴아메리카 현실에서 완전히 새로운 스타일'이라고 평가하면서 "바첼렛은 민주주의와 거리에 나오는 사람들을 두려워하지 않는다. 이들은 민주주의를 의미하는 것이며, 이것이 문제 해결의 어려움을 의미하는 것이 아니기 때문"이라고 덧붙인 바 있다. 바첼렛의 리더십은 수평적 · 민주적인 관계 속에서 이루어지는 상호작용을 선호한다. 또한 시민들의 표현과 목소리에 귀 기울일 줄 안다. 또한 가장 마초적인 국가에서 가장 마초적인 집단을 이끌었던 국방장관 재임시절은 그러한 바첼렛의 리더십이 대표적으로 나타났던 시기였다. 그야말로 남성적인 관계의 강화, 계서에 대한 집착, 충격적인 말들과 같은 무기로 이루어낸 것이 아니라 부드럽고 인간적인 면모들을 통해 군대의 개혁을 이끌어냈다. 이러한 측면에서 바첼렛의 리더십은 매우 '여성적'이다.

언론들을 통해 나타난 바첼렛 정부의 첫 9개월은 '새로운 스타일'의 정치를 시험하는 시기였던 것으로 요약될 수 있다. 우선 바첼렛이 시민사회와 정치관계를 돈독히 하는 데는 성공한 것으로 보인다. 비교적 새로운 인물들로 내각을 구성함으로써 과거의 주제와 인물들과는 상당한 거리를 두었고, 모든 것이 변화하기 시작했다. 정부의 양성평등에 대한 강한 의지가 여러 분야의 정책들에서 나타나기 시작했다. 그러나 바첼렛의 시민사회와의 관계강화가 기존의 '제도화' 수준에 이른 정당연합 내 정당들의 관계에 변화를 가지고 오면서 바첼렛의 통치 스타일은 비판을 받고 있다.

바첼렛 정부가 경험한 첫 위기는 지난 3월에서 5월까지 지속되었던 학생들의 교육개혁에 대한 요구였다. 처음에는 학생들에게 매우 친근하게 접근했다가 나중에는 강하게 대응하여 '새로운 스타일의 정치'는 심각한 도전을 받았다. 정부가 학생들에 대한 설득과 압력을 통해 위기를 잘 넘긴 것으로 평가되기는 하지만, 바첼렛 정부는 민주화 이후 지속적으로 유지되어 왔던 정당연합 내의 관계유지에 있어서 문제를 드러냈다. 집권 좌파연합인 〈꼰세르따시온〉의 주요 인물로부터 현 바첼렛 정부의 문제가 행정부의 취약성이 아니라 정당기구와의 관계에 있다고 주장하면서 "현 정부는 끝났다"라고 혹평을 받기도 했다.

이러한 위기를 겪으면서 바첼렛에 대한 지지도는 집권 후 4개월 만에 18%나 하락했다. '다른 정치'를 의미하던 '바첼렛주의'(Bache-letismo)는 정치가들의 비난에 직면하게 되었다. 이러한 비판에 따르면, 정부의

'시민정부' 라는 슬로건은 개념적으로 정의되지 못했고, 애매모호한 형태로 정당과 의회가 배제된 채 시민들과 직접적으로 접촉하는 행정부를 의미했다. 바첼렛주의가 선거전 동안 매우 강조되었기 때문에 이러한 부분은 여론조사에 심대한 영향을 미친다. 정부가 시민들과 직접적으로 접촉하겠다고 선언하는 것은 시민들의 대다수가 정부가 하는 일을 신뢰하지 않을 때라고 이해해도 큰 문제가 없다는 것이다. 또 직접정부나 '시민정부' 의 아이디어는 꼰세르따시온의 역사적 근원에서 비롯된 것이 아니라 좌파와 대안주의자 또는 포퓰리즘을 자극하여 선거표를 모으려는 그룹, 그리고 민주주의로의 회복과정이 좀더 개방적으로 이루지지 않은 데 대한 불만이 있는 그룹들이 모일 수 있는 회색지대라고 비난받기도 했다.

바첼렛이 약속했던 취임 후 100일 동안 이행할 36개의 약속들을 추진하는 과정에서 10개의 대통령 직속 위원회가 만들어졌다. 이 위원회들에서 연금개혁, 여성할당제, 경제정책 등 중요한 사안들이 다루어지고 일부 프로그램들은 입법화를 위해 국회에 법안이 제출되기도 했다. 연금개혁과 같은 프로그램은 포퓰리스트적이고 협력적인 연금에서 벗어나 1981년 이래 처음으로 사회보장에 한발 더 가까이 가는 매우 정교하고 광범위한 개혁을 제시했다고 평가되기도 했다. 그러나 대통령 직속위원회를 통한 정치는 민주화 이후 지속되어 왔던 꼰세르따시온 정부의 전통이었던 '정당 간의 협의' 가 배제되고 중요한 정책적 사안들이 국회에서 다루어져야 한다는 점을 간과했다는 비판이 거세게 일기 시작했다. 이에 바첼렛은 꼰세르따시온의 4개 정당의 당수로 만들어진 〈정치위원회〉(conclave)를 매주 월요일에 열어서 정치적 상황을 분석해 왔다. 6월부터 대통령이 소집한 〈정치위원회〉는 다시 정당을 정부의 중심에 되돌려 놓는 것을 의미했다. 이것은 꼰세르따시온 정부에서 처음으로 시도되는 것이었고, 이는 바첼렛 정부가 새로운 스타일을 통해 다양한 문제들을 극복할 수 있는 가능성으로 보여진 사례 중 하나였다.

시민들의 참여와 대화, 그리고 상호작용을 통해 만들어 가는 바첼렛의 리더십 스타일에 대한 칠레 사회의 기대는 칠레 사회의 '혁신'이었다. '양성평등적인 내각구성', '양성평등 노동', 그리고 '여성할당제'의 추진 등을 통해 기존의 전통적이고 가부장적인 정치 스타일을 시민들이 더욱 더 많이 참여하는 새로운 스타일의 정치로 바꾸는 것이었다. 이는 여성뿐만 아니라 상대적으로 소외되어 왔던 칠레 원주민들도 많은 기대를 가지고 있는 부분이다.

바첼렛이 집권한 지 아직 1년이 되지 못했지만 남은 시간도 3년여밖에 되지 않는다. 바첼렛 정부는 내각의 구성부터 여성비율을 50%로 구성하여 양성평등정책에 대한 강력한 의지를 보이고 있고, 여성의 국회진출 확대를 위해 여성할당제의 도입을 적극 검토하고 있다. 그러나 칠레 사회가 매우 보수적인 성향을 여전히 가지고 있고 칠레 국회에서 2004년 이혼이 법적으로 인정되기까지 대단히 오랜 시일이 걸린 것을 감안한다면 양성평등 분야에 있어서 얼마나 많은 성과를 가져올 수 있을지는 알 수 없다. 하지만 한 가지 분명한 것은 바첼렛 정부의 등장 자체가 이미 칠레 사회의 많은 변화의 가능성을 시사하고 있다는 것이다.

* 이 글은 2007년 3월 1일 발간된 『라틴아메리카 연구』, Vol. 20, No. 1에 실린 논문을 수정 · 재구성한 것이다.

참고문헌

http://www.michellebachelet.cl/

http://www.lanacion.cl/(*La Nacion*)

http://www.lun.com/(*Las Ultimas Noticias*)

http://www.elsiglo.cl/(*El Siglo Digital*)

Del campo, Esther. 2005. "Women and Politics in Latin America : Perspectives and Limits of the Institutional Aspects of Women's Political Representation," *Social Forces*, Vol. 83, No. 4, pp. 1697–1726.

Daniels, Alfonso. 2006. "From Torture Victim to President," *The Progressive*, Vol. 70, No. 3, pp. 30–32.

율리아 티모셴코

카리스마와 선동의 정치가

사진 출처 http://images.google.com/

유진숙

율리아 티모셴코(Юлія Володимирівна Тимошенко)는 2004년 우크라이나의 오렌지혁명을 주도하여 우크라이나 최초의 여성총리가 되었으며, 현재 비교적 탄탄한 제2정당을 이끌며 비타협적 야당 정치가로 활동하고 있다. 수십만 규모의 평화적인 대중 저항운동을 특유의 선동성과 카리스마로 주도하며 우크라이나의 권위주의화에 제동을 걸었던 여성정치가, 티모셴코에 대한 국내 · 외의 평가는 극과 극을 오간다. 한편으로는 우크라이나 민주화의 이상을 상징하는 잔 다르크의 이미지가 존재하며, 다른 한편으로는 정략과 부정부패로 얼룩진 정경유착형 재벌로서의 올리가르히 이미지가 존재한다. 또한 티모셴코는 여성으로서의 성적 매력을 공세적으로 활용하는 동시에 누구보다도 전형적으로 '남성적' 정치 행위양식을 보여준다.

우크라이나는 전형적인 탈소비에트 국가의 하나라고 할 수 있으며, 약한 시민사회, 취약한 정당체계, 민주주의적 경험의 부재, 그리고 동시에 여성의 낮은 정치 · 사회적 지위라는 제 특징들을 가지고 있다. 여성의 사회적 지위는 전반적으로 상당히 낙후되어 있으며, 사회주의 체제의 붕괴 이후로 정치 · 경제적 제 영역에서의 여성의 대표성은 축소되는 추세에 있다. 유엔개발계획(UNDP)의 여성권리척도(GEM)에 의하면 우크라이나 여성의 지위는 전체 177개국 중 63위이다. 이는 여성 국회의원 비율 7.1%와 장 · 차관급의 여성비율 0.1%라는 고위직에서의 낮은 여성 대표성에도 극명하게 반영된다.

여성의 정치진출을 여성의 전반적인 사회적 지위와의 상관성 하에서 설명하는 기존의 관점들에서 볼 때 티모센코의 정치적 성공은 어느 정도는 예외적이라고 할 수 있다. 그렇다면 어떤 요소들이 티모센코의 등장을 가능하게 하였으며 티모센코의 등장은 우크라이나 정치 및 여성정치에서 무엇을 의미하는가? 그리고 티모센코의 리더십 유형은 어떻게 규정될 수 있는가?

이 글은 우크라이나 정치변동과 티모센코의 정치전략에 대한 고찰을 통하여 티모센코가 성장할 수 있었던 요인을 분석한다. 그리고 우크라이나의 첫 여성총리의 등장은 무엇보다도 2004년 오렌지혁명이라는 정치적 변동을 배경으로 하는 티모센코의 정치전략적 요인으로 인해 가능했음을 보여주고자 한다.

1. 오렌지혁명과 우크라이나의 정치체제 변동

우크라이나는 1991년, 구 소비에트연방으로부터의 독립 이후 2000년대 초까지 강한 정치적 불안정성을 동반한 권위주의화 경향을 보여왔으며, 이 과정은 러시아로의 재접근이라는 대외정책 노선의 강화를 동반하여 왔다. 이러한 이행의 경로에 근본적인 수정을 가한 것이 2004년 오렌지혁명이며, 우크라이나는 이를 기점으로 정치적 권위주의 노선으로부터 탈피하였다고 평가된다.

수십만의 우크라이나 시민들은 2004년 대통령 선거 당시 쿠치마(Леонід Кучма)의 후임, 빅토르 야누코비치(Віктор Янукович)의 당선결과를 선거부정의 결과로 규탄하며 몇 주 동안 대규모 시위를 전개하였고 우크라이나 대법원은 결국 재선거를 결정하였다. 국제기구의 참관 하에 다시 치러진 대통령 선거에서는 친서구적이며 민족주의적 자유민주주의 노선을 표방하는 야당 당수 빅토르 유센코(Віктор Ющенко)가 당선되었고, 이로써 우크라이나 이행의 구조는 여타 구소비에트 국가들과 성격을 달리하게 되었다. 오렌지혁명을 통한 우크라이나 이행노선의 질적 수정은 무엇보다도 우크라이나의 지역적 균열구조, 강한 민족주의적 야당세력의 존재 및 대중운동이라는 세 가지 요소를 통해 설명된다.

우크라이나의 지역갈등은 역사적 · 인종적 · 언어적 · 정치적 · 경제적 차원에서 중첩적으로 나타난다. 역사적으로 러시아에 복속되어 있었던 동우크라이나의 경우 인종적으로 러시아인이 거주인의 20%라는 높은 비율을 차지하고 있으며, 러시아어를 주요 언어로 한다. 반면, 서우크라이나는 몇 백 년간 오스트리아 헝가리 제국에 소속되어 있었고 이후에는 폴란드 외 동유럽 국가들의 지배 하에 있었다. 이 지역의 거주민들은 대부분 우크라이나어를 사용하는 우크라이나인이며, 강한 서구 유럽 지향성을 나타낸다. 위와 같은 지역적 균열구조는 독립국가로서의 자주성을 강조하는 우크라이나와 여전히 암묵적으로 전통적 지배권을 주장하는 러시아 간의 현재적 갈등이 중첩되면서 우크라이나 이행의 국내적 · 국제적 성격을 규정하여 왔다. 친러시아적 대외노선은 반개혁 및 정치적 권위주의와 결합되어 나타나는 반면 친서방적 대외노선은 친개혁, 정치적 민주주의 및 우크라이나 민족주의와 결합되어 나타난다.

위와 같은 지역적 균열구조에 상응하여 우크라이나에는 상당히 강한 민족주의적 야당세력이 존재하였다. 서우크라이나 지역을 기반으로 하는 민족주의적 민주주의 세력은 쿠치마 정부 하에서 동우크라이나 지역의 올리가르히 세력과 연정을 구성하여(쿠치마-유센코 정부) 좌파 공산주의 세력을 견제하였다. 동우크라이나 지역을 기반으로 하는 친러시아적 반개혁파는 소위 '올리가르히'로 통칭되는 재벌세력을 중심으로 한다. 이 세력은 쿠치마 시기의 사유화 과정에서 강한 정경유착을 배경으로 광범위한 자본을 흡수하였고, 좌파 공산당 세력을 대체하는 막강한 지배 엘리트 집단으로 성장하였다.

그러나 이러한 동서 우크라이나 지역 연정은 지배 엘리트 내의 강경파와 온건파 간의 갈등구조가 심화됨에 따라 깨졌다. 즉 유센코를 중심으로 하는 민족주의적 개혁파는 쿠치마의 강경노선을 전면적으로 지지하지는 않았고 민족주의적 · 자유주의적 개혁을 요구하기 시작하였던 것이다. 민족주의 야당세력은 2004년의 오렌지혁명을 통하여 유럽연합 및 나토 가입을 추진하는 등 친서방노선 및 시장경제개혁의 강조라는 우크라이나 이행노선의 변화를 주도하였다.

마지막으로 우크라이나의 급격한 정치변동은 탈소비에트 국가들 중에서는 비교적 강한 대중적 저항운동과 정치적 참여문화를 배경으로 한다. 우크라이나 시민사회는 이미 1991년도 우크라이나 독립을 주도했던 NGO의 경험과 2000년도의 "쿠치마 없는 우크라이나" 대중운동의 경험을 갖고 있었다. 소규모의 네트워크 형태로 존재하던 소집단들은 쿠치마 정권의 퇴진이라는 구체적인 정치목표를 중심으로 급속히 정치화·조직화되었고 수십 만 규모의 대중시위를 주도하였다.

선거감시를 목적으로 하는 〈우크라이나 유권자회의〉(Комітет Виборців України)는 만여 명의 선거감시원을 2004년 대통령 선거에 파견하였고, 그외에도 〈나는 안다〉(Громадянська ініціатива "ЗНАЮ!")와 선거부정 철폐를 주장하며 330여 개의 NGO를 통합한 〈연합-자유선거〉(Коаліція громадських організацій України "Свобода Вибору") 등이 대중운동을 주도하였다. 특히 강력한 영향력을 발휘하였던 학생운동조직 〈빠라〉(Пора)는 우크라이나의 독립과 민주주의를 주창하였던 1990년대의 시민운동에 기원을 두고 있으며, 2004년 대통령 선거라는 단기적 목표를 설정하며 서우크라이나와 중앙우크라이나 지역의 180여 개 청년 학생운동 단체를 통합하였다.

우크라이나의 여성운동 역시 〈빠라〉와 같은 민족주의적이며 자유주의적인 시민운동의 틀 안에 위치하고 있다. 많은 여성단체들은 강한 애국주의적 요소를 갖고 있는 압력단체들이었으며, 여성운동의 지속과 민주주의, 그리고 우크라이나 민족의식의 부활을 주장하였다.

즉 오렌지혁명은 지역적 균열구조를 배경으로 하는 민족주의적 대중운동을 동력으로 하여 가능하였으며, 결과적으로 엘리트 내부, 강경파와 온건파 간의 경쟁 및 부분적 정권교체를 가능하게 하였다.

이러한 우크라이나 정치체제의 변동과 권위주의화로부터의 탈피는 오렌지혁명 전후에 이루어진 제도변화에도 반영된다. 대통령-의회제는 의회-대통령제로 개정되었고 혼합식 선거제도는 비례대표제로 전환되었다. 우크라이나의 준대통령제는 대통령의 입법·사법·행정권의 막강한 권력집중을 특징으로 하였다. 대통령은 일반적인 정책집행의 권한 및 국가수반의 역할을 수행함으로써 행정부를 지배하였으며, 대통령령을 활용한 적극적 입법권의 확대 및 총리지명권과 국회해산권 등을 통하여 입법부를 강하게 통제할 수 있었다. 그러나 동시에 우크라이나 대통령의 권력은 대통령과 의회라는 이원집정제의 역학관계로 인해 실질적으로는 상당히 취약하고 불안정하였다.

오렌지혁명으로 집권한 유셴코는 2004년 12월 대통령의 직접선거를 폐지하고 입법부의 권력을 보다 강화시킨 의회중심적 준대통령제로의 헌법 개정을 현실화하였다. 국회는 이를 통하여 행정부 임명권, 총리후보 제안권, 총리 및 주요 각료의 임명권 및 해임권 등을 보유하게 되었다. 행정부 역시 기존에는 대통령이 보유하고 있었던 장관부처 창설권 및 해산권 등을 부여 받았다. 이러한 헌법개정은 전반적으로 우크라이나 정부구조의 의회제적 성격의 강화와 민주주의적 메커니즘의 강화로 평가된다.

선거제도 역시 상당히 파격적으로 개정되었다. 우크라이나는 이행초기 순수 다수대표제를 도입했다가 1998년 선거를 기점으로 절반(225명)은 비례대표제로, 절반(225명)은 다수대표제로 선출하며 4% 진입장벽으로 구성된 혼합식 선거제도를 도입하였다. 이 혼합제는 2004년, 3%의 진입장벽과 결합된 순수 비례대표제로 대체되었다. 이러한 선거제도의 변화는 결과적으로 비례대표제에서 보다 더 강한 지지를 받았던 민족주의적 민주주의 세력을 위시하여 정당세력에 유리한 제도적 조건을 창출하였다.

2. 티모센코의 정치적 성장

티모센코의 등장은 위와 같은 우크라이나의 급격한 정치변동을 배경으로 한다.

티모센코는 1990년대 후반, 친-쿠치마 드네프로페트롭스크 파벌의 인맥을 배경으로 올리가르히 반열에 올랐으나 이후 라자렌코가 부정부패 혐의로 실각한 후 정치에 입문하였다. 2000년대 초 티모센코는 야당 지도자로 변신하면서 2004년의 오렌지혁명을 주도하였고 2005년 유센코 정부의 수상이 되었다. 이러한 파격적인 정치적 굴곡과 성공은 우크라이나 정치체제 특유의 메커니즘에 기인한 우크라이나의 엘리트 집단 내의 권력투쟁과 이합집산을 배경으로 하며, 우크라이나 정치 메커니즘의 한 사례를 보여준다. 웨이는 이 메커니즘을 강탈적 개인주의라고 칭한다. 강탈적 개인주의는 비이념적이고 비조직화된 권력을 둘러싼 경쟁을 의미하며, 권력분산과 권력의 내적 사유화를 통한 정치적 경쟁을 일반화한다.

티모센코는 1960년 11월 27일 동우크라이나 지역 드네프로페트롭스크의 평범한 소시민 가정에서 출생하여 그다지 풍족하지 못한 어린 시절을 보냈다. 1984년 드네프로페트롭스크 국립대학 경제학과를 졸업한 후 티모센코는 1988년 지역공산당의 영향력 있는 인물이었던 시아버지의 지원으로 비디오 대여를 주요 업무로 하는 청년회관을 개업하였다. 그리고 친-쿠치마 재벌세력의 하나였던 드네프로페트롭스크 파벌의 비호하에 1991년에 우크라이나 석유회사(후에 우크라이나 통합 에너지 시스템 : UESU)를 창립하였다. 러시아로부터 유럽 전역으로 연결되어 있는 송유관이 우크라이나를 통과하고 있으므로 석유산업은 우크라이나 재계의 핵심 영역이라고 할 수 있다. 티모센코는 이 과정에서 후에 총리가 되는 파블로 라자렌코와의 연줄을 이용하여 러시아로부터 공급되는 석유 현물을 독점적으로 공급받아 높은 가격에 되파는 형태로 급격한 수익을 얻을 수 있었다. 티모센코는 UESU를 몇 년 안에 전 CIS 지역에서 가장 막강한 다섯 개 기업 중의 하나로 키웠고, 서른 여섯의 젊은 나이로 올리가르히의 반열에 올랐다. 전 포스트 소비에트 국가들에서 여성으로서는 유일하였다.

그러나 티모센코와 함께 UESU를 주도했던 라자렌코는 수백 억 달러를 해외 은행으로 도피시키는 등 UESU로부터 창출되는 막대한 이익을 다양한 방식으로 착복하였고, 결국 1997년 7월 부정부패 스캔들과 함께 해임되었다. 라자렌코는 국외로 도피하였고, 이로써 UESU와 쿠치마 정부의 밀월관계는 끝났다. 쿠치마는 UESU에 주었던 석유공급독점권을 다른 회사로 이전하였고, 2000년에는 UESU 주요 임원진을 불법적 기업 행위라는 혐의로 체포하였다. 티모센코 역시 외화반출, 서류위조 및 부정부패 등 다양한 이유로 여러 번 기소되었으나 매번 국회의원 면책권을 활용하여 석방되곤 했다.

이 시점을 전후하여 티모센코의 야당정치가로서의 활동이 시작되었다. 티모센코는 우크라이나의 지역분열과 반-쿠치마 대중운동을 배경으로 하여 주요 야당지도자로 급격히 부상하였으며, 이 과정에서 구 올리가르히의 특혜구조를 공격하는 데 주력하였다. 티모센코는 1999년 12월 30일 유센코가 총리로 있는 쿠치마 정부의 에너지 문제 담당 부총리로 임명되었다. 2001년 1월 해임될 때까지 티모센코는 반 부패 프로그램, “깨끗한 에너지” 안을 발전시켰으며, 우크라이나의 에너지 복합체를 지배하고 있는 부패와 범죄 그룹 연계를 종식시킬 것을 선언했다. 이 "깨끗한 에너지" 프로젝트는 그리고리 수르키스와 빅토르 메드베츄크를 중심으로 하는 키예프 파벌에 심대한 타격을 입혔다. 또한 유센코의 지지 하에 티모센코는 일련의 에너지 섹터의 자본유출 음모를 색출하여 공표하였고 이호르 바카이, 올렉산드르 볼코프 등 주요 석유재벌이 그 공격 대상이 되었다.

티모센코는 결정적으로 2004년의 반-쿠치마 오렌지혁명을 승리로 이끌었으며, 2005년 2월 유센코가 티모센코를 총리로 지명하고 국회가 450명 중 373명의 찬성이라는 압도적 지지로 이 임명을 승인하였다. 그러나 2005년 2월부터 9월까지 약 7개월이라는 짧은 기간 동안 총리로 재임하던 기간 중 유센코파와 티모센코파 간의 정치적 갈등은 가시화되기 시작하였다. 티모센코는 급진적인 엘리트 교체를 요구하였고, 유센코를 위시한 온건파는 구 올리가르히 세력과의 타협적 공존을 모색하고 있었다.

티모센코는 쿠치마 정부 하에서 이루어졌던 사유화의 불투명성과 불법성을 문제삼으며 20,000여 개의 사유화된 기업들 중 3,000여 개 기업을 대상으로 기존 사유화 결과를 철회하고 다시 사유화 과정을 진행할 것을 주장하였다. 결국 실제적으로 진행된 재사유화(reprivatization)는 30여 개 기업에 한정되었지만 철강회사 크리보쥐스탈을 비롯한 몇 기업의 재사유화 과정에서 티모센코는 다시금 구 올리가르히 세력과 첨예하게 대립하였다. 티모센코 내각은 반값으로 매각되었던 크리보쥐스탈 철강회사 사유화 과정의 불법성을 문제삼으며 사유화 취하를 강행하였는데, 다수의 유센코 정부 각료들은 위와 같은 소위 재사유화 대상 기업들에 밀접히 관련되어 있었다.

동시에 티모셴코는 유센코 측근에 대한 공개적인 부정부패 비판을 통하여 유센코와 구 올리가르히 세력간의 제휴를 견제하고자 하였다. 유센코 측 역시 티모셴코의 부정부패에 대한 적나라한 공개비판을 통하여 반격을 시도하였고, 이 과정에서 공문서 위조, 세금포탈, 외화밀반입, 공금횡령, 뇌물수수 등 여러 가지 사안에 근거하여 제기되었던 티모셴코 소송이 다시 거론되기도 하였다. 티모셴코는 재사유화를 통하여 확보된 국가재정의 증가부분을 일정 부분 사회복지 분야로 투여하기도 하였는데, 이는 티모셴코가 좌파 포퓰리즘으로 비판받는 근거가 되었다. 결국 유센코는 2005년 9월 티모셴코 내각을 해임하고 동우크라이나의 양대 파벌에 기반한 친러시아 올리가르히 세력과 다시 손을 잡음으로써 구 올리가르히 세력의 이권 보호를 택하였다.

2006년의 선거와 연정구성 결과는 오렌지 진영의 분열과 우크라이나 엘리트 교체의 불완전성을 보다 구체적으로 보여준다. 구 올리가르히의 대표적 정당인 지역당(Партія Регіонів)은 2006년 3월의 국회의원 선거에서 32,12%(186석)의 득표율로 최대 다수당이 됨으로써 성공적으로 재기하였다. 민족주의적 야당세력에 속하였던 〈율리아 티모셴코 블록〉(Блок Юлії Тимошенко)과 대통령 유센코가 주도하는 〈우리 우크라이나〉(Наша Україна) 및 사회당(Соціалістична партія України)의 지지율도 변화하면서 그 진영 내의 세력관계의 변화 및 이합집산을 보여준다. 2002년 선거에서 4,9% 지지를 얻었던 '율리아 티모셴코 블록'은 2006년 선거에서 22,27%(129석)의 지지율을 동원함으로써 제2당으로 급부상하였고, 반면 2002년 23,6%를 획득했던 유센코의 〈우리 우크라이나〉의 지지율은 13,94%(81석)로 떨어졌다. 사회당은 5,67%(33석)의 지지를 얻었다. 공산당의 영향력은 지속적으로 감소하여 2002년 선거의

14.8% 득표율에서 2006년 선거의 3.66%(21석)로 다시 한 번 축소되었다.

2006년 국회의원 선거 후 〈율리아 티모센코 블록〉, 〈우리 우크라이나〉 및 사회당은 6월 말 연정구성에 합의하는 각서에 서명하였고, 이로써 2005년 티모센코 내각의 실각 이후로 분열되었던 오렌지 진영의 연정세력이 회복되는 듯하였다. 그러나 일부 사회당 의원이 지역당과 공산당에 합류하여 유센코에 압력을 가함으로써 유센코는 2006년 8월 3일 지역당의 빅토르 야누코비치를 총리로 임명하고 티모센코를 제외한 당들과의 대연정 구성에 합의하였다. 티모센코는 재선거를 요구하며 오렌지혁명의 이상을 수호하는 비타협적 야당세력으로 남을 것을 공개적으로 천명하였다.

구 올리가르히 세력에 대한 티모센코의 도전은 그러나 무엇보다도 구 올리가르히와 신 올리가르히 간의 권력 재분배 및 투쟁으로 평가된다. 특히 티모센코와 유센코 간의 원색적인 부정부패 논란은 티모센코의 도덕적 이미지를 강하게 훼손하였고 오렌지혁명의 이상이 결국은 신·구 올리가르히 간의 권력분쟁에 이용당하고 변질되었다는 비판을 야기한다.

3. 티모센코의 리더십

위와 같은 티모센코의 리더십은 일반적인 여성정치가의 리더십 유형과는 상당히 다른 특징들을 보이는데, 자수성가형이며 정치인이자 몰성인지적(沒性認知的)인 리더십 유형으로 분류될 수 있다.

첫째로, 티모센코는 젠더 이슈를 주장하지 않으며, 여성의 사회적 지위 향상이나 여성문제에 대한 직접적인 관심을 표명하지 않는다. 그리고 전통적인 여성의 전문영역이라고 할 수 있는 건강, 복지, 가정 또는 교육의 영역이 아니라, 전통적으로 남성적 영역으로 여겨지는 경제 및 대외정책 영역에서 자신의 정치노선을 강조한다. 티모셴코는 특히 러시아로부터의 독립과 지역통합을 통한 우크라이나 민족국가 형성문제의 정치적 중요성을 깊이 인식하였고, 이 사안이 갖고 있는 이데올로기적 민감성과 대중적 효과를 십분 활용하였다. 티모셴코는 동우크라이나 출신이지만 친서구 · 반러시아 노선의 야당 주도세력으로 등장하면서 2004년 오렌지혁명 때는 우크라이나 민족주의의 상징적 존재로 부각되었다. 티모셴코는 그 과정에서 우크라이나어를 배우기 시작하였고, 우크라이나의 전통적 스타일을 연상시키는 헤어스타일은 이러한 이미지를 강화하는 데 기여하였다.

티모셴코는 우크라이나의 유럽적 정체성을 주장하며 유럽연합 및 나토에의 가입을 추진하였다. 동시에 러시아에 대한 우크라이나의 의존적 관계를 개선해야 한다고 주장하며 특히 에너지 의존문제를 비판하였다. 2005년 4월 총리 재임시 티모셴코는 러시아 원유가의 10%–15% 인상에 강하게 항의하며 석유가격 상한선 책정 및 석유수출 금지 등 몇 가지 강경한 보호주의적 조치를 취하였다. 또한 러시아의 원유 수송요금을 인상하고 관세를 부과하는 내용으로 우크라이나–러시아 원유 및 가스협약을 재협상해야 한다고 강경하게 주장하였다.

결국 러시아가 원유공급량을 격감함으로써 야기된 석유파동으로 인해 유셴코는 티모셴코에게 공개적인 사과를 요구하며 러시아와의 타협을 모색하였지만 이를 통하여 티모셴코의 비타협적 반러시아 노선은 뚜렷이 부각되었다. 2006년 초에도 티모셴코는 우크라이나–러시아 석유

협약을 강하게 비판하며 협약을 파기하고 새로운 협상과정을 시작할 것을 주장하였다. 이러한 민족주의 이데올로기의 동원은 상당히 효과적인 것으로 평가될 수 있는데, 티모센코가 건설한 〈율리아 티모센코 블록〉은 서우크라이나 지역뿐만 아니라 동우크라이나 지역에서도 상당히 높은 지지율을 동원하였다.

두 번째로, 티모센코는 타협적이고 평화적인 여성정치가의 이미지를 강조하지 않는다. 오히려 공격성과 전투성 등 전통적으로 남성적 행동양식으로 분류되는 방식을 누구보다도 더 강하고 효과적으로 적용함으로써 정치적으로 급부상한 경우라고 볼 수 있다. 티모센코는 무엇보다도 강력한 장외투쟁을 특징으로 하는 민족주의적 대중저항운동을 기반으로 하여 자신의 정치적 입지를 강화하였다.

티모센코가 본격적으로 대표적인 야당지도자로 부각되기 시작하였던 것은 무엇보다도 2000년 가을 쿠치마 정부가 기자, 게오르기 공가제 살해 스캔들로 심각한 정치적 위기에 당면하였을 때였다. 야당은 쿠치마 및 지배 엘리트 세력이 공가제 살해사건에 깊이 개입되어 있다고 주장하였으며, "쿠치마 없는 우크라이나" 운동을 주도하였다. 티모센코는 대통령 탄핵과 쿠치마 정부의 불신임을 주장하며 〈조국〉, 우크라이나 공화당, 우크라이나 보수공화당, 사회민주당, 기독민주당 등 극우 민족주의 세력까지 망라하는 광범위한 야당세력을 포괄하는 민족구원포럼(NRF)을 조직하였다. 이 대중운동은 2000년 12월 수차례 몇 만 명의 대규모 시위를 조직하며 쿠치마 탄핵과 내무부 장관 미콜라의 퇴진을 주장하였다. 티모센코는 이후 2001년 11월 민족구원포럼의 명칭을 〈율리아 티모센코 블록〉으로 변경하며 본격적으로 활동을 시작하였다. 2002년 선거결과 티모센코 블록은 22석을 확보하였고, 티모센코는 2004년 대통령 선거에서의 유센코 지지를 공개적으로 천명하였다.

쿠치마의 후임, 빅토르 야누코비치의 승리라는 2004년 대통령 선거 2차 투표결과 발표 후 티모센코는 다시금 강력한 장외투쟁을 전개하였고 특유의 선동성으로 대규모 대중시위를 주도하였다. 티모센코는 제도적 틀 내에서의 협상을 통한 정권교체보다는 대중시위라는 매개체를 통한 쿠치마 정권의 전복이라는 과격한 노선을 선호하였고, 이는 다시금 협상을 위한 효과적 한도 내에서 대중운동을 활용하고자 했던 유센코의 온건노선과 충돌하였다.

예를 들어 평화시위가 주도적이었던 오렌지혁명 전 기간 동안 예외적으로 강제적 점거의 형태를 띠었던 11월 25일과 12월 1일의 국회건물 점거는 "우크라이나의 잔 다르크"라는 명칭으로 불리어졌던 티모센코의 지휘 하에 이루어졌다. 티모센코는 이 과정에서 러시아와 서구 유럽과의 새로운 관계설정 및 정치체제의 민주주의 이행이라는 두 가지 핵심 사안을 둘러싼 정치적 대립구조를 극대화함으로써 자신의 정치적 입지를 강화하였다.

세 번째로, 티모센코는 여성들의 일반적인 충원통로와는 다른 방식으로 정치에 입문하였으며, 자신의 정치적 입지를 다졌다. 여성들이 일반적으로 지역구보다는 정당비례대표제를 통한 대안적 충원통로로 진출하는 것과 달리, 티모센코의 정치적 커리어는 1997년 키로보그라드 지역의 국회의원 보궐선거에서 91,1%의 압도적인 지지를 얻으며 시작되었다. 티모센코는 이후 이름뿐이었던 〈흐로마다〉 정당을 30만 명 당원 규모의 대중적 야당으로 키움으로써 대중운동에서의 탁월한 조직력을 보여주었다. 또한 사회운동이나 전문가 영역을 통하여 측면 진입했다기보다는 지역구 국회의원에서 정당 당수로, 그리고 총리로 부상하는 정치 엘리트의 충원경로를 비교적 충실하게 밟았다고 할 수 있다.

마지막으로, 티모센코는 동시에 공적 이미지 창조에 있어서 자신이 가지고 있는 성적 이미지를 적극적으로 활용하였다. 티모센코의 전기에는 티모센코가 남성들과의 관계에서 남다른 재능을 갖고 있다고 표현되어 있다. 티모센코는 "남성들과 경쟁하려 하고 남성적 스타일로 행동하며 남성적 논리와 공격성을 갖고 있는 다른 페미니스트적인 여성정치가들과는 달리" 원칙적으로 바지를 입지 않았으며, "'아름다운 성'에 속한 것이 자신의 주요한 무기라는 점을 일찍 이해하고 있었다"고 한다. 티모센코는 또한 몸매의 선이 강조되는 의상과 높은 하이힐 및 화려한 머리스타일로 전 세계의 이목을 집중시켰는데, "가스 공주", "오렌지 공주", "레이디 유" 등의 애칭은 대중 스타와도 같은 티모센코의 이미지를 보여준다. 〈율리아 티모센코 블록〉의 약자 BYUT 역시 발음상 beauty를 연상하게 한다는 효과를 겨냥하고 있다.

이러한 일견 모순된 두 가지 측면의 결합, 즉 '남성적' 권력 지향성과 여성적 이미지의 활용은 사실상 몰성인지적 여성정치가들에게서 그리 드물게 나타나는 현상은 아니다. 여성의 정치적 진출이 전반적으로 낙후된 정치환경에서 예외적으로 부각되는 극소수의 여성정치가들은 '남성적' 무대에서 '남성적' 룰에 따른 경쟁구조에 편입되게 된다. 따라서 이 여성들은 아마추어적이거나 감성적이거나 또는 나약하다는 등 여성에 대한 부정적 고정관념과 관련된 행위양식을 의도적으로 피하되 일정부분에서 모성, 현모양처 또는 성적 매력 등 '여성성'이 갖고 있는 긍정적이며 대중적인 이미지를 활용하기도 한다. 그러나 이러한 '여성성'이 주로 남성주도적 사회의 문화적 헤게모니에 의해 구성된 '여성성'이라는 측면에서 이것은 전반적인 '남성적' 행위양식에 기본적으로 위배되지 않는다고 보인다.

이와 같은 측면에서 볼 때 티모셴코의 등장과 성장은 우크라이나 여성의 전반적 지위향상을 반영하거나 여성정치의 발전을 예고하는 것으로 해석되기는 어렵다. 우크라이나 여성운동가 나탈리아 카르봅스카야는 여성의 공적 영역으로의 진출이 극히 제한적인 우크라이나에서 티모셴코의 등장은 그 자체로서 우크라이나 여성의 전반적 지위를 향상시키는 데 긍정적인 영향을 미칠 것이라고 말한다. 하지만 티모셴코의 등장이 갖는 우크라이나의 여성정치적 효과와 의미는 보다 장기적이고 심화된 관찰을 요한다고 보인다.

* 이 글은 『신아세아』 2006년 4호에 게재된 논문을 바탕으로 수정 · 재구성한 글이다.

참고문헌

Christensen, Robert K., Edward R. Rakhimkulov and Charles R. Wise. 2005. "The Ukranian Orange Revolution Brought More than a New President : What Kind of Democracy Will the Institutional Changes Bring?" *Communist and Post-communist studies*. Vol. 38.

Strasser, Florian. 2006. *Zivilgesellschaftliche Einflüsse auf die Orange Revolution. Die Gewaltlose Massenbewegung und die Ukrainische Wahlkrise 2004*. Stuttgart : Ibidem.

Way, Lucan A. 2005. "Rapacious Individualism and Political Competition in Ukraine, 1992-2004," *Communist and Post-Communist Studies*, Vol. 38.

Wilson, Andrew. 2005. *Ukraine's Orange Revolution*. New Haven : Yale University Press.

Попов, Дмитрий and Илья Мильштейн. 2006. *Оранжевая принцесса*. Москва : Издательство ольги морозовой.

발렌티나 마트비엔코

실질적 변화를 만들어내는 리더십

사진 출처 http://images.google.com/

강윤희

현 상트 페테르부르크 시장 발렌티나 마트비엔코(Валентина Матвиенко)는 러시아 여성 정치지도자로서 가장 주목받는 인물이다. 2005년의 한 설문조사에 따르면 러시아인의 2/3가 여성도 대통령 후보가 될 수 있다고 답하였으며, 응답자의 21%는 마트비엔코를 가장 유력한 여성 대통령 후보로 간주한다고 답하였다. 2006년 여론조사에서도 여성대통령 후보로 마트비엔코가 다른 누구보다도 앞섰다. 이처럼 마트비엔코가 주목받는 이유는 그녀가 러시아 제2의 도시 상트 페테르부르크 시장이라는 단순한 사실에서 기인하는 것이 아니다. 그녀의 다채로운 경력 속에서 보여주었던 놀랄 만한 적응력과 현실적 판단, 또한 실질적 변화를 만들어내는 능력 때문일 것이다.

여성들의 높은 고등교육 및 사회진출 수준에도 불구하고 여성의 정치참여 문제에 있어서는 보수적인 색채를 띠고 있는 러시아의 정치적 지형 속에서 마트비엔코가 뛰어난 여성 정치지도자로 부상할 수 있었던 이유는 무엇인가? 상트 페테르부르크 시장으로서 그녀가 보여주고 있는 리더십의 특징은 무엇인가? 마트비엔코는 성 인지적 관점을 가지고 있으며 여성적 리더십을 발휘하고 있는가? 본장에서는 마트비엔코의 경력과 활동을 중심으로 이러한 문제에 대한 해답을 찾아볼 것이다.

1. 러시아 여성의 정치참여

여성 정치지도자로서의 마트비엔코의 위상과 그녀의 부상이 가지는 의미를 파악하기 위해서는 먼저 러시아 여성의 정치참여 문제를 살펴볼 필요가 있다. 주지하다시피 러시아 여성은 소련시절부터 현대 러시아에 이르기까지 높은 교육 수준과 경제활동 수준을 보이고 있다. 그럼에도 불구하고 러시아 여성은 지속적으로 정치적으로 과소대표되었고, 정치참여 수준은 매우 낮았다.

구소련 시절 여성은 할당제에 따라 소비에트(소련 입법기관)에서 일정 의석수를 차지할 수 있었다. 그러나 소비에트 자체가 공산당이 이미 결정한 안건들을 통과시켜 주는 역할만을 했기 때문에 진정한 권력기관이라 할 수 없었다. 따라서 소비에트의 높은 여성의원 비중은 그 자체가 진정한 여성 정치대표성을 의미하지는 않았다. 오히려 정치의 핵심 영역에서는 여성들이 배제되었다. 여성이 최고위층 당기관이나 국가기구에서 정책결정권자의 위치를 차지하는 경우는 매우 드물었다. 공산당 중앙위원회의 구성을 볼 때 여성은 3%–4%에 불과했다. 공산당 내 최고의 권력기관이었던 정치국의 경우, 1950년에서 1980년대 중반에 이르기까지 오직 한 명의 여성 정치국 위원이 존재하였다. 여성들은 피라미드형 권력구조에서 주로 하층부에 집중되었고, 이들은 남성들에 비해 당 내 위계질서를 따라 승진하기가 어려웠다. 국가기구에서도 마찬가지였다. 소련 내각에 해당하는 각료회의에서 여성장관은 드물었고, 여성이 장관이 되는 경우에도 대부분 '여성의 역할'과 관련 있는 것으로 간주되었던 건강, 사회보장, 문화분야를 담당할 뿐이었다.

여성의 정치적 지위는 고르바초프 개혁 시기에 더욱 악화되었다. 1989년 다수후보로 이루어진 소련 최초의 자유선거가 실시되자 인민대의원대회 내 여성의원의 비중은 33%에서 15.7%로 떨어졌다.[1] 연방공화국 수준에서는 여성 할당제 포기의 여파가 더욱 컸다. 러시아공화국의 경우 1990년 선거 이후 여성의원의 비중이 5.4%로 현저하게 감소했다. 한편, 공산당 최고기구 및 국가기구에서의 여성의 과소대표성 문제는 고르바초프 통치 하에서도 계속되었다. 국가 최고위직까지 오른 여성은 정치국 후보위원이었던 알렉산드라 비류코바를 포함하여 모두 3명에 불과했다.

1991년 소련의 붕괴는 공산당 일당독재체제의 종식과 더불어 러시아 정치체제에 급격한 변화를 가져왔다. 선거를 통해 선출된 대통령에게 막강한 권한이 부여되는 강력한 대통령제가 확립되었고, 주지사(губернатор : 구베르나토르)나 시장(мэр : 메르)과 같은 지역단체장 선거도 도입되었다. 국가두마(하원) 및 지방의회는 다수의 정당이 경합하여 치르는 선거를 통해 구성되었다. 다당제에 입각한 선거의 도입은 러시아 여성에게 기회와 도전을 동시에 안겨주었다. 러시아 여성들은 진정한 정치대표성을 추구할 수 있는 가능성을 가졌으나 이 가능성을 현실화하기 위해서는 국가두마나 지방의회에서 의석을 차지하기 위해 남성후보들과 경합을 벌여야만 했다.

체제전환 초기에 여성에 대한 보수적 견해가 사회에 팽배하면서 신생국 러시아에서의 여성의 정치활동 공간은 현저하게 협소해진 것처럼 보였다. 더욱이 체제전환기의 경제적 혼란과 경기침체는 여성들을 정치의 영역으로부터 배제하는 효과를 보일 것으로 예측되었다. 그러나 일부의 예견과는 달리 1993년 국가두마 선거에서 여성들만의 조직 〈러시아의 여성〉이 총 23석의 의석을 차지하면서 선전하자 러시아에서도 본격적인 여성 정치참여 시대가 열리는 듯하였다. 하지만 실망스럽게도 러시아 여성들은 1995년, 1999년 국가두마 선거에서 이에 필적할 만한 정치적 성공을 거두지 못하였다. 그 결과 의회 내 여성의원들의 비중은 1993년 13.5%에 달하던 것이 1995년 10.2%, 1999년 7.8%로 계속 떨어졌다. 그나마 2003년 국가두마 선거에서 총 44명의 여성이 당선되어 여성의원 비중이 10%로 조금 상승했다.

여성들의 의회 진출이 어려워진 것에는 몇 가지 원인이 있다. 먼저 제도적 원인으로는 국가두마 선거제도를 들 수 있다. 국가두마는 소선거구 다수대표제로 선출된 225명과 정당투표에 의해 비례대표제로 선출된 225명 등 총 450명으로 구성된다. 정당투표에 의한 225석은 총유효투표 중 5% 이상을 득표한 정당들에게 득표율에 따라서 배분되었다. 문제는 이러한 선거방식이 여성에게 불리하게 작동하였다는 점이다. 여성후보들은 소선거구 선출방식에 취약했고, 비례대표 명단에서도 선출 가능성이 높은 명단 상층부를 차지하지 못하였다.

두 번째 원인은 여성조직의 약화이다. 1993년 국가두마 선거 이후 〈러시아의 여성〉은 분열하였고 여성지도자들 간의 반목이 불거졌다. 여성조직들의 재정자원은 선거를 치르기에는 너무 빈약했고, 선거시는 행정부의 지원도 거의 받지 못하였다. 더욱이 2003년 여름에 채택된 새로운 선거법은 정당이나 선거 블록만이 후보를 내세울 수 있도록 규정하고 있도록 정당 등록을 하지 않은 여성들의 조직은 선거에 참여할 수 없었다.

셋째, 유능한 여성 정치지도자의 부재, 리더십의 부재가 문제였다. 여성후보들이나 여성을 대표하는 단체들이 선거에서 지지부진하자 일부에서는 "여성은 여성을 지도자로 선출하고 싶어하지 않는다"라는 검증되지 않은 통념으로 러시아 여성들의 투표행태를 설명하기도 하였다. 그러나 이러한 설명은 왜 1993년에는 러시아 여성들이 여성후보나 여성조직을 지지하였으나 이후에는 그렇지 않은가라는 점을 설명하지 못한다. 문제는 의회로 진출한 여성의원들이 충분히 여성들의 이해를 대변하지 못하였다는 점, 그리고 정치적 리더십을 발휘하지 못하였다는 점 때문에 생긴 실망감이었다. 따라서 성 인지적 관점을 가진 유능한 여성 정치지도자가 등장하면 언제든지 여성(과 남성) 유권자들은 다시 여성후보를 지지할 가능성이 있다.

한편, 신생국 러시아의 핵심 권력기관에서 여성은 지속적으로 과소대표되었다. 여성들은 옐친 행정부에서 정책결정 과정에 영향을 미칠 수 있는 정부 고위직을 차지하지 못하였다. 1995년 당시 여성들은 정부기구 공무원 중 44%를 차지하였으나 주요 정부 요직 담당자 중에서는 오직 3.9%에 불과하였다. 그나마 1996년 "연방정부 내 여성의 역할 증진에 관한" 법령 도입 이후 옐친 행정부 2기에는 여성의 정부 고위직 진출 가능성이 다소 확대되었다. 1996년 대통령 선거 이후 여성 보건부장관이 나왔고 총 152명의 차관 중 2명의 여성차관이 배출되었다. 또한 옐친은 1997년 헌법재판소, 국가독점위원회, 크렘린 행정부 부 대표에 각각 1명의 여성을 임명하였고, 1998년에는 러시아연방 재무부장관, 그리고 사회문제 담당 부총리에 여성을 임명하였다. 2000년에 출범한 푸틴 정권에서도 오로지 소수의 여성만이 핵심 권력기관에 진출하였다. 2명의 여성이 러시아연방 재무부차관직을 맡았고, 사회문제 담당 부총리에 여성이 임명되었다. 지역단체장(주지사나 시장) 중에서는 2003년 상트 페테르부르크 시장으로 선출된 마트비엔코가 유일한 여성이었다.

2. 마트비엔코의 경력과 정치적 부상

우크라이나의 소도시 셰페토브카(Шепетовка) 출신인 마트비엔코는 1949년 4월 7일 군인가정에서 태어났다. 아버지는 그녀가 7살 때 죽었고 어머니는 극장 의상실에서 일하는 노동자였다. 독립심이 강한 소련 여성이었던 그녀의 어머니는 혼자의 힘으로 세 자녀를 키웠다. 세 딸 중 막내로 태어난 마트비엔코는 어려서부터 굶주림과 가난을 맛보았으나 열심히 공부하여 좋은 대학으로 진학하였다. 1967년 체르카스 의학전문학교를 졸업한 마트비엔코는 소련 제2의 도시인 레닌그라드로 진학하여 1972년 레닌그라드 화학 · 약학대학교를 졸업하였다. 어린 시절 아버지의 죽음을 경험하고 의학이나 약학을 전공하기로 결심했다고 한다.

마트비엔코는 어려서부터 자신의 능력에 대한 강한 믿음을 가졌고, 모든 문제에 적극적으로 대처하였다고 한다. 체르카스 의학전문학교 입학시험에서 불합격 판정을 받았을 때 마트비엔코는 입학사정위원회에 찾아가 재심을 요청했다. 재심결과 입학사정상의 실수가 인정되어 마트비엔코는 입학이 허용되었다. 또한 레닌그라드 화학 · 약학대학교 입학 시 기숙사가 제공되지 않자 부총장을 직접 찾아가 자신의 상황을 설명하고 기숙사 제공을 요청하였다. 결국 그녀의 요구가 받아들여져 기숙사가 제공되었다. 공식 기관의 실수 가능성을 지적하고 항의하는 일이나 학생이 부총장을 직접 찾아가 자신의 문제를 풀어내는 이러한 일은 당시 소련 사회에서는 매우 보기 드문 일이었다.

적극적 성격의 마트비엔코는 대학 재학시절부터 콤소몰(공산당 청년조직) 활동을 시작하여 졸업 후에는 본격적인 콤소몰 지도자가 되었다. 1974-1976년에는 레닌그라드의 페트로그라드 지구 콤소몰 조직의 서기로, 1977-1984년에는 콤소몰 레닌그라드 지역위원회 서기로 활약하였다. 콤소몰 활동시 얻은 "발카(발렌티나를 지칭)-드바 스타카나(두 잔)"라는 별명에서도 알 수 있듯이 마트비엔코는 술을 많이 마시는 것으로 유명했다. 당시 권력지향적 기관이었던 공산당이나 콤소몰 조직에서는 '남성지배적' 문화가 팽배하였고, 술을 많이 마시는 것이 일종의 관행이자 주요 사교방식이었다. 마트비엔코는 남성지배적 문화에 적극 동화하여 자신의 입지를 만들어 나갔던 것이다. "발카-드바 스타카나"가 다소 멸시적 의미를 지니고 있지만, 훗날 마트비엔코는 바로 이 콤소몰 활동기간 중 친분을 맺은 레닌그라드 출신 인사들의 적극적인 지지와 도움으로 러시아의 핵심적 정치인으로 떠오를 수 있게 되었다.

콤소몰 조직에서 경력을 쌓은 마트비엔코는 1984년 레닌그라드의 크라스노그바르데이스키 지구당 제1서기를 맡아 공산당 조직활동을 시작하였다. 이후 1986년부터는 소비에트로 진출하여 행정일을 맡았다. 1986-1989년에는 레닌그라드 시 소비에트 집행위원회(우리의 시청에 해당)에서 교육 및 문화 담당 부위원장으로 활동하였다. 1989년에는 인민대의원대회 위원으로 선출되었고, 소련 최고 소비에트의 여성·가족보호·모성·유년담당위원회 위원장을 맡았다.

소련이 붕괴된 1991년은 마트비엔코 경력에서도 중요한 전환점이었다. 동년 소련 외무성 부속 외교 아카데미를 졸업한 그녀는 5월에 몰타 주재 소련대사로 임명되었고 소련 붕괴 후에는 러시아 대사로 1994년까지 활동하였다. 이후 1995-1997년에는 러시아 외무성 소속 연방주체 · 국회 · 정당 연계부서를 담당하였고, 1997년 10월에 다시 그리스 주재 러시아 대사로 임명되었다. 영어와 독일어에 능통한 것으로 알려진 마트비엔코는 외교관으로 활동시 로비스트로서의 능력을 십분 발휘하여 주목을 받았다. 일례로, 그리스 주재 러시아 대사시절 그녀는 그리스 국방장관과의 수차례의 회담을 통해 러시아 국영 무기수출회사 〈로스보오루제니예〉가 나토 회원국 그리스에 요격미사일 시스템을 수출할 수 있도록 결정적 도움을 주었다.

외교관으로서의 능력을 인정받은 마트비엔코는 1998년 옐친의 지명으로 러시아 연방정부 사회문제 담당 부총리가 되었다. 이로서 마트비엔코는 러시아 연방정부의 최고위급 수준까지 진출한 소수의 여성 중 한 명이 되었다. 당시 러시아 정부는 심각한 재정적자 상태여서 연금, 양육보조금, 공무원 월급의 체불이 심각한 수준이었다. 마트비엔코는 매일 채무자인 러시아 거대기업들—〈가스프롬〉, 〈민아톰〉 등—과 협상을 벌였고, 그 결과 1년이 지났을 무렵에는 사회보장 분야의 러시아 정부 채무액이 급격히 줄어들었다. 마트비엔코는 2000년 푸틴 대통령 취임 이후에도 사회문제 담당 부총리직을 계속 수행했다.

2003년 3월 푸틴은 마트비엔코를 북서연방관구의 대통령 전권대표로 임명하였다. 상트 페테르부르크 시를 포함하는 북서연방관구는 러시아의 유럽 파트 중 핵심 지역에 해당했다. 마트비엔코를 북서연방관구의 대통령 전권대표로 임명함으로써 푸틴은 같은 해 9월에 있을 상트 페테르부르크 시장 선거에서 마트비엔코가 유리한 고지를 차지할 수 있게 만들어 주었다.

마트비엔코의 본격적인 정치입문은 2003년 상트 페테르부르크 시장 선거 출마로 이루어졌다. 그녀는 2000년에도 상트 페테르부르크 시장 선거에 출마할 의사를 보였으나 푸틴이 그녀를 부총리로 임명하자 출마를 포기한 바 있었다. 그러나 2003년에는 푸틴의 전폭적인 지지를 받으면서 시장 선거에 출마하였다. 마트비엔코의 주 경쟁자는 당시 상트 페테르부르크 부시장이었던 마르코바(Анна Маркова)였는데, 이것은 두 여성지도자 간의 경합을 의미하였다. 이때까지 러시아 역사상 지방정부 수장에 여성이 임명되거나 선출된 적이 없었기 때문에 2003년 선거는 특히 주목을 받았다.

마트비엔코는 선거운동시 푸틴 대통령의 확고한 지지를 받았고, 거의 모든 지역 및 전국적 수준의 언론들의 지지를 받았다. 그러나 1차 투표에서의 압승은 쉽지 않았다. 1차 투표에서 48.6%의 득표를 하였지만 2차 투표를 필요로 하지 않는 선인 50%를 넘기지는 못하였다. 그러나 2차 투표에서는 유권자 63.16%의 지지를 받은 마트비엔코가 24.8%의 지지를 받은 마르코바를 물리치고 시장으로 당선되었다. 이로써 마트비엔코는 러시아 역사상 최초의 여성시장이 되었다.

마트비엔코의 시장임기는 2007년 10월까지이나 그녀는 이미 상트 페테르부르크 시장으로 연임되는 것을 확정받았다. 현재 지역단체장은 2004년 12월 대통령령에 따라 선거를 통해 선출되는 것이 아니라 대통령에 의해 임명받게 되었다. 마트비엔코는 자신의 임기가 다하기 전인 2006년 12월 연임을 희망하면서 푸틴 대통령의 신임을 물었다. 자신이 시작한 프로젝트들의 결과를 보고 싶다는 것이 공식적 이유였다. 별다른 어려움 없이 대통령의 신임을 받은 마트비엔코는 향후 2011년 말까지 시장으로 재직하게 되었다.

마트비엔코는 기혼자이며 아들이 1명 있다. 마트비엔코는 레닌그라드 화학 · 약학대학교 재학시절 같은 과정 학생이었던 남편을 만났다. 그는 군 의료진으로 활동하다 대령으로 전역하였고, 이후 상트 페테르부르크의 키로프 군의학 아카데미 교감이 되었다. 그녀의 아들 세르게이는 1973년생으로 현재 상트 페테르부르크 은행의 부사장이다.

이상에서 살펴본 바와 같이 마트비엔코의 정치인으로서의 부상과정은 일부 아시아 지역의 여성지도자들이 소위 명문가 집안에서 태어나 정치가인 아버지나 남편의 후광으로 정치에 입문한 경우와는 매우 다르다. 마트비엔코는 명문가, 재력가, 정치인 집안 출신이 아니라 아주 평범한 소련 노동자 가정 출신이었다. 그녀의 남편은 대중적으로 거의 알려져 있지 않고 마트비엔코의 정치활동에 영향을 주지 않았다. 따라서 마트비엔코는 전적으로 자신의 노력으로 주목받는 행정가, 정치인으로 부상한 전형적인 자수성가형 지도자이다.

또 하나 주목할 점은 소련 시절 마트비엔코의 경력 패턴은 전형적인 공산당 엘리트 충원과정을 따른다는 점이다. 당시 사회적 성공을 위해서는 공산당에 가입하는 것이 필수였고, 소련 엘리트들은 대부분 학생시절부터 공산당 청년조직인 콤소몰에 가입하여 경력을 쌓았다. 마트비엔코 역시 콤소몰 활동부터 경력을 쌓기 시작한 전형적인 소련 엘리트였다.

그렇다면 구체제 인사라고도 할 수 있는 마트비엔코가 신생국 러시아에서도 권력의 핵심에 남아 있을 수 있었던 이유는 무엇인가? 사실 소련의 급작스러운 붕괴와는 대조적으로 다수의 구체제 엘리트 인사들은 살아남았다. 특히 콤소몰 출신의 엘리트들은 변화하는 러시아 정세에 빠르게 적응하면서 새로운 권력 엘리트로 떠올랐다. 마트비엔코도 이들 중

하나였다. 마트비엔코 자신은 이를 다음과 같이 설명한다. "소련 시절 당이나 국가기관에서 활동했던 사람들을 위로부터 내려온 명령을 기계적으로 실현하는 군인과 같은 사람들로 생각하는 경향이 있다. 그러나 실제는 가장 능력 있고 재능 있는 사람들이 당이나 소비에트 기관에서 활동하도록 뽑혔다." 이러한 설명의 사실 여부를 떠나서 마트비엔코는 격변하는 러시아 사회에서 외교관, 행정가, 정치가로서의 다양한 직책을 맡아 탁월한 능력을 발휘함으로써 자신의 입지를 굳혔다. 그녀는 항상 자신이 맡은 일에 몰두하고 적극적으로 현실적인 문제를 풀고자 최선을 다하는 모습을 보여주었던 것이다.

이에 더하여 그녀는 뛰어난 정치적 감각으로 현실적 판단을 과감성 있게 하였다. 예컨대 소련 최고 소비에트 의원이었던 1991년 마트비엔코는 소련이 붕괴될 것을 감지하고 최고 소비에트에서 나와 외교관으로서의 경력을 추구하였다. 또한 1991년 여름 고르바초프 반대세력이 주도하는 쿠데타가 일어났을 때, 마트비엔코는 몰타 대사로서 정치적으로 신중한 태도를 보이며 현명하게 사태를 관망하여 경력에 오점을 남기지 않았다. 2000년 상트 페테르부르크 시장 선거에 출마할 의사가 있었으나 선거에서의 승리가 불확실하자 이를 포기하였고, 3년 뒤 출마하여 시장이 되었다. 또한 2007년 예정된 지역의회 선거와 2008년 대통령 선거를 앞두고 혹시 있을 수 있는 불확실성을 회피하고자 자신의 임기를 다 마치지 않고 미리 시장 연임에 대한 대통령의 신임을 묻는 선택을 하기도 했다. 이러한 전략을 구사할 줄 아는 그녀는 일부에서 주장하듯이 단순한 행정가라고 할 수는 없다. 사실 러시아 제2의 도시 상트 페테르부르크 시장직이라면 정치가 개입하지 않을 수 없고, 이런 의미에서 마트비엔코는 뛰어난 행정가이자 정치가인 것이다.

3. 상트 페테르부르크 시장 마트비엔코

마트비엔코의 주요 정치적 기반은 무엇보다도 자신의 다양한 경력 속에서 만든 인맥이라고 할 수 있다. 특히 상트 페테르부르크 지역에서의 오랜 활동시 만든 인맥은 마트비엔코의 정치적 성공에 결정적으로 중요한 영향을 미쳤다. 주지하다시피 푸틴 대통령을 위시하여 현 정권의 핵심을 이루는 다수는 상트 페테르부르크 출신자들이다. 특히 푸틴 대통령의 마트비엔코 지지는 2003년 시장 선거에서 마트비엔코의 입지를 강화시켜 주었다. 당시 선거홍보용 포스터에는 "우리가 같이 모든 것을 해낼 수 있다"라는 글과 함께 마트비엔코와 푸틴이 같이 찍은 사진이 들어 있었다. 마트비엔코의 승리가 확정된 지 이틀 후 푸틴은 자신의 생일을 맞아 고향을 방문하여 마크비엔코의 승리를 직접 축하해 주기까지 했다. 푸틴 대통령은 이후에도 계속적으로 마트비엔코를 전폭적으로 지원해 주었다.

반면에, 마트비엔코는 정당의 지원과 같은 조직적 기반을 가지고 있지는 못하다. 소련시절 공산당 당원이었던 그녀는 소련이 붕괴하자 공산당에서 탈퇴하였다. 2003년 시장 선거에서 승리한 후 그녀는 통합러시아(Единая Россия)당 가입을 고려 중이라고 밝힌 바 있었으나 아직까지 가입하지 않았다. 푸틴을 지지하는 통합러시아당이 권력당 성격을 띠고 있으며 대부분의 주지사나 시장 등 현직 주요 인사들이 이 정당에 소속되어 있다는 점을 고려한다면, 더욱이 그녀가 푸틴 대통령의 강력한 지지를 받는 인사라는 점을 고려한다면 그녀가 이 정당에 가입하지 않은 것은 이례적이다. 그녀는 입당문제를 자신이 "통합러시아당 당원인 것이 페테르부르크에 도움이 되는가?"라는 관점에서 고민한다고 밝혔다. 2007년 3월 지방의회 선거를 앞두고 선거를 치르는 14개 지역 단체장 중 마트비엔코는 통합러시아당 선거인 명부에 포함되는 것을 거절한 유일한 현직 시장이다. 그녀는 "(지역) 집행부 수반은 선거에 참여하는 모든 정당에게 공정한 조건을 제공해야만 한다"며 거절 이유를 밝혔다.

마트비엔코의 정치적 성향은 개혁지향적 중도로 볼 수 있다. 마트비엔코는 2003년 시장 출마시 "시장의 일곱 걸음"이라는 표제 아래 〈표 1〉과 같은 공약을 내걸었는데, 이를 분석해 보면 그녀가 상트 페테르부르크의 경제성장을 추진하는 동시에 주민들의 복지 및 사회문제 해결에도 높은 관심을 보여 개혁과 사회안정을 동시에 추구하고자 하였다는 것을 알 수 있다.

상트 페테르부르크 시장으로서의 마트비엔코의 시정운영 능력은 어떠했는가? 그녀는 상트 페테르부르크를 유럽 수준의 도시로 발전시키겠다는 야심찬 목표를 세우고 전문적인 경영자들로 팀을 구성하여 시 정부를 운영하였다. 그 결과 2006년 말 현재 괄목할 만한 성과를 거두었다. 가장 두드러지게는 도시경제가 지난 3년 동안 놀랄 만큼 성장하였다. 시장 취임시 마트비엔코는 2007년까지 도시 총생산을 2배로 성장시키겠다고 약속했는데, 그녀의 약속은 어렵지 않게 달성될 것으로 보인다. 물론 러시아 경제가 1998년 이후 빠르게 성장하고 있다는 것을 염두에 둘 때, 상트 페테르부르크의 경제성장이 전적으로 마트비엔코의 업적이라고 볼 수는 없다. 그러나 2004년 도시경제의 성장속도는 러시아 평균 성장속도의 2배가 넘었다. 이러한 성장은 2005년에도 계속되어 2004-2005년 2년 동안 도시의 예산은 2배가 되었다. 이러한 기록은 러시아 역사상 전례가 없는 것이라고 한다.

〈표 1〉 2003년 상트 페테르부르크 시장 선거시 마트비엔코의 공약

분야	목표	구체적인 정책들
경제	상트 페테르부르크의 경제적 도약	– 투자유치를 위한 조건 마련 – 하이테크 산업 발전 – 중소기업 육성
복지	시민들의 생활 수준 향상	– 공무원 월급 향상 – 시 예산으로 연금생활자 추가 지원 – 무상의료 및 교육혜택 지원
사회	사회안정	– 대중교통 발전 – 환경문제 고려 – 불량배 문제 대응 – 학교 및 청소년 클럽에서 마약 제거 – 알코올 중독과 매춘문제 대응
정치	상트 페테르부르크의 국가권력 개혁	– 수도기능 일부를 상트 페테르부르크로 이전 – 관리 숙청 부재 약속

상트 페테르부르크의 경제성장은 성공적인 투자유치에 크게 힘입었다. 상당한 양의 해외투자를 유치한 것은 그녀의 두드러진 업적 중 하나였다. 해외투자는 2004년 40% 증가하였고 2005년에도 50% 이상 성장할 것으로 예측되었다. 해외투자 유치에 있어서 마트비엔코는 다른 어떤 지방정부 수장보다도 더 적극적이었다. 외교관 경력을 가지고 있는 마트비엔코는 CIS 국가, 유럽국가, 미국 등을 직접 방문하여 상트 페테르부르크로의 투자를 적극적으로 협상하였다. 예컨대 마트비엔코는 2006년 러시아 지방정부 수장으로는 처음으로 미국을 방문하여 스탠리 모건, AIG, 시티그룹 등의 회사 대표와 만나 상트 페테르부르크로의 투자를 적극적으로 협상하였다. 또한 샌프란시스코를 방문하여 미국의 하이테크 회사들이 상트 페테르부르크의 하이테크 교육에 투자하거나 비즈니스 파트너가 되어주도록 부탁하였다.

성공적인 투자유치를 기반으로 상트 페테르부르크에는 12개의 거대 프로젝트가 착수되었는데, 이 중에는 도요타 공장 건설, "발틱진주" 주거용 메가 콤플렉스 건설, 핀란드 만에 450헥타르의 인공육지 건설 등이 포함된다. 사실 상트 페테르부르크는 산업 인프라가 잘 발달해 있는 곳이면서도 소련 시절에는 상대적으로 저투자 · 저발전된 지역이었다. 그러나 이제 투자가 유치되고 각종 프로젝트가 진행되자 지역경제는 활력을 띠고 급성장하고 있다. 상트 페테르부르크가 성공적인 자본주의 도시 모델이 되기를 원하는 푸틴 대통령의 직간접적인 도움은 대규모 프로젝트 유치를 수월하게 만들었다. 예컨대 도요타 공장 건설과 같은 대규모 프로젝트는 지역 수준이 아니라 연방 수준에서 결정되는데, 푸틴 대통령은 원래 니즈니 노브고로드에 유치하기로 결정된 것을 상트 페테르부르크로 변경시켰다.

한편, 러시아 각 지역은 지역 예산 확보를 위해 러시아 거대기업들을 자기 지역에 등록시키기 위해 경쟁하고 있는데, 상트 페테르부르크는 발전된 산업 인프라 등을 기반으로 러시아 대기업 등록을 적극적으로 유치하고 있다. 예컨대 거대 석유회사 〈시비리네프〉는 등록 도시를 옴스크에서 상트 페테르부르크로 옮겼다. 이것은 주 예산의 거의 절반을 이 회사로부터의 세금으로 충당하던 옴스크에게는 큰 타격을 주었지만 상트 페테르부르크에게는 그만큼 시 예산을 증가시킬 수 있는 가능성을 부여하였다.

도시경제의 성장과 이에 따르는 시 예산의 증가는 복지를 위해 사용할 수 있는 가용 예산의 증가를 의미하였다. 따라서 마트비엔코는 복지 분야에서도 가시적인 성과를 낼 수 있었다. 사회문제 담당 부총리를 역임한 바 있는 마트비엔코는 시장 취임 직후 연금을 최저생활비 수준까지 끌어올리고 월급을 분기마다 인상하는 조치를 취하였다. 이에 "여성이 권력을 잡자 상트 페테르부르크의 정책은 보다 사회적이 되었다"는 평가를 받았다.

그러나 마트비엔코조차도 상트 페테르부르크 시민들의 모든 복지 요구사항을 다 들어줄 수는 없었다. 가장 심각한 문제가 되었던 것은 연금생활자, 장애인 및 국가유공자에 대한 특혜 개정안 실행에 대한 시민들의 불만이었다. 러시아 연방정부가 2005년부터 이들에 대한 기존의 면세혜택을 없애고 이를 현금으로 지불하려고 하자 2005년 1월 러시아 전역에서 시위가 발생하였다. 상트 페테르부르크에서도 1만 3천여 명의 연금수혜자들이 대규모 시위를 벌였는데, 시위대는 시내 곳곳의 주요 거리를 봉쇄하고 러시아 정부, 푸틴 대통령, 마트비엔코 시장을 맹렬히 비난하였다. 사태의 심각성을 깨달은 푸틴 대통령은 상트 페테르부르크로 와서 마트비엔코 시장과 직접 만났다. 같은 날 저녁에 열린 비상각료회의에서 러시아 정부는 2월 1일부터 기본 연금을 15% 인상하는 내용의 양보를 함으로써 사태를 진정시켰다.

2005년 초 시민들의 시위는 러시아 연방정부의 복지정책에 대한 반발로 인해 야기된 반면, 상트 페테르부르크 시의 복지정책 자체에 대한 시민들의 불만은 그리 높지 않다. 시장 선거시 마트비엔코가 공약으로 내걸었던 복지정책이 대부분 실현되었기 때문이다. 시 예산에서 월급을 받는 공무원들의 소득이 전반적으로 증가하여 최저생활비 이하의 월급을 받는 사람이 없어졌다. 의사와 교사의 월급도 도시 평균 월급 수준에 다다랐고, 연금생활자나 퇴역군인들은 연금 이외에 추가적 지원을 받게 되었다.

한편, 마트비엔코는 수도기능의 일부를 모스크바에서 상트 페테르부르크로 이전시킴으로써 상트 페테르부르크의 정치적 위상을 높이는 데도 일조하였다. 그녀는 시장이 되자마자 국가기능의 일부를 상트 페테르부르크로 이전하는 것을 추진하였다. 이 계획은 초기에는 별로 지지를 받지 못하였으나 푸틴 대통령을 위시하여 주요 정치인사들이 이러한 움직임에 긍정적인 태도를 보이며 지지를 표명하자 힘을 받기 시작하였다. 2005년부터 사법부 이전에 대한 논의가 구체적으로 진행되기 시작하였고, 푸틴 대통령의 지지 하에 통합러시아당이 러시아연방 헌법재판소의 상트 페테르부르크로의 이전에 관한 법안을 제출하여 러시아 국가두마 및 연방의회(상원)에서 통과되었다. 이에 러시아연방 헌법재판소는 2007년 말이나 2008년 초까지 상트 페테르부르크로 이전될 예정이다. 이처럼 실질적인 수도기능의 일부를 다시 회복함으로써 상트 페테르부르크는 역사와 문화의 도시, 혹은 자본주의 모델 도시의 수준을 넘어서서 모스크바와 경쟁하는 정치적 중심지로 부상하게 되었다.

따라서 마트비엔코의 리더십에 대한 시민들의 평가는 상당히 긍정적이다. 2003년 시장 선거를 치를 때만 해도 마트비엔코를 단순히 "크렘린의 꼭두각시"로 보는 사람들이 다수 존재했던 것이 사실이다. 그러나 이제 상트 페테르부르크뿐만 아니라 다른 지역에서도 마트비엔코는 능력있는 지도자로 간주되고 있다. 2005년 8월에 실시된 한 여론조사에 의하면, 마트비엔코는 모스크바 시장과 더불어 가장 성공적인 지방정부 수장 5명 중 한 명으로 간주되었다. 한편, 2006년 10월 상트 페테르부르크 시민들을 대상으로 실시한 여론조사 결과에 따르면, 시민 3명 중 1명이 마트비엔코를 "도시의 여주인"이라고 생각한다고 답하며, 시민 3명 중 1명이 마트비엔코를 "대통령의 동지"라고 생각한다고 답한 2004년 10월의 여론조사 결과와는 극명한 대조를 이루었다. 더욱이 2006년 10월 여론조사는 만약 시장 선거가 또 있다면 지역주민들의 76%가 마트비엔코의 재선에 대해 찬성할 것이라고 보여주었다.

이처럼 높은 인기를 누리는 마트비엔코는 러시아의 차기 여성 대표주자로 인정받고 있다. 현재 다른 어떤 여성지도자보다도 마트비엔코가 여성대통령이 될 가능성이 높은 것으로 나타났다. 마트비엔코 자신은 2008년 3월로 예정된 대통령 선거에 출마할 의사가 없음을 분명히 하였지만 여성대통령 후보감으로 거론될 만큼 러시아 내에서 폭넓은 인정을 받고 있다.

4. 마트비엔코의 여성관과 리더십 특징

마트비엔코의 여성관을 잘 보여주는 구체적인 자료는 드물지만 그녀의 인터뷰 내용이나 정책 등을 바탕으로 판단해 보건대 마트비엔코는 다분히 '소비에트형 수퍼우먼'을 이상적 여성상으로 생각하는 것으로 보인다. 소련 시절 아내와 어머니로서 가정을 돌보는 일과 직업을 가지고 사회적 노동을 모두 완벽하게 해내는 여성—수퍼우먼—에 대한 신화는 사회 속에 굳게 자리를 잡았고, 아직도 러시아 여성들의 삶에 큰 영향을 미치고 있다. 마트비엔코도 대사, 정부각료, 시장에 이르는 막중한 업무를 감당하면서도 자신의 남편이나 아들이 "지저분한 남방이나 다림질하지 않은 바지를 입고 다니는 일은 결코 없다"고 자랑스럽게 말한다. 이것은 마트비엔코가 가정 내 성별 노동분화 방식을 문제시하지 않는 러시아 일반 여성들과 비슷한 시각을 가지고 있다는 것을 보여준다.

정책적인 측면에서 볼 때도 그녀의 여성관은 특별히 성 인지적이지는 않다. 소련 최고 소비에트 여성문제위원회 위원장이나 러시아 사회문제 담당 부총리였을 때 주목할 만한 여성정책을 내놓지는 못하였다. 그러나 현재 마트비엔코는 상트 페테르부르크 시장으로서 지역 수준에서 젠더 평등권에 관한 법안을 마련하려고 추진 중이다. 이것은 마트비엔코가 최소한 자유주의 페미니즘에서 논하는 사회적 젠더 평등권에 대해 관심을 가지고 있다는 것을 보여준다. 마트비엔코 자신이 러시아 최고위 수준까지 도달한 엘리트 정치인으로서 러시아 사회에 만연한 남성우월주의, 가부장주의의 장벽에 직면해 왔었다는 점에서 볼 때 이해가 되기도 한다.

마트비엔코의 리더십은 굳이 이야기하자면 영국의 대처 수상의 리더십과 비슷하다. 그녀 스스로 자신의 이상형으로 대처 수상을 꼽았다. "대처 역시 대학에서 약학을 전공하였고 소속 정당의 청소년 조직에서 공적 활동을 시작하였다. 나 자신도 콤소몰 조직에서부터 활동을 시작하였다." 대처를 특출한 정치가로 명명하면서 마트비엔코는 "그녀는 매우 강력하고, 의지가 강하고, 과단성 있는 인물이며, 나의 마음에 외경심을 일으킨다"고 언급하였다.

그러나 대처와는 달리 마트비엔코는 자신의 경력을 추구하는 데 있어서 결코 여성적 특징을 포기하지 않는 태도를 취하였다. 예컨대 그녀는 패션쇼에도 참석하고 세련된 옷차림을 함으로써 자신이 중요한 정치적 결정을 과감하게 하는 정치지도자이면서 동시에 부드럽고 세련된 여성이라는 이미지를 만들어냈다. 이와 같은 마트비엔코의 여성으로서의 이미지는 매우 긍정적으로 평가되고 있다. 이는 소련 시절부터 이어져 오는 남성과 여성의 역할과 특질에 대한 고정된, 전통적인 관념이 아직도 러시아 사회 전체에 팽배해 있기 때문이다. 그녀의 '여성적 이미지'는 격동의 혼란기에 자신의 커리어를 추구하는 데 유리하게 작동하였다. 실제 그녀와 함께 일했던 남성 동료들은 "마트비엔코는 여자의 연약함과 권력자의 힘 사이에 적절한 균형을 항상 유지할 수 있어서" 격변기에도 계속적으로 성공적인 커리어를 쌓을 수 있었다고 평가하였다.

그러나 마트비엔코가 상트 페테르부르크 시장으로서, 가장 주목받는 여성지도자로서 자리를 굳힌 것은 단순히 그녀의 여성적 이미지에만 기인하지 않는다. 마트비엔코가 고르바초프, 옐친, 푸틴 시기에 걸쳐 중단 없이 성공적인 경력을 쌓을 수 있었던 것은 무엇보다도 자신의 맡은 바 임무를 성공적으로 수행해내는 그녀의 전문적 능력에 달려 있었다. 이 점은 러시아 시민들의 마트비엔코 리더십에 대한 평가에서도 알 수 있다. 러시아 정부 부총리 시절이었던 2000년 수행된 한 여론조사에 따르면, 44%의 응답자가 마트비엔코의 리더십에 대해 긍정적으로 답하였다. 이들 중 절반에 해당하는 22%는 마트비엔코가 실무적이고 열심히 일하며 책임감 있고 능력 있다고 답변하여 다른 무엇보다도 마트비엔코의 업무능력을 그녀의 리더십의 핵심 요소로 간주한다는 것을 보여주었다. 실제 상트 페테르부르크 시민들도 도시의 구체적이고 현실적인 문제를 효율적이고 합리적으로 풀어내는 그녀의 능력 때문에 그녀를 지지한다. 그녀는 또한 선거시 내건 자신의 공약을 실현해냄으로써 책임감 있는 리더십을 보여주었다.

마트비엔코의 리더십에서 또 하나 주목할 점은 그녀의 뛰어난 인간관계 관리능력이다. 마트비엔코는 다양한 정치적 성향의 인사들과 호의적인 관계를 맺고 있는 것으로 유명하다. 그녀는 푸틴 대통령의 강력한 지지를 받고 있을 뿐만 아니라, 자유주의적 민주 인사들이나 보수적 인사들 모두로부터 긍정적인 평가를 받고 있다. 개인의 능력 못지않게 인간관계가 중요하게 작동하는 러시아의 상황에서 마트비엔코는 매우 큰 자산을 가지고 있다고 할 수 있다. 마트비엔코는 또한 "지도자는 자신의 팀원들에 의해 힘이 생긴다"고 말하며 함께 일할 팀원들을 뽑을 때 매우 신중했다. 그들의 전문적 능력을 중시하였고 무책임한 사람은 멀리하였다. 이처럼 능력 있고 전문성을 갖춘 책임 있는 사람들과 더불어 일하며 현실적인 문제를 합리적으로 풀어나가면서 실질적 변화를 만들어 내는 힘, 이것이 마트비엔코의 리더십이다.

참고문헌

강윤희. 2003.「체제전환기 러시아의 여성운동 활성화 현황과 전망 : 여성NGO를 중심으로」.『국제정치논총』 제43집 4호.

Кто эсть кто в Санкт-Петербурге. 2006. Санкт-Петербург.

Зенькович, Николай. 2006. *Путинская Энциклопедия*. Москва : ОЛМА-ПРЕСС.

블라디미르 겔만(Владимир Гельман) 상트페테르부르크유럽대학교 교수와의 인터뷰 (상트 페테르부르크, 2006. 8. 25).

올가 리포프스카야(Ольга Липовская) 〈페테르부르크젠더이슈센터〉 전 소장과의 인터뷰 (상트 페테르부르크, 2006. 8. 24).

나탈리아 호두레바(Наталия Ходырева) 〈여성을위한심리위기센터〉 소장과의 인터뷰 (상트 페테르부르크, 2006. 8. 24).

Комсомольская правда 외 다수의 신문 및 인터넷 자료.

주

1. 고르바초프는 상징적이고 형식적이었던 최고소비에트를 능동적인 의회로 대체하고자 1988년 최고소비에트를 폐지하고 인민대의원대회를 신설하였다.

아웅산 수지

미얀마 민주화의 꺼지지 않는 불꽃

사진 출처 http://images.google.com/

조현옥

미얀마는 아웅산 묘소 폭발사건으로 우리의 뇌리 속에 남아있는 버마가 1989년 새롭게 바꾼 국가명[1]으로 동남아에 위치하고 있다. 세계적으로 잘 알려진 나라는 아니지만 가냘픈 몸매에 전통의상을 입고 미얀마의 민주화를 위해 싸우는 모습의 아웅산 수지(Aung San Suu Kyi)는 종종 세계 언론에 등장하는 유명인물이다. 즉 미얀마가 어딘지는 몰라도 아웅산 수지는 세계적으로 유명한 여성지도자로 알려져 있다. 현재 미얀마의 정권을 잡고 있는 군부에 대해 가장 강력하게 저항하고 있으면서 역설적으로 미얀마를 세계에 널리 알리고 있는 중요한 인물인 셈이다.

그녀는 1988년 영국에서 귀국하여 군사정부에 대항하는 민족민주동맹(The National League for Democracy : NLD)을 창설하고 총선에 참여하여 80%의 지지를 이끌어냈다. 그후 군부의 압제로 가택연금 상태로 들어가 20여 년간 민주화 투쟁을 이끌고 있다. 아웅산 수지는 버마 건국의 영웅인 아웅산 장군의 딸이라는 면에서 동남아 국가에서 흔히 여성지도자를 배출하는 경로인 '위대한 아버지의 딸'이라는 정체성을 가지고 있는 사례 중의 하나이다. 그러나 동남아 대부분의 여성지도자들이 기존 정치권에서 아버지로 인해 힘을 얻고 그 힘을 구가했던 것에 비해, 아웅산 수지는 아버지의 후광으로 저항세력의 중심이 되었으나 장기간 인고와 저항의 세월을 살아오면서 스스로 자신의 정치적 영향력을 넓혀가고 있다는 점에서 여타 동남아 여성지도자들과도 차별성을 가지고 있다.

다음에서는 아웅산 수지의 활동을 미얀마 정국과 그 안에서의 여성의 지위와 연계하여 살펴봄으로써 후발국가의 민주화에 있어서 여성지도자의 탄생과 역할, 특히 동남아 여성지도자의 기본적인 코드라 할 수 있는 '영웅 아버지의 딸'이라는 굴레까지 같이 가지고 있는 리더십의 유형을 새롭게 조명해 보고자 한다.

1. 미얀마의 정치체제와 여성

미얀마는 1989년까지 버마라는 이름으로 알려져 왔으며 태국, 라오스, 중국 등과 국경을 맞대고 있는 동남아시아의 국가이다. 국토는 한반도의 약 3배 정도의 크기인 데 비해 전체 인구는 4,800만 명 정도로 인구부족으로 고심하고 있다. 버마족을 중심으로 여러 소수족 등 다민족으로 이루어져 언어 역시 다양하며, 일반인은 미얀마어를 상류층은 영어를 사용하고 있다. 인구 80% 이상이 불교도인 불교국가이며, 경제구조는 1차 산업에 종사하는 사람이 65%로 매우 높아 국민소득이 670달러 정도로 전형적인 후발국가의 모습을 보여준다.

아시아의 대부분 국가와 마찬가지로 미얀마 역시 식민지의 경험을 가지고 있는 나라이다. 1886년부터 영국의 식민통치 지배 하에 있었으며,[2] 1930년대 민족해방 투쟁을 위해 결성된 타킨당은 영국으로부터 버마의 지배권을 빼앗는 데에는 성공하나 이를 위해 일본과 연대했고, 결국 영국 대신에 일본이 지배국으로 등장하였다. 타킨 당원들은 다시 영국군과 연합하여 타킨당의 중심이었던 아웅산 장군의 지도 아래 일본을 물리치고 1948년 버마연방공화국으로 독립하게 된다. 그러나 아웅산 장군은 독립을 몇 달 앞둔 1947년 7월 19일 암살당하여 총탄에 쓰러졌다.

해방 이후 1962년까지 버마는 아웅산과 함께 독립운동을 이끌었던 우누를 중심으로 하는 파시스트 인민자유연맹(Anti-Fascist People's Freedom League : AFPEL)이 정권을 장악하고 근대화의 길을 걸었다. 이 시기 버마는 경제발전을 이룩하고 동남아의 선두국가로서 발돋움하기 시작한다. 그러나 내부적으로 분열을 일으키다 1962년 그동안 조정자로서 역할을 맡고 있던 네윈을 중심으로 하는 군부가 쿠데타를 단행하고 위기관리 내각을 세우면서 길고 긴 군사독재 국가의 길로 들어서게 된다. 군부의 등장은 국내적으로 집권층의 분열이라는 원인이 있었지만 1961년 한국의 5 · 16 군사 쿠데타, 필리핀의 마르코스 정권의 부각 등 국제적인 원인도 크게 작용하였다.

네윈의 군사정부는 버마의 통합과 경제발전을 위해서는 정당민주주의가 아닌 버마식 사회주의가 적합하다고 주장하였다. 군부는 1964년 3월 사회주의 건설방위법에 따라 모든 야당을 해산하고 의회민주주의를 폐지함으로써 버마 사회주의 계획당(Burma Socialist Programme Party)의 일당체제가 구축되었으며, 오늘날까지 이어지는 군사독재의 틀이 마련된 셈이다.

버마식 사회주의는 맑스-레닌주의나 유물론에 기초하지 않고 인간

(정신)과 환경(물질)의 상호 연관성을 중시하면서 정신의 우위성을 시사하는 불교철학의 영향을 강하게 받았다. '인간끼리 착취가 없는 사회'라는 단순 · 소박한 이념을 바탕으로 정치 · 경제 · 문화적 교류를 막았다. 비동맹 국가회의에도 참여치 않고 철저하게 고립하였으며, 외국의 영향을 가능한 한 배제하려고 노력하였다. 통치방식에 있어서는 군사독재적 성격을 강하게 띠고 있어 군부가 정부와 당을 지배하는 군 · 당 · 정 일체화 아래서 사적 자본을 국유화하여 군부관료들이 차지하는 국유화의 모습을 보여주었다. 군사독재 아래서 경제는 일시적으로 성장을 보였으나 결국 수출감소와 외환위기, 생필품의 가격상승과 암시장 밀무역의 확산 등 경제파탄에 직면하게 되었다. 또 경제난국을 벗어나기 위해 단행한 통화폐기정책은 일반시민, 특히 봉급생활자에게 큰 타격을 줌으로써 정부에 대한 불만을 가중시키는 결과를 가져왔다.

이와 같은 군부독재와 경제난 속에서 여성들의 상황은 매우 열악하였다. 지극히 폐쇄된 사회에서 신뢰할 만한 통계가 희소하기 때문에 버마 여성들의 지위를 정확하게 파악하기는 어렵다. 그러나 인간개발지수(HDI)는 174개국 중 131위(1995년)이며 젠더관련 개발지수(Gender-Related Development Index : GDI)는 163개국 중 120위를 차지하여 여성의 지위가 매우 낮음을 보여주고 있다. 모계사회의 전통이 남아 있기 때문에 딸들은 결혼 후에도 부모 집에 머무는 경우가 있으나 가족 내에서 힘을 가지고 있는 것은 남성들이다. 전통적으로 여성들은 경제활동에 참여했으나 주로 비공식적인 분야였고, 미얀마에서 여성들의 역할은 가족 내에서 살림을 잘 하거나 아이들을 잘 키우는 것에 국한되어 있다. 미얀마에서 여성들의 삶과 사회참여에 가장 영향을 미친 요소는 불교를 중심으로 하는 전통적 가치관과 50여 년째 지속되어 오고 있는 군사독재 정치체제라 할 수 있다.

1) 불교 가치관과 여성 : 미천한 존재이나 활동은 허용

전통적으로 불교국가이며 현재도 80% 이상 불교도로 이루어진 미얀마에서 불교는 전 국민의 생활을 지배하는 우선가치이며, 따라서 여성들의 삶에도 큰 영향을 미치고 있다. 불교는 유교처럼 여성들을 강력하게 귀속하고 있지는 않으나 원천적으로 윤회의 위계질서를 통하여 남성에게 우월한 지위를 부여하고 있다. 즉 미얀마에서 가장 성스러운 존재인 수도승은 남성에게만 허용되어 여성들이 뛰어넘을 수 없는 벽을 만들어 놓고 있다. 여성은 수녀가 될 수는 있으나 수도사만큼 존경을 받지는 못하였다. 수녀들은 여성이 오를 수 있는 가장 주요한 직업이었으며, 여학생들에게는 교사의 역할을 하였다.

오히려 실생활에서 여성들의 활동은 자유로웠으며, 전통적으로 사회, 경제, 가정에서 여성들은 중요한 역할을 해왔다. 여성은 남자형제와 동등하게 유산을 상속받았으며, 자신의 점포를 가지고 있거나 시장에서 장사를 할 수도 있었다. 여성들은 결혼 후 이름을 바꾸지 않았으며, 남성과 마찬가지로 이혼을 제기할 수도 있었고, 이혼 후에 오명이 남는 것도 아니었다. 초기 왕국시기에는 여왕도 있었으며, 마을에서는 여성이 족장이 되는 경우도 많았다. 미얀마에서는 초기 모계전통으로 인해 촌장의 지위가 어머니에서 딸로 이어지기도 했다. 물론 이러한 권력은 자생적이기보다는 아내나 딸이라는 지위로 인해 얻어지는 경우가 많았다.

미얀마 여성의 비교적 자유로운 활동은 공식적이거나 법적인 테두리에서보다는 관습적이거나 구조외적인 범주에서 이루어졌다. 미얀마에서 여성들에 대한 이중적 가치는 "믿어서는 안 될 것들"이 도둑, 나뭇가지, 지배자, 여성이라는 옛 속담에서 엿볼 수도 있고, 여성의 의복을 남성의 의복과 분리해서 세탁하고 말림으로써 남성의 옷이 더러워지는 것을 막는 풍습에서도 근본적인 차별을 알 수 있다. 미얀마에서 여성들이 힘을 발휘할 수 있는 가장 중요한 통로는 남편이다. 힘 있는 남성들의 부인들이 중요한 위치를 차지하였으며, 정부 관리의 아내들은 힘 있는 존재로 인식되었다. 20세기 초 식민지 시대에 미얀마 여성들은 민족해방운동에 참여하기 시작하였으며, 여성의 참정권에 대한 관심도 민족해방운동의 일환으로 시작하였다. 1935년 헌법으로 21세 여성에게 참정권이 부여되었으며, 1936년 하원에서 최초로 또우 넨 먀(Daw Nhen Mya)가 여성의원으로 선출되었다.

1948년 독립 후 헌법은 여성들에게 정치적 · 경제적 · 사회적으로 동등한 권리를 보장하였지만 실생활에서는 여전히 남성들이 우월한 위치를 차지하였다. 특히 제2차 세계대전 이후의 혼란 속에서 국방력의 중요성이 부각되었고, 따라서 남성우월적 가치가 깨지기는 어려운 상태였다. 이러한 상황에서 여성들은 농업이나 소상인, 경공업 분야의 노동, 교사직에 종사하였고, 정치영역에서 여성들의 역할은 미미하였다. 버 멍 치인(Ba Maung Chain)이 끄인(Karen)시 주의 장관으로 장기간 재직하였고(1952–1983), 제헌의회 내에는 소수의 여성의원들이 있었다. 대부분의 엘리트 여성들이 남편의 후광으로 주요직을 차지할 수 있었다. 대표적인 예로 아웅산 수지의 어머니인 또우 킨 지(Daw Khin Kyi) 여사는 아웅산 장군 사후 그의 지역구 의원이 되었으며, 그후 최초의 여성대사(인도)가 되었다.

2) 군부정치와 여성

해방 이후 근대화 과정 속에서 조금씩 참여의 폭을 넓혀가고 있던 여성들의 지위는 1962년의 쿠데타로 인해 오히려 악화된다. 1962년 시작된 네윈의 군사정부는 헌법을 새로 제정하기도 하고 중심인물인 네윈 장군이 현역에서 물러나기도 하였으나 군부통치와 일당독재의 기본 틀은 바뀌지 않은 채 이어져 오고 있다. 1988년 시민들의 저항 이후 국가 비상사태를 이유로 하여 구성된 국가법질서기초위원회(SLROC)는 지금까지 가장 강력하게 권력을 장악하고 있으며, 현재 공식적인 국가수반은 국가평화발전위원회(SPDC) 총사령관으로 총리 겸 국방장관을 겸직하고 있는 딴쉐(Than Shwe) 장군이다. 군부통치 초기에는 입법부 역할을 하는 기초위원회 등이 있었으나 현재 비상시국에서는 존재하지 않으며, 내각의 3분의 2는 현역 장교가 맡고 있다. 나머지도 대부분 퇴역 장교들이 맡고 있다. 1993년 새로 소집된 국민회의는 소위 각계각층이 모여 새로운 헌법의 기초를 닦고 있다고 천명하고 있으나 아직 완결되지 못한 상태이다.

버마식 사회주의는 경제적 곤란과 함께 노선이 바뀌었으나 여전히 외부세계와 단절되어 있었고, 폐쇄적인 정치구조는 미얀마의 정치적 · 사회적 · 경제적 발전을 저해하여 여성의 지위향상에도 큰 걸림돌이 되었다. 군부 초기의 교육 수준 향상 계획과 공중보건 서비스 확대정책에 따라 여성들의 교육 수준과 건강이 좋아지긴 했으나 대부분의 예산이 안보분야에 지출되고 군인이 사회의 주요 세력으로 등장하면서 여성들의 경제적 사정도 나빠지고 사회적 지위도 점점 낮아졌다. 군 인력 중 여성은 1%정도(500여 명)였고, 대부분 군의 의료부문과 사무직에 종사하였다.

1983년 여성의 경제 참여율은 36%까지 확대되었으나 제조업이 발달하지 않은 탓에 여성들은 농업부문 외에 간호직, 교사직, 사무직, 서비스직종 등에 종사하였다. 많은 여성들이 경제빈곤 속에서 생계를 꾸리거나 빈약한 가정수입을 보충하기 위해 상점에 나가 장사를 하였다. 재미있는 것은 이 시기 식민지 시기 동안 소멸되었던 수녀회(달라쉰)가 부활하여 여성들의 교육과 복지사업을 대행하였다. 이는 한편으로는 딸들을 전통적 가치에 따라 교육시키기 위한 부모들의 선택이기도 하였다.

정치분야에서는 군부통치로 인해 남성중심적인 정치구조가 심화되었다. 여성의 경제적 · 정치적 · 사회적 권리는 헌법에 보장되어 있었으나 정부관료직에 오른 여성은 한 명도 없었으며, 초기 의회 역할을 했던 기초위원회 내 여성비율도 3%에 머물렀다. 군인 출신들이 정부 내의 요직을 담당하였으며, 대통령은 전투경험이 있는 군인출신이어야 한다는 규정을 두어 여성들의 정치참여를 원천적으로 봉쇄하였다.

물론 여성의 정치참여가 낮은 것은 다른 아시아 국가도 마찬가지이다. 하지만 미얀마의 경우 전통적으로 여성들이 상업이나 제조업에서 활동해 왔으나 이것이 발전하여 정치분야로 연결되지 못했다는 점과 군사독재 아래서 오히려 일정부분 퇴보하였다는 점을 특징으로 들 수 있다.

미얀마에서 여성들의 활동은 그나마 반군부 저항운동을 통해 나타나고 있다. 물론 저항운동의 중심에도 보수적인 사고를 가진 남성들이 차지하고 있지만 전버마학생민주전선의 가입자 중 10% 정도는 여성이며, 이들은 군부에 대한 저항뿐만 아니라 여성이 동등한 기회를 얻기 위한 의식도 같이 가지고 있다. 또 군부가 유화정책으로 약속한 1990년의 총선에서 2,296명의 후보자 중 84명이 여성이었으며 당선된 485명 중에서는 14명이 여성이었다. 이 14명은 아웅산 수지가 사무총장으로 있던 민족민주동맹(NLD) 소속이었다. 이들 중 다수는 선거가 끝난 후 선포된 비상계엄령 때문에 이웃국가로 망명하거나 장기수로 선고받고 투옥되었다. 민족민주동맹의 지지자인 또우 싼싼윈(Daw San San Win)은 25년형을 선고받고 수감되었는데, 그녀의 죄명은 임시정부 수립을 위한 비밀조직 결성에 참여한 것이었다. 반파시스트 인민자유연맹(AFPFL)의 총서기이자 1950년대 이 조직 창당멤버의 딸인 또우 쵸쵸죠넨(Daw Cho Cho Kyaw Nyein)은 사회불안 조성에 가담한 죄로 7년형을 선고받았다. 또 많은 여성작가와 지식인들의 출판이 통제되거나 금지되었다.

미얀마에서 또 하나의 여성문제는 외국의 값싼 노동력으로 팔려나가는 여성들의 문제이다. 그들은 인근국가에서 가정부로 일하거나 섹스 산업에 종사하며 인권을 유린당하고 있다. 미얀마에서 교육 수준이 높은 인력은 일할 기회를 찾기 어렵기 때문에 미얀마의 여성의사도 일본에서 접시닦이로 일하거나 방콕에서 가정부로 일하는 경우를 볼 수 있다.

그러나 미얀마에서 여성문제는 없다는 것이 일반적인 정부의 견해이다. 미얀마 여성들은 헌법에 의해 동등한 권리를 누리고 있으며, 전혀 제한을 받지 않는다는 이유로 여성문제는 정치권 내에서 전혀 의제화되지 못하였으며 정책도 전혀 발의되지 못하였다.

2. 아웅산 수지는 누구인가

현재 미얀마 민주화 투쟁의 중심에 서 있는 아웅산 수지 역시 미얀마의 여성으로서 일반 여성들이 가지고 있는 기본 조건인 전통적 가치관과 군부독재라는 조건에서 자유롭지 못하다. 비록 서구에서 학창시절을 보내고 영국인과 결혼하였으나 아버지의 유품으로서의 전통적 가치관은 그녀의 전체적인 삶을 규정하였으며, 미얀마의 근대사인 군부독재 역시 현재 민주화 투사 아웅산 수지를 만들어낸 장본인이라 할 수 있다.

1) 영웅 아버지의 딸 수지

미얀마 민주화 운동의 중심에 서 있는 아웅산 수지는 1945년 6월 19일 수도 랑군에서 버마 독립운동을 주도한 아웅산 장군을 아버지로, 또우 킨지 여사를 어머니로 하여 두 오빠 다음에 태어났다. 수지에게 있어 아버지는 중요한 의미를 지닌다. 아웅산 장군은 버마가 영국의 식민지일 당시 일본으로 건너가 군사훈련을 받고 일본군과 함께 영국으로부터의 자유를 얻어내지만 처음 약속과 달리 일본이 버마에 참다운 독립을 부여할 의사가 없자 일본군에 반기를 들고 영국군과 합세하여 일본군을 격파하는 등 버마의 독립을 위해 일생을 바쳤던 투사였다. 독립을 몇 달 앞두고 32세의 젊은 나이로 암살자의 총탄에 쓰러졌지만 아웅산은 지금까지도 여전히 추앙받고 있는 독립의 영웅이다.

인도 대사였던 어머니 또우 킨지 여사를 통해 아버지를 배운 아웅산 수지는 옥스퍼드대학교에 있을 때 아웅산 장군에 대한 방대한 양의 서지들과 문서를 영어나 미얀마어로 독파하고 그의 전기를 쓰기 위해 노력하였다. 후에 일본에서의 연구과정도 미얀마 역사 및 아웅산 장군에 대한 연구와 관련 있다. 수지는 이러한 연구를 통해 아웅산 장군의 사상을 그대로 답습하고 있다 할 수 있다.

그녀는 자신의 정치참여를 아버지의 정치적 신념과 연결지어 "나는 아버지의 딸로서 당시 발생한 상황을 좌시할 수 없었다"고 말하며 군부독재자들을 군인이었던 아버지에 빗대 비난하곤 했다. 남편이 편집해낸 자서전에서 그녀는 "나의 아버지는 국민을 탄압하기 위해 군대를 만들지 않았다. 그는 많은 연설을 통해 무기가 있다고 해서 국민을 탄압하지 말라고 했다. 군대는 국가에 봉사해야 한다. 군대가 국가를 위해 존재하는 것이지 국가가 군대를 위해 존재하는 것은 아니다"라며 군부독재를 강력하게 비판하고 있다.

2) 서구에서의 전통적인 삶

불교신앙과 어머니의 영향 속에서 유복하게 자란 수지는 1960년 어머니 또우 킨지 여사가 버마의 인도주재 대사로 부임하게 되면서 뉴델리에서 소녀 시절을 보내게 된다. 인도의 명문 델리대학교를 다녔으며, 인도의 고위층 자녀들(인디라 간디의 아들들)과도 교분을 쌓으면서 학창시절을 마친 수지는 1964년 영국으로 건너가 옥스퍼드대학교 세인트 휴즈 컬리지에서 철학과 정치학, 경제학을 공부했다. 그러나 수지는 인도와 영국의 학창시절에도 복장은 언제나 버마식을 고집하였다. 그녀는 항상 버마 여성의 전통 하의 의상인 타메잉과 전통 상의 의상인 론지를 입었다. 이는 물론 어머니 또우 킨지 여사의 교육도 있었지만 아웅산 장군의 딸로서 아버지에 대한 존경과 긍지의 표현으로 전통을 고수하고자 하는 그녀의 의지라고 보는 것이 더 정확하다.

그녀는 유엔에서 3년간 근무하는 중에도 삶의 방법을 바꾸지 않았으며, 3년 근무 후 가족을 가져야 한다는 생각에 히말라야 연구가인 영국인 마이클 아리스(Michel Aris)와 결혼한다. 옥스퍼드대학 시절 만난 영국 청년 아리스와 수지는 뉴욕의 유엔사무국에서 근무할 때까지 수백 통의 편지를 주고받으며 관계를 이어나갔다. 그러나 서구인과의 결혼은 곧 조국을 등지는 것이라는 생각 때문에 수지에게 이 결혼은 쉽지 않은 결정이었다. 결국 그녀는 아리스에게 버마의 국민으로서 조국을 위해 하는 일에 대해서는 방해하지 말아달라고 요구했고, 그가 수지의 생각을 존중하면서 1972년 결혼하게 되었다. 아리스는 티베트와 히말라야 문화를 전공한 연구자로 옥스퍼드와 하버드대학에서 교수생활을 하여 미얀마를 비롯한 아시아에 대한 이해가 누구보다 깊은 사람이었다. 그의 수지와 미얀마에 대한 생각은 "나는 당신과 당신 조국 사이에 일어나는 일에 대해 관여하지 않을 겁니다. 나는 당신이 나만의 아내로만 살아갈 수 없음을 알고 있고 당신이 미얀마와 함께 할 운명임을 알기 때문입니다"라는 그의 말에서도 알 수 있다. 이후 아리스는 수지가 버마에서 투쟁하는 동안 아이들을 키우고 그녀가 쓴 글을 모아 책으로 출판하는 등 1999년 암으로서 세상을 떠날 때까지 적극적인 후원자로서의 역할을 아끼지 않았다.

수지는 결혼 후 알렉산더와 킴이라는 두 아들을 두고 행복한 가정을 꾸려나갔다. 이 두 아들에게도 미얀마식 이름을 지어주고 미얀마의 전통에 따라 승려출가식을 수행하게 하였다. 즉 영국에 살고 있었으나 항상 미얀마인으로서의 정체성을 잃지 않고 있었음을 엿볼 수 있는 대목이다.

그녀의 삶에 영향을 미친 또 하나의 전통적 가치는 가족이다. 비록 세상을 떠나긴 했으나 그녀의 아버지는 그녀의 삶을 지탱하는 버팀목이었으며, 유엔에서의 3년 근무 후 그녀는 결혼을 하고 가족을 갖기 위해 일을 그만두었다. 결혼해서는 남편과 아이들을 위해 살림을 잘 꾸려나가는 주부의 생활에 만족하며 살았다. 또 1988년 어머니가 위독하다는 말을 듣고 즉시 간병을 위해 미얀마로 돌아왔다. 이후 민주화 운동의 중심에 서긴 하나 어머니의 병구완을 병행하며 힘든 생활을 하였다. 이렇게 볼 때 수지에게 있어 가족은 지켜야 할 하나의 중심 가치였다. 하지만 미얀마에서 가택연금을 당하고 1989년 9월 남편과 아이들이 영국으로 귀국한 후 가족들을 만나지 못해 결국 남편의 임종도 하지 못했다. 군부는 수지를 미얀마 밖으로 쫓아내기 위해 가족들에게 비자를 내주지 않는 방법을 강구하였으나 결국 수지 여사를 미얀마 밖으로 나가게 하는 데 성공하지 못하였다.

3) 군사독재와 민주화 투쟁

영국에서 평범한 주부로의 삶을 살던 수지가 미얀마로 돌아오게 된 계기는 어머니의 병 때문이었다. 평소에 정치에 관심이 없다고 의견을 표명하던 수지 여사가 민주화 운동의 선봉에 서게 된 것은 어떻게 보면 우연에 가깝다. 그러나 필연적인 두 가지 이유는 아웅산 장군의 딸이라는 점과 미얀마의 열악한 정치상황이었다. 1962년부터 시작된 군부독재는 사회의 모든 영역을 폐쇄하였으며, 일반 국민들의 생활을 피폐하게 하였다. 군인들이 중심세력으로 떠오른 압제사회에서 국민들의 저항은 1988년을 기점으로 대규모 시위로 발전하였고, 네윈 정부의 탄압 역시 거칠어져 그 과정에서 많은 시민들이 목숨을 잃었다. 이러한 상황은 미얀마에 대한 애국심이 투철했던 수지를 조용히 어머니의 간병만 하도록 놓아두지 않았다.

특히 민주화 운동을 이끌고 있던 지도부에서 볼 때 아웅산 수지는 민주화 운동의 중심으로 매우 상징적인 인물이었다. 건국의 아버지로 추앙받고 있던 아웅산 장군의 딸이며 영국 최고의 명문인 옥스퍼드대학교에서 수학한 지식인이라는 점, 서구식 교육을 받았으나 조국에 대한 애정이 크다는 점이 국민들에게 호소력 있게 다가왔고, 민족의 지도자로 거듭나게 된 것이다.

1988년 학생운동 지도자와 정부 간의 협상을 중재하는 공개서한 발표로 시작된 수지의 활동은 전국을 돌며 미얀마의 민주주의를 위한 강연으로 이어졌으며, 국민들은 이에 열렬한 호응을 보냈다. 독재정권에 대한 강력한 비판은 국민을 상대해서는 모국어로, 외국을 향해서는 영어, 불어, 일어를 활용하였으며, 유창한 외국어가 국제사회에 미얀마의 현실을 알리는 데 큰 몫을 하였다.

네윈 정권을 이어받은 세인 르윈과 마웅마웅은 민주화 시위에 강경진압으로 대응했지만 민주화 열기는 식을 줄 몰랐고, 수지와 군부의 정면 대치가 불가피한 상황이었다. 군부는 1988년 9월 국방장관과 참모총장의 지휘 아래 쿠데타로 다시 권력을 장악하였으며, 사회주의 체제를 폐기하고 시장경제와 개방정책의 실시, 자유롭고 공정한 선거를 약속했다.

새로운 군사정권은 유화정책을 펴나갔으나 민주화 세력은 정면대응으로 맞섰다. 수지는 9월 24일 민주화 세력과 함께 민족민주동맹을 창설하여 사무총장으로 취임하였다. 민족민주동맹은 민주주의 정부수립을 위한 목표를 가지고 출범한 미얀마 역사상 가장 강력한 반정부 세력이었다.

민족민주동맹 사무총장으로 취임한 후 수지는 전국을 돌며 시위, 집회, 연설을 주도하였고, 군사정권에 대항하여 평화적인 비폭력 저항운동을 펼쳤다. 이러한 활동은 수지를 세계적인 민주화 지도자로 부각시켰으며, 정부는 그녀를 암살하려는 계획까지 세울 정도로 미얀마 정부의 눈엣가시가 되었다.[3] 미얀마 군사정부는 민주화 세력의 저항활동을 막기 위해 국가의 안전을 도모한다는 명분으로 계엄령을 선포하였고(7월 20일), 계엄령에 따라 수지는 국가보안법 소요선동 혐의로 가택연금을 당했다.

1990년 5월 27일 총선이 실시되었고 총 485석의 의석 중 392석, 즉 82%에 달하는 다수의석을 민족민주동맹이 차지하는 놀라운 결과가 나타났다. 특히 수지는 가택연금 때문에 선거운동 한번 제대로 해보지 못한 상태에서 민족민주동맹이 단지 그녀의 초상화를 들고 전국을 누비는 정도의 선거운동을 하였음에도 불구하고 압도적인 승리를 거두었다. 이 승리는 미얀마 국내뿐만 아니라 국제적으로도 놀라운 사건이어서 타임지는 선거 직후 "그녀가 통치할 수 있을 것인가"라는 제목으로 특집기사를 실었을 정도였다. 수지는 이 총선을 통해 미얀마 국민들의 민주화에 대한 기대를 확인할 수 있었으며, 또한 혼란정국 속에서 자신의 정치적 위상을 각인시킬 수 있었다.

총선결과에 놀란 것은 국민들이나 국제적으로 관심 있는 이들뿐만 아니라 군사정부도 마찬가지였다. 그들이 내세웠던 민주통일당이 참패하자 당혹한 군부는 선거결과를 무효화시켰고, "영국인을 남편으로 둔 사람에겐 피선거권이 없다. 20년 이상 계속 미얀마에 거주한 자만이 대통령이 될 수 있다. 여자이기 때문에 안 된다"라는 여러 가지 이유를 들어 수지를 배제하고자 노력하였다. 이후 헌법에서는 "전투경력이 풍부한 군복무자만이 대통령 후보가 될 수 있다"는 항목을 삽입하였다. 이는 아웅산 수지뿐만 아니라 군대 내에서 여성의 수는 1%-2% (3,4000명 중)로 극히 적고 전투수행 경험을 가지고 있지 않기 때문에 여성을 자동적으로 배제하는 수단이기도 하였다.

4) 아웅산 수지의 생각들

아웅산 수지의 미얀마에서의 생활은 1988년 잠시 동안의 정치활동을 제외하면 대부분을 가택연금의 상태에서 지냈다. 따라서 여느 정치적 지도자와 같은 정치활동은 가능하지 않았다. 그러나 연설과 책자 등을 통해 수지의 정치적 비전을 읽을 수 있고, 그녀의 비전은 미얀마가 민주화를 이룩하는 날 구체화될 가능성이 많기 때문에 매우 중요하다고 할 수 있다.

① **민주주의와 인권** : 아웅산 수지의 기본적인 주제는 미얀마의 민주주의와 인권회복에 놓여 있다. 그녀가 생각하는 민주주의의 구체적인 형태는 의회정치를 의미한다. 공정한 선거에 의해 지도자를 선출하며 양당제를 유지하는 지극히 기본적인 단계이지만 현재 군부독재에 의해 일당제를 유지하고 있는 미얀마의 입장에서 보면 체제를 전면 부정하는 저항이라 볼 수 있다.

수지는 1988년의 국가평의회에 보낸 공개 요구장에서 복수정당에 의한 민주주의 건립을 강력하게 주장하며, 1995년 가택연금에서 풀려난 직후 군부를 향한 요구에서 민주주의를 구체적으로 설명하고 있다. "저는 민주화를 위해 군사정부에게 당당히 요구합니다. 첫째, 우리는 협상을 통해 모든 일을 해결해야 합니다. 둘째, 오랫동안 지속되었던 버마족과 소수종족 간의 정치·군사적 반목과 대립을 해소하고 국민통합을 이룰 수 있도록 소수종족의 정치개혁 문제를 해결하기 위한 평화적 대안이 필요합니다. 셋째, 군부가 지명한 의원으로 구성된 의회에서 독재정권을 공고화시킬 수 있는 신헌법 제정을 보류해야 합니다. 넷째, 국민들과 약속했던 정권이양을 실천해야 합니다"라는 그녀의 메시지는 민주화를 위한 투지를 나타내며 정치개혁에 대한 의지를 보여주고 있다.

수지는 민주주의나 지도자, 인권 등을 전통 불교논리 속에서 설명하려고 노력하였다. 정의로운 지도자의 의미로 복지를 제공하고 국민의 의지를 탄압하지 않는 것이 중요하다고 연설하여 억압보다 훨씬 강력한 메따(loving kindness)와 띠싸(truth)의 중요성에 대해 강조하고 있다. 민주주의란 "평온하고 개인이 존중되며 결핍과 공포로부터의 자유가 있는 생활"이라고 규정하며 인권에 대한 존중사상과 결부시키고 있다. 부처님의 가르침을 실현하는 존재는 인간이고 인간의 생명은 귀중하다며 불교 속에서의 인권적 가르침을 설파한다. 미얀마 정부에서는 인권이라는 개념 자체를 서구적이라며 폄하하였다. 1988년 수지가 동료활동가들에게 인권문제에 대해 설파할 때까지 미얀마에는 인권이라는 말이 거의 쓰여지지 않고 있었다.

② **여성관 또는 여성을 위한 활동** : 아웅산 수지는 전혀 여성주의적 관념을 가지거나 주장하고 있지 않다. 그러나 그녀가 여성이라는 것만으로 큰 기여를 하였다. 부패와 만행에 반대하는 수지의 입장과 그녀의 교육수준이 사회의 모든 계층에 침투된 편협한 남성적 군사권력 및 폭력숭배에 대한 대안이 되고 있다. 신체적으로 연약한 여성으로 보이는 그녀는 남성의 군부권력의 폭력적이고 공격적인 이미지와 대조되는 강력한 표상을 보여주고 있다. 네윈 장군을 공공연히 비난할 정도로 과감한 용기를 보이고 여성의 역할을 수동성에서 주체성으로 변화시켰다.

수지의 영향력이 군부에 영향을 미쳤다는 점은 군부정권이 그녀의 지도력과 영향력에 대항하기 위해 여성기구를 설립했다는 것에서 알 수 있다. 1990년대까지 미얀마에는 여성문제가 없다는 것이 기조였으나 아웅산 수지의 출현 이후 사회복지부 산하에 여성문제위원회가 설립되었고 킨눗 장군이 미얀마 모자복지협회를 주재하였다. 그의 아내는 부장을 맡았다. 이 위원회는 권력자의 부인들에 의해 운영되며 미인대회, 꽃축제, 패션쇼에 중점을 두고 있어 실제적인 여성의 지위와는 멀리 떨어져 있다.

이러한 기여에도 불구하고 몇몇 글에서 보여지는 아웅산 수지의 여성관은 아직까지는 보수적이다. 그녀는 자신의 글에서 “부처가 될 수 없는 여성이 남성보다 뒤떨어지는 것으로 되어 있기는 하나 미얀마 여성은 결코 뒤진 지위에 밀려나 있는 것이 아니다. 그들은 항상 남성과 평등한 상속권이 보장되어 있고 활동적이며 자립적인 삶을 살고 있다. 또한 자신의 가치를 확신하고 있기 때문에 남성들을 섬기어 그들을 기쁘기 해주는 것에 아무런 저항을 느끼지 않고 있다”고 말한다. 이처럼 수지의 여성관은 봉사와 희생을 당연한 여성의 미덕으로 받아들이고 있다.

5) 국제적인 인정

수지의 활동에 있어서 가장 힘이 되었던 것은 국제적인 지원이었다. 군사독재 치하에서 1990년 총선을 치를 수 있었던 것도 국제적인 압력이었고, 그후 선거결과를 묵살하고 아웅산 수지를 계속 가택연금함에 따라 국제적인 압박도 가중되었다.

총선이 끝난 후 가택연금의 상황에 놓였으나 국제적으로 수지의 명성은 더욱 높아져 유엔과 각국의 정부, 인권단체로부터 민주화를 위한 평화적 비폭력 저항운동의 공로를 인정받아 1990년에는 노르웨이 래프토 인권재단이 수여하는 래프토 인권상을, 1991년에는 유럽의회가 수여하는 사하로프 기념상을 수상하게 되었다. 또 그해 10월에는 미얀마의 민주화와 인간의 권리 회복, 평화 그리고 민족적 화해를 위한 비폭력 투쟁을 펼친 공로로 노벨평화상을 수상하기에 이른다. 시상식에는 그녀가 가택연금 중이어서 가족들이 대신 수상하였다.

이러한 국제적인 인정과 함께 그녀를 석방시키기 위한 노력도 끊이지 않았다. 1993년 7명의 노벨상 수상자들은 유엔 인권위원회에 수지의 석방을 요구하는 탄원서를 제출하였고, 1994년에는 유엔개발계획의 라힘 대표와 미국의 하원의원, 뉴욕타임즈의 쉐논 기자가 수지 여사를 방문하여 지원을 약속하였다.

3. 아웅산 수지의 리더십

아웅산 수지의 정치적 활동은 이미 앞에서 기술한 바와 같이 적극적이거나 다양하지 못하다. 1988년 민주화 투쟁에서의 역할, 민족민주동맹 사무총장으로서의 역할 이후 계속된 가택연금으로 그녀의 활동영역은 지극히 제한될 수밖에 없었다. 따라서 여느 여성지도자와 같이 정치적인 활동에서 그녀의 리더십의 근거를 찾아내기는 어렵다. 그녀가 지니고 있는 이념, 그녀의 배경에서 그녀의 리더십의 근거를 추정할 수 있을 뿐이다.

1) 아버지의 후광

아웅산 수지의 리더십의 특징은 첫째 아버지 아웅산 장군에서 연유한다. 우선 그녀의 의식을 지배하고 있던 것은 어머니에게서 전해들은 아버지의 이야기, 자신의 연구를 통해 얻은 아버지의 공적 등을 통해 체화된 조국에 대한 애정이었다. 즉 아버지가 사랑했던 그녀의 조국 미얀마를 구하는 것은 그녀에게 주어진 사명이었기 때문에 1988년 귀국시 군부가 망쳐놓은 조국의 모습을 외면할 수 없었던 것이다.

이와 함께 미얀마인들이 아웅산 수지를 민주화 운동의 중심으로 받아들일 수 있었던 이유도 해방 이후 50여 년간 민족해방의 영웅으로 남아 있는 아웅산 장군의 딸이었기 때문이다. 미얀마 국민에게 있어 아웅산은 국가의 위신과 명예를 회복시켜 준 인물이었다. 아웅산의 인생은 국민에게 용기와 희망을 안겨준 원천이었으며, 그에 대한 회상은 미얀마 국민의 정치적 양심의 수호신으로서 지금도 여전히 사람들의 마음 속에 깊이 새겨져 있는 것이다.

다른 동남아 여성지도자와 다른 점은 아웅산 수지의 경우 아버지의 직접적인 영향은 받지 못하였으며, 특히 아버지에 대한 영향을 선택한 것은 자신의 선택이었다는 점이다. 수지의 경우 오빠는 미국에서 미국 시민으로서의 삶을 선택하였다. 자신도 영국에서의 평범하고 안락한 삶을 살아갈 수 있었으나 고난의 길이라 할 수 있는 아웅산 장군의 딸로서의 길을 스스로 선택했다는 점에 특징이 있다. 가택연금 상황에서 미얀마 정부는 수지를 해외로 내보내기 위해 부단히 노력하였다. 특히 가족들을 1989년 이후 미얀마에 입국하지 못하게 함으로써 수지 스스로 미얀마를 떠나게 하고자 하였다. 그러나 1999년 남편의 사망시에도 미얀마의 가택연금을 택함으로써 그녀의 의지를 단연하게 보여주었다.

2) 비폭력 불복종 정신

수지의 리더십의 또 하나의 근원은 비폭력 불복종에 대한 믿음이다. 이 가치관은 버마의 국교인 불교를 바탕에 깔고 인도에서 보낸 청소년 시절 간디의 비폭력 불복종 정신에 감화받아 형성되었으며, 후에 루터 목사의 영향도 받았다. 물론 강력한 군부통치의 미얀마에서 다른 방법을 구사할 수도 없었지만 수지의 비폭력 불복종 운동은 20여 년의 저항운동을 지속할 수 있게 하고 국민들로부터 지지를 이끌어내는 데 중요한 역할을 하였다. 이러한 비폭력 불복종 저항정신은 20여 년을 넘는 장기간 동안 민주화 투쟁을 이끌어 오는 원동력이 되었으며, 불교의식이 강한 미얀마에서 대중들의 지지를 얻어내는 데 결정적인 역할을 하였다.

3) 대중성

아웅산 수지의 실질적 리더십의 근거는 그녀의 대중성에 있다. 1988년 버마에 귀국해서 그녀는 탄압받는 민주화 투사들을 보다 못해 중재에 나서게 되고 순회연설을 다니게 된다. 민족지도자의 딸이면서 영국의 옥스퍼드대학교에서 수학한 엘리트였지만 고국 미얀마의 고통받는 민중을 위하는 마음, 그리고 그들을 찾아가 위로하고 설득하는 방식에서 대중의 지지를 얻어냈다. 특히 다양한 언어를 활용하는 그녀의 웅변실력은 미얀마의 상황을 국제적 문제로 부각시키는 데 기여하였으며, 1990

년의 총선에서 그녀가 설립한 민족민주동맹이 80% 이상의 지지를 얻도록 하였다. 총선에서 얻은 이 지지율은 미얀마 국민의 그녀에 대한 신뢰를 보여주며 20여 년간 그녀를 지탱해 온 힘의 근원이기도 하다.

가택연금 기간 동안 또는 가택연금이 끝난 후에도 그녀는 행동의 자유를 얻지 못하였다. 따라서 그녀의 메시지는 주로 수천 명의 대중이 자신의 집에 모이는 주말에 대중연설을 통해 전달되었다. 가냘픈 외모에 조용한 목소리로 진행되는 그녀의 연설은 설득력 있으며, 그녀의 지도력을 내보이는 유일한 통로라 할 수 있다.

4. 맺는 말

아웅산 수지는 현재 2005년부터 시작된 제4차 가택연금 상태에 있다. 그동안 아웅산 수지의 가택연금을 해제하라는 국제사회의 압력에도 불구하고 군사정부가 전면적으로 수지에게 자유를 부여하지 못했던 이유는 수지의 자유가 미얀마 민주화의 기폭제가 될 것이라는 두려움 때문이었다. 그동안 수지는 유엔특사 라잘리 이스마일의 중재 아래 군사정부와 정국 타개를 위한 비밀협상을 벌여왔으나 아직 이렇다 할 성과를 보여주지 못하고 있다.

1990년 선거에서 민족민주동맹이 압승을 거두면서 미얀마의 군부는 정통성에 커다란 위기감을 느꼈고, 이후 끊임없이 국내외의 압력을 받고 있다. 서구의 언론, 비정부기구들, 해외의 반정부단체 등이 인권문제 등의 이슈를 두고 지속적으로 군사정부를 비난하고 성토하고 있으나 얼마나 큰 영향을 미칠지는 미지수이다. 군사정부는 나름대로 경제개혁을 하고 소수민족 문제의 해결을 위해 힘을 쏟고 있으나 그 성과가 미약하여 고질적인 군부의 부정부패와 함께 미얀마 국민들 저항의 중요한 추동력이 되고 있다. 이와 함께 해외에서 벌이고 있는 민족민주동맹의 민주화 운동과 국제적인 압력 또한 군부에게 견디기 어려운 압력으로 작용하고 있다. 특히 아웅산 수지가 국제사회에 요구하고 있는 미얀마에 대한 경제적 지원 중단을 국제사회가 받아들인다면 가뜩이나 경제적으로 어려운 미얀마가 개방의 길을 걸을 수밖에 없고 민주화의 길도 앞당겨질 수밖에 없다.

이와 같은 과정을 거쳐 미얀마가 민주화의 길을 걷게 될 때 아웅산 수지는 비로소 실제적인 정치지도자로서의 역할을 담당하게 될 것이며 그녀의 능력을 검증받게 될 것이다. 지금까지 그녀의 지도자로서의 역할은 존재 자체에 역점이 실려 있었으며, 아버지의 후광이 크게 작용한 것도 사실이다. 실제 활동은 1988년 순회연설이나 민족민주동맹을 결성하여 사무총장직을 잠깐 수행한 것, 그후 가택연금 상태에서의 대중연설, 국제사회에의 호소 등으로 매우 미미하여 대중들이 그녀에게 기대했던 민주시대의 새로운 리더십의 형태를 보여줄 것인지는 아직도 숙제로 남아 있다. 그러나 아웅산 수지가 편안한 삶의 길을 포기하고 조국 미얀마를 위해 고난의 길을 20여 년간 걸었다는 것은 리더로서의 충분한 자질을 보여주고 있다.

이제 미얀마가 민주화 될 때, 그리고 그후 자신의 이념을 실현시킬 수 있을 때 아웅산 수지는 민주화의 영웅으로서 아버지 아웅산 장군의 후광 속에서 비로소 벗어날 수 있을 것이다. 아버지의 후광으로서 리더의 길에 접어들기는 했으나 그 후광을 극복하고 자신의 길을 개척한 동남아의 여성지도자로서 새로운 유형을 만들어낸 사례로 남을 수 있을 것이다.

참고문헌

명인문화사 편집부. 2006.『그녀들은 무엇이 다른가 : 세계여성지도자』. 서울 : 명인문화사.

미카미 요시카즈 저. 정성호 역. 1992.『아웅산 수지』. 서울 : 장락.

아웅산 수지. 1996.『공포로부터의 자유』. 서울 : 한국논단.

이동춘. 2003.「미얀마의 사회변동과 정치발전에 관한 고찰」.『목포과학대학 논문집』27집.

자넬 밀스 저. 동아시아여성연구소 역.「군부지배, 내전 그리고 여성의 지위 : 미얀마의 경우」. 연구소 내부자료(미출판).

존 펀스톤 엮음. 정연식 외 옮김. 2005.『동남아의 정부와 정치 중 미얀마 : 변화하는 군부』. 서울 : 심산문화.

주봉호 외 저. 2003.『아시아의 여성』. 부산 : 부산외국어대학교 출판부.

주

1. 1989년 5월 군사평의회에 의해 버마공화국에서 미얀마로 국명이 바뀌었다. 국가명의 읽는 방식을 바꾼 이유는 버마가 영국 식민주의자들이 붙인 명칭이라는 것이었으나 일부 민주화 운동을 하는 이들은 미얀마라는 국명 자체를 거부하고 있기 때문이다. 본고에서는 정식 명칭인 미얀마와 시대적 배경에 따라 버마라는 옛 명칭을 함께 사용하였다.
2. 영국의 지배는 인도인 지주가 미얀마 농민을 지배하게 하는 분할통치로 미얀마인과 인도인의 갈등을 만들어냈고, 또 미얀마에 살고 있는 소수족과 미얀마족 간의 갈등을 초래하였다. 이러한 갈등은 현재까지도 인도인, 중국인, 소수민족, 미얀마족 간의 갈등구조를 존속하게 하고 있다. 김상욱, 「버마식 사회주의의 경제파탄 과정」, 아시아 · 아프리카 · 라틴아메리카 연구원 엮음, 『미얀마 현대사 : 버마 사회주의와 미얀마 민중항쟁』.
3. 미얀마 정부는 1989년 4월 5일 군중집회가 열린 에여워디 강 하류지역에서 그녀를 암살하려는 계획을 세웠으나 이 암살계획이 한 육군소령에 의해 폭로되어 수포로 돌아갔다.

메가와티 수카르노푸트리

건국의 아버지 수카르노의 정치적 계승자

사진 출처 http://images.google.com/

김경미

1. 인도네시아의 정치사회와 여성정치

인도네시아는 중국, 인도, 미국에 이어 세계에서 네 번째로 인구가 많은 나라(약 2억 3천만 명)로 자바족(45%)과 순다족(13.6%)을 비롯해서 약 300여 종족으로 구성되어 있다. 표준어는 '바하사 인도네시아' (Bahasa Indonesia)이지만 종족별로 사용되는 언어는 500여 종에 이르는 등 다종족 · 다언어국가이다. 종교는 이슬람교도(87%)가 압도적으로 많으며, 그 밖에 기독교(6%), 가톨릭(3%), 힌두교(2%), 불교(1%)가 신봉되고 있다.

인도네시아는 1945년 8월 17일 제2차 세계대전의 종말과 함께 수카르노(Sukarno)를 위시한 민족 독립투사들이 인도네시아 공화국의 독립을 선언하면서 오랜 식민통치 시대(네덜란드와 일본의 식민통치)에 종지부를 찍고 신생독립국으로 탄생했다. 이후 인도네시아는 혼란스러운 혁명기(1945–1949)와 7년간의 의회민주주의 경험기(1950–1957)를 거쳐서

1957년에 수카르노 대통령에 의해 '교도민주주의' 시기(1957-1965)가 시작되었다. 교도민주주의는 일반 대중에 대한 엘리트의 교도적 역할을 강조하는 인도네시아식 민주주의이다.

그러나 수카르노 대통령의 반제국 · 반식민주의 노선이 국내적으로는 정치불안을 야기하고 대외적으로는 외교적 고립을 자초하게 됨에 따라 수카르노의 교도민주주의는 1964/65년에 위기를 맞게 된다. 이러한 위기를 극복하기 위해 1965년에 수카르노 대통령을 지지하는 소수의 장교들이 친위 쿠데타를 시도했다. 그러나 오히려 수하르토(Suharto)가 이끄는 군부에 의해 진압됨에 따라 수카르노 대통령은 권좌에서 물러나고 수하르토에 의한 '신질서' 시대(1966-1998)가 열리게 된다. 수하르토의 집권과 함께 공산당에 대한 철저한 제거작업이 이루어고 동시에 군부의 정치참여가 본격화되었다. 1997년에 아시아를 휩쓴 외환위기는 인도네시아에 급격한 경제위기와 정치 · 사회적 혼란을 가져왔고, 이 과정에서 민주화에 대한 국민들의 강렬한 욕구가 분출되어 1998년 5월에 마침내 32년간 독재적인 권력을 행사해 온 수하르토 대통령이 권좌에서 축출되었다.

이후 하비비(B. J. Habibie) 과도정부에 의해 일련의 개혁조치들이 단행되고 와히드(A. Wahid)와 메가와티 대통령의 문민정부를 거치면서 인도네시아는 본격적으로 민주화의 시대를 맞이한다. 2004년에 인도네시아 역사상 최초로 실시된 국민 직접투표에서 유도요노(S. B. Yudhoyono)가 대통령으로 선출되어 현재에 이르고 있다.

인도네시아의 정치제도를 보면 대통령중심제 공화국으로서 국가원수 겸 행정수반인 대통령은 수하르토의 하야 이후 헌법개정을 통해 2004년부터 국민의 직접선거에 의해 선출되고 있으며, 임기는 5년이다. 수하르토 대통령이 전격적으로 퇴진하기 전까지는 강력한 대통령중심제였으나 수차례의 개헌을 통해 대통령의 권한을 축소하고 국회의 권한을 강화했다. 입법부는 통상적인 입법권을 행사하는 국회(DPR)와 지역대표협의회(DPD)의 양원제와 유사한 이원적 조직을 가지고 있으며, 국회와 지역대표협의회 의원으로 구성된 국민협의회(MPR)가 총괄기구로 기능한다. 이들의 임기는 5년인데, 헌법제정과 개정 및 대통령·부통령 탄핵권 등을 가지고 있다. 국회는 정당명부식 비례대표제로 선출된 의원들로 구성되며, 지역대표협의회는 국회의 기능을 보완하고 지역대표성을 강화하기 위해 만들어졌는데 '상원'과 유사하다. 지역대표협의회 의원은 정당에 소속될 수 없으며 지방행정, 지자체 관련 사업, 정책심의 및 입법권을 가지고 지자체 관련 예산사항을 심의한다.

인도네시아의 주요 정당에는 골카르당(GOLKAR), 투쟁민주당(PDI-P), 민주당(Partai Demokrat), 국민계몽당(PKB), 통일개발당(PPP), 국민수권당(PAN) 등이 있다. 군소정당이 과도하게 난립하는 것을 방지하기 위해 2004년 4월 총선에서는 24개 정당에 대해서만 총선 참가자격을 인정했다.

골카르당은 과거 수하르토 정권시절 정당이라기보다는 재벌기업 및 전문 직업인 층을 비롯해 250여 개의 산하 정치·사회단체들로부터 후원을 받았던 인도네시아 최대의 정치세력 결합체였다. 그러나 1999년 1월 정치관계법 개정에 따라 공무원들이 탈퇴하고 1999년 3월에 정당으로 출범했다. 1999년 총선에서 22.44%의 득표율로 메가와티가 이끄는 투쟁민주당에 패배해 제2당이 되었으나 2004년 총선에서는 21.58%를 득표해 투쟁민주당을 제치고 제1당의 자리를 탈환했다.

투쟁민주당은 인도네시아민주당(PDI)의 1996년 메단 전당대회에서 축출된 메가와티와 그 지지세력이 세운 정당으로 1998년 10월에 발리 전당대회를 개최하고 메가와티를 1999년에 실시되는 대통령 선거의 후보 겸 당 의장으로 선출했다. 투쟁민주당은 전국적 조직을 가지고 있으며, 수하르토 정권을 비판해 온 선명야당의 기치 하에 1999년 총선에서 33.74%의 득표율로 제1당이 되었다. 그러나 2004년 총선에서는 메가와티 정부에 대한 국민들의 실망과 개혁에 대한 좌절감 등으로 인해 18.53%를 득표하는 데 그쳐 제2당이 되었다.

민주당은 2001년에 유도요노 당시 정치 · 안보 조정장관을 차기 대통령 후보로 추대하기 위한 목적으로 창립되었으며, 2004년 총선에서 7.45%의 득표율을 기록해 정당득표율 순위에서 5위를 차지했다.

통일개발당(PPP)은 1973년 이슬람 계열의 4개 정당이 통합하여 전체 인구의 87%를 차지하고 있는 회교도를 대표하는 정당으로 창설되었으나 나흐다뚤울라마(NU) 등 주요 회교단체가 이탈(1987)하는 등 내홍을 겪었다. 2004년 4월 총선에서는 8.15%의 득표율을 확보하여 정당별 득표순위로 4위를 기록했다.

국민계몽당은 최대의 회교단체인 NU의 지원 하에 창설된 정당으로 개혁성향의 정당이다. 2004년 총선에서는 10.57%의 득표율을 기록했는데, 다소 퇴조하는 양상을 보이고 있다.

인도네시아 여성들은 1941년에 투표권을 획득했으며, 헌법상으로 남녀평등과 기회균등이 규정되어 있고, 이에 의해 여성의 법적 지위가 보장되고 있다. 그러나 다른 많은 나라에서와 마찬가지로 현실적으로는 헌법의 규정이 제대로 충족되고 있지 못하고 있는 상황이다. 인도네시아는 세계 최대의 이슬람국가이지만 법제도는 대체로 세속적인 법체계를 따르고 있다. 그러나 결혼 · 이혼 · 상속과 관련된 문제에서는 이슬람 관습

법이 우선시되고 있다. 그럼에도 불구하고 다른 이슬람 사회의 경우 여성의 사회참여가 극히 제한되어 있는 것에 비하면 인도네시아는 비교적 개방된 이슬람 사회로서 여성의 사회참여가 보장되어 있고, 경제발전에 따라 사회진출이 더욱 활발해지고 있는 상황이다. 유엔개발계획(UNDP)의 '2006년도 인간개발보고서'에 따르면, 인도네시아의 남녀평등지수(GDI, 남녀분리 통계에 따른 문자해득률, 남녀취학률, 평균수명 등에 의거하여 산출됨)는 전체 177개국 중 81위(한국 25위)였다. 여성권한척도(GEM, 여성의원 비율, 여성 행정관리직 비율, 여성 전문 및 기술직 비율 등에 의거하여 산출됨)의 순위는 제시되지 않았으나 여성의 정치참여를 보면 의회에서 여성의원의 비율이 2006년 11.3%(한국 13.4%)였고 2005년 여성각료의 비율은 10.8%로 5.6%인 우리나라보다 높았다. 또한 1998년 수하르토의 전격적인 하야 이후 1999년에 실시된 6 · 7총선에 참여한 48개 정당 중에서 메가와티의 투쟁민주당을 포함하여 4개 정당의 당수가 여성이었다. 요컨대, 여성의 사회적 역할과 참여를 부정적으로 보는 이슬람 문화, 식민통치로부터 독립 이래 장기간 지속된 권위주의적 · 독재적인 남성중심적 정치질서 속에서 여성의 사회 및 정치참여는 전체적으로 저조한 상태를 보이고 있다고 말할 수 있다.

2. 메가와티의 생애와 정치활동

메가와티 수카르노푸트리(Megawati Sukarnoputri)는 1947년 1월 23일 인도네시아 자바(Java)의 요기아카르타(Yogyakarta)에서 인도네시아 '건국의 아버지'로 불리는 수카르노 초대 대통령과 그의 두 번째 부인 파트

마와티의 장녀로 태어났다. 수카르노는 이슬람 율법에 따라 4명의 부인을 두고 있었다. 수카르노푸트리는 '수카르노의 딸'이라는 의미이다. 메가와티는 인도네시아에서는 평범한 이름인데, 메가는 '구름'이란 뜻이고 와티는 여자 이름에 붙는 접미사로서 메가와티 수카르노프리는 '수카르노의 딸, 구름소녀'라는 의미이다. 이런 이름을 가지게 된 것은 메가와티가 구름 낀 날에 태어났기 때문이라고 한다. 메가와티는 아버지 수카르노의 후광 속에서 1966년에 수카르노가 당시 군부 실세였던 수하르토(Suharto)에 의해 권좌에서 밀려나기 전까지 대통령 관저에서 아무런 부족함 없이 자랐다.

메가와티는 반둥(Bandung)에 있는 파자자란(Padjadjaran)대학에서 농학을 공부하기 시작했으나, 아버지인 수카르노가 정치적인 곤경에 처하고 대통령직에서 물러나게 되자 1967년 졸업을 하지 않은 채 학업을 중단했다. 이후 몇 년간 메가와티는 개인적으로 여러 비극과 어려움을 겪게 된다. 우선 1970년에 아버지인 수카르노 전 대통령이 만성신장병과 합병증으로 사망했으며, 첫 번째 남편인 전투기 조종사 수렌드로(Surendro)가 파푸아 지역에서 비행훈련 도중 실종되었다. 그리고 그녀는 인도네시아대학교에서 심리학을 공부하기 시작했으나 이 역시 2년 뒤에 중단했다. 1972년 자카르타 주재 이집트 외교관과 결혼했으나, 실종된 첫 번째 남편의 사망이 공식적으로 선언되지 않았기 때문에 생존해 있을 수도 있다는 고려 하에서 두 번째 결혼은 무효가 되었다. 첫 번째 남편의 사망확인서가 나왔을 때 두 번째 남편은 이미 그녀와 인도네시아를 떠나 이집트로 돌아간 뒤였다. 1973년 현재의 남편인 키마스(T. Kiemas)와 결혼했고, 키마스와의 사이에 2남 1녀를 두고 있다. 키마스는 그녀가 이끄는 인도네시아투쟁민주당 의원이자 사업가이다.

메가와티는 1983년 당시 인도네시아의 합법적인 야당의 하나인 인도네시아민주당(Indonesian Democratic Party : PDI)에 입당했으나 사실상 1987년 국회의원이 되기 전까지 20여 년간 전업주부로 지냈다. 그녀의 여동생 라크마와티(Rachmawati)에 의하면, 메가와티는 결코 말을 많이 하는 적이 없었으며 내향적이었다고 하는데, 그녀는 수카르노의 여러 자식들 중에서 비사교적이고 겸손하며 정치에 무관심한 아이에 속했다고 한다. 그럼에도 불구하고 이미 아버지 수카르노의 정치적 승계자로 고려되었는데, 수하르토와 여당인 골카르당, 군부의 억압적 체제 덕분에 그녀는 가난한 사람들 사이에서 체제에 대항하는 상징적이고 통합적인 인격으로 급속히 커다란 인기를 얻게 된다. 이런 분위기는 PDI의 한 당원의 말을 통해 어느 정도 가늠해 볼 수 있는데, 그는 "우리는 우리가 어떤 민주주의와 변화를 원하는지에 대해서는 생각하지 않는다. 우리는 오직 메가와티를 볼 뿐이다. 그녀는 수카르노이고, 수카르노는 인민을 위해 투쟁했다. 우리는 메가와티가 국가통일과 정의, 번영, 인민의 위대함을 위해 싸울 것이라고 확신한다"고 이야기했다. 메가와티 스스로도 아버지가 자신에게 했던 여러 가지 말들을 종종 인용하면서 수카르노에 대한 국민들의 존경과 향수를 그녀에 대한 지지의 지렛대로 활용했다.

메가와티는 PDI의 자카르타 지부장을 맡으면서 본격적으로 정치에 발을 들여놓는다. PDI는 1973년 수하르토의 정당합병 촉구에 의해 국민당(PNI)과 기독교 및 가톨릭 정당이 통합되어 만들어진 정당으로, 그 이래 입법부를 포함하여 공적인 정치구조와 정치과정에 참여해왔다. PDI는 일종의 사이비 야당으로 볼 수 있는데, 당의 활동기금은 거의 정부기금에 의존했으며, 중요한 당 활동에는 국방부와 내무부 관료들이 항상 참여했다. 따라서 수하르토 독재체제에 대해 근본적인 비판이나 저항을 하지 못했고, 원칙에 대한 모호한 선언 이외의 어떤 당 정책이나 노선도 제시하지 못했다. 1987년 선거전에서 PDI는 1982년 총선에 비해 2.99%의 득표증가율을 보이는데, PDI는 메가와티의 공헌에 대한 감사의 표시로 메가와티와 그녀의 남편에게 의원 자리를 마련해 주었다. 실제로 메가와티가 지방을 방문할 때마다 많은 군중들이 몰려들었고, 각 지역에서 많은 사람들이 새로 당원으로 가입하거나 자원봉사자가 되었다. 국회의원이 된 뒤에도 그녀는 공적인 논의나 논쟁에 거의 참여하지 않았으며, 국회회기에도 종종 불참하는 등 현실 정치활동에 매우 소극적이었다. 그럼에도 불구하고 그녀는 PDI의 당 개혁집단과 동일시되면서 매우 활동적이고 중요한 인물로 여겨졌다.

1993년에 수하르토 독재정권은 수카르노주의(Sukarnism)를 비판하는 선전을 시작했고, 같은 해 수라바야(Surabaya)에서 개최된 PDI 전당대회에서 메가와티가 PDI의 당 의장이 될 것이 확실시됨에 따라 이를 방해하는 공작을 펼쳤다. 그러나 국민의 압력으로 인해 방해공작은 실패로 끝나고, 메가와티는 당 의장에 선출되어 1998년까지 당 의장직을 수행하게 된다. 그녀가 전당대회에 참석하기 위해 수라야바에 도착했을 때 군중들은 길거리에 늘어서서 그녀를 환영했으며, 수백 명의 열광적인 지지자들은 대회장소를 둘러싸고 시위하고 기도했다. 메가와티가 총회가 열리는 장소로 들어가거나 연설을 하기 위해 일어날 때마다 그녀는 군중들에게 둘러싸였으며, 당 내의 메가와티 반대자들이 대회진행을 방해할 때마다 군중들은 소리를 지르고 조소를 퍼부었다. 이러한 와중에서 메가와티는 주변의 상황에 매우 초연한 태도를 보였는데, 이처럼 진행되는 상황이나 군중들의 행동에 대해 침착하고, 초연하다 못해 무관심한 것 같은 태도를 메가와티는 이후의 정치행태에서도 계속 보여준다. 당

의장이 되고 난 뒤 그녀의 얼굴은 다른 어떤 정치가보다도 빈번하게 인도네시아 시사잡지의 표지를 장식하게 되었다. 이처럼 군중들이 메가와티에 대해 열광하는 현상의 원인을 전문가들은 무엇보다도 그녀의 신비주의적 정치행태, 수카르노에 대한 대중적 열광주의의 부활, 수하르토 정권의 지배 엘리트들 간의 분열, PDI라는 합법적 정당을 통한 대중주의적 호소 등에서 찾고 있다.

메가와티가 세력을 키워가게 되자 1996년에 수하르토 정권과 군부는 PDI 내의 어용세력을 동원하여 메가와티를 PDI 당 의장직에서 축출하고자 했다. 수하르토의 골카르당과 군부의 비호를 받는 청년들과 PDI 내 어용세력이 메가와티의 사무실을 습격하는 난동이 발생했는데, 이 장소에 메가와티는 없었지만 이로 인해 메가와티 지지자 5명이 살해당하고 23명이 행방불명되었으며, 149명 이상이 부상당했다. 이 사건을 계기로 메가와티는 '탄압받는 야당지도자'의 이미지를 굳히면서 반(反)독재와 저항 및 민주주의의 상징이 되었고, 또한 국제적인 명성을 얻게 되었다. 이것은 5년 뒤 메가와티가 대통령이 되는 결정적인 토대를 마련해 주었다. 메가와티가 대통령이 된 뒤 흥미롭게도 메가와티 정부는 이 탄압사건을 조사하기 위해 독립적인 조사단을 구성하려는 요구를 받아들이지 않았다.

1996년의 탄압사건 이후 인도네시아에서는 수하르토의 독재를 반대하는 대규모 규탄시위가 벌어졌는데, 수도인 자카르타에서의 소요로 인해 메가와티는 1997년에 실시된 의회선거에 참여할 수 없었고, 이는 그녀의 대중적 인기를 더욱 드높이는 계기가 되었다. 1997년의 아시아 경제위기와 부정부패에 대한 대중들의 높아지는 분노 및 민주화에 대한 열망 등으로 인해 마침내 1998년 32년간 독재를 휘둘렀던 수하르토 정권은 붕괴되었다. 수하르토의 몰락은 메가와티의 인기를 더욱 높였으며, 그녀는 1999년 초에 자신이 이끄는 정당을 인도네시아투쟁민주당(PDI-P)으로 바꾸고 PDI와 결별했다. PDI-P는 여당인 골카르당의 가장 강력한 반대당이 되었으며, PDI는 와해되었다. PDI-P는 1999년 44년 만에 치러진 국회의원 자유선거에서 유권자의 1/3(30.8%)에 해당하는 득표를 하면서 골카르당(득표율 24.0%)을 꺾고 제1당이 되었다. 일반적으로 메가와티의 지지세력은 중하층 서민, 기독교와 힌두교도로 이야기되고 있으며, 이슬람적인 정치세력과 비교해 민족주의적 정치세력으로 분류된다. 그러나 종교 · 종족에 상관없이 한 국가 · 민족으로 통합하자는 것이 메가와티의 투쟁민주당의 이념이다.

새로운 헌법에 의거하여 1999년 10월에 대통령 간접선거가 실시되었다. 메가와티는 그 직전에 있었던 총선을 대승으로 이끌었던 가장 유력한 대통령 후보자였음에도 불구하고 여성대통령을 꺼리는 이슬람 정서, 그리고 국가 최고지도자로서 메가와티의 자질에 대한 시비로 인해 정파 간의 합종연합 속에서 313표를 얻음으로써 373표를 얻은 와히드에게 대통령 자리를 넘겨주고 부통령이 되었다.

와히드의 승리는 메가와티의 승리를 점쳤던 모든 전문가와 정치가들, 그리고 국민들에게 커다란 쇼크였다. 선거에서 승리한 직후에 와히드는 자카르타에 있는 의사당 앞에서 데모하는 군중들을 진정시켜 줄 것을 메가와티에게 부탁했다. 그녀는 "모든 인도네시아 국민이여! 국가의 통일을 보호하고 선거결과를 존중하자"고 외치면서 선거결과를 순순히 받아들였다. 그러나 메가와티 지지자들뿐만 아니라 수하르토의 퇴진 이후 실질적인 개혁을 기대했던 수백만의 사람들에게 메가와티의 패배는 정치적 음모로 여겨졌다. 실제로 모든 관심은 대통령인 와히드가 아니라 오히려 부통령인 메가와티에게 쏠렸는데, "메가와티가 아니면 혁명을!"이라고 외치며 전국에서 연일 계속되던 시위는 급격히 수그러들었다.

증권시장은 그녀가 IMF의 요구조건을 실현할 수 있는 인물로 봄에 따라 주가가 상승했으며, 수백만 명의 노동자와 소농들, 학생, 지식인, 영세 자영업자들은 메가와티가 실제로 민주주의를 위한 개혁을 수행하고 국민의 생활 수준을 향상시킬 수 있는 인물로 기대했다. 국민들이 이처럼 메가와티에게 열광했던 것은 그녀를 54년 만에 민주적 정권교체를 이루어낸 실질적인 주역이자 민심을 대표하는 지도자로 보았기 때문이었다. 요컨대, 1999년에 메가와티는 정치적 강령 없이 단지 '개혁'이라는 슬로건만을 가지고도 서민층의 기대주로서 여겨졌다.

2001년 7월에 와히드가 국민협의회에서 부정부패(조달청 공금횡령 사건인 블록 게이트와 브루나이 국왕 기부금 횡령 사건인 브루나이 게이트)와 실정으로 탄핵되자, 메가와티는 와히드 대통령의 잔여기간인 2004년 10월까지 대통령직을 수행하게 되었다. 사실상 와히드가 탄핵되고 메가와티가 대통령직을 승계했을 때, 메가와티의 투쟁민주당 내에서조차 와히드 탄핵은 골카르당과 군부의 음모라는 이야기가 나돌면서 대통령직을 덥석 받은 메가와티를 비난하는 목소리가 있었다. 정치권을 중심으로 메가와티의 국정수행 능력에 대한 불신감이 팽배해 있었다. 군과 수구세력을 무시할 수 없는 상황에서 메가와티가 어떻게 정치력을 발휘하면서 경제위기 극복과 개혁이라는 최대 현안에다 서(西)파푸아(Papua)와 아세(Aceh)지역의 폭력적 분리주의 운동, 칼리만탄의 인종분쟁, 말루쿠에서의 기독교와 이슬람교도 간의 종교분쟁 등을 해결해 갈 수 있을지에 대해 회의하는 사람들이 많았다. 그럼에도 불구하고 일반 국민들은 여성대통령인 메가와티에게 많은 기대와 새로운 희망을 걸었다.

그러나 유감스럽게도 이러한 국민들의 기대와 희망은 불과 몇 달 만에 커다란 실망으로 바뀌면서 벌써 2001년 말부터 메가와티에 대한 불만이 터져나오기 시작했다. 인도네시아에서 실업과 빈곤은 계속 악화되었고, 인도네시아 NGO들은 메가와티 집권 이후 5개월이 지나면서 개혁이 실종되고 정경유착은 여전하며 부정부패는 늘고 있다고 비난했다. 또한 남편인 키마스는 부정부패 스캔들에 휘말리기도 했다.

2004년 4월에 실시된 총선결과 메가와티가 이끄는 집권여당인 투쟁민주당은 급격한 득표율 하락(18.53%)을 보인 가운데 수하르토 체제를 지탱해 온 골카르당이 21.58%의 득표율을 얻으면서 제1당의 위치로 복귀했다. 이는 메가와티의 국정운영에 대해 상당수의 국민들이 불만과 실망감을 표출한 것으로, 투쟁민주당의 패배는 사실상 메가와티 개인의 패배나 마찬가지였다. 투쟁민주당의 패배원인으로는 개혁노력의 미흡, 높은 물가고 등 민생경제의 불안 및 메가와티 대통령 측근들의 독주로 인해 투쟁민주당의 결속력이 약화되고 중앙당-지방조직 간 균열이 확대된 점 등이 지적되었다. 메가와티 정부 하에서 인도네시아의 루피화(貨)는 안정이 되기는 했지만 높은 실업률 등 1997/98년의 경제위기에서 경제가 회복된 징후는 거의 찾아볼 수 없었다. 또한 아세와 파푸아 지역의 갈등과 소요는 여전히 해결되지 못했고, 또 군대와 경찰에 대한 개혁은 정체상태에 있었다. 골카르당의 제1당 복귀는 골카르당에 대한 지지도 확산에 힘입었다기보다는 메가와티 정부의 실정에 따른 반사이익의 성격이 크며, 수하르토 정권 당시의 공공질서 유지와 안정에 대한 동경현상이 일부 작용한 것으로 판단된다. 또한 2004년 총선에서 신생정당이 크게 선전했는데, 이는 바로 정치풍토 개선과 새로운 리더십을 갈망하는 유권자들의 여망을 보여준다.

곧이어 9월 20일에 인도네시아 헌정사상 최초로 국민의 직접투표에 의한 대통령 선거가 실시되었다. 제2차 투표에서 도전자인 유도요노 전 정치 · 안보조정장관이 61.2%의 득표율로 38.8%의 득표율을 얻은 메가와티를 누르고 대통령에 당선되었다. 유도요노가 당선하게 된 가장 큰 원인은 '변화' 에 대한 국민들의 높은 기대감과 메가와티 정부에 대한 실망감으로 평가된다. 메가와티는 이에 대해 어떤 입장 표명도 없이 짧은 기간 정치에서 물러났다가 2005년 3월에 투쟁민주당 당 의장이 되었다.

3. 메가와티의 정치적 리더십

정치가로서의 메가와티에 대해서는 긍정적인 평가보다는 부정적인 평가가 지배적이다. 그녀의 지지자들은 메가와티가 아버지인 수카르노로부터 카리스마와 정치적 본능, 국민에 대한 사랑, 정직 등을 물려받았으며, 소박, 솔직, 도덕성, 용기, 단호함, 과묵함을 구현하고 있다고 주장한다. 또한 배신이라는 단어를 모를 정도로 상대방에 대한 변치 않는 신뢰를 보임으로써 상대방을 감동시키고 자신의 편으로 만든다고 한다. 특히 부드러움이나 모성 등 그녀의 젠더화된 여성적 자질들이 높이 평가되는데, 이는 무엇보다도 대립이나 투쟁을 싫어하는 원만함과 포용력에서 잘 나타난다고 한다. 메가와티는 수하르토에 대한 투쟁에서 불법적이거나 폭력적인 수단을 단호히 거부하고 오로지 합법적인 수단만을 사용했으며, 바로 이러한 태도로 인해 국민들의 전폭적인 지지를 받았다고 한다. 다시 말하면, 그녀는 대중들을 폭력적 시위로 동원할 수 있는 능력이 충분히 있었음에도 불구하고 그 누구도 그녀의 정치적 이해로 인해 희생자가 되는 것을 원하지 않고 비폭력을 원했기 때문에, 즉 대중들을 정치적으로 동원하지 않았기 때문에 폭넓은 대중적 지지를 받을 수 있었다고 한다.

그러나 메가와티는 경험부족, 정치력 부재, 추진력 부족, 지적 능력의 취약, 통합적 사고력의 결핍, 우아한 우유부단 등 정치가로서 치명적인 부정적 평가들을 수없이 달고 다녔다. 투쟁민주당과 함께 일하기도 하고 메가와티와 정치적 연대를 맺었던 와히드 대통령은 한 언론과의 인터뷰에서 메가와티는 멍청하기는 하지만 국민들의 사랑을 받고 있기 때문에 그것으로 충분하다는 식의 이야기를 하고 있다. 또한 그녀가 대통령에 즉위한 지 얼마 지나지 않아 소위 '메가와티 농담'이 유행하게 되었는데, 여기에서 메가와티는 "평소 아무 것도 하지 않으면서 미소만 짓는 뚱뚱한 벙어리 여인"으로 묘사되고 있으며, 사람들은 그녀를 '메가' 와티(Mega-wati)가 아니라 '미니' 와티(Mini-wati)로 부르면서 조롱했다.

메가와티는 그녀의 아버지인 수카르노가 가지고 있던 정치적으로 화려한 수사적(rethoric) 언변이나 당시의 사람들을 열광시켰던 강한 신념의 카리스마를 가지고 있지 않으며, 정치적 리더십이 매우 약하고 정치적 조정능력이나 기술, 전략적 사고도 거의 없는 것으로 평가된다. 그녀의 정치활동은 '정치적 수동성'이라는 단어로 요약된다. 예를 들어, 1999년 수하르토의 몰락 이후 비상사태에 가까운 위기시에 메가와티는 분명한 정치적 입장을 가지고 특별히 어떤 지도력이나 정치력을 보이지 않았다. 1998년 5월 항쟁에서도 수많은 젊은이들이 수하르토 독재타도를 외치며 쓰러져 가던 때에 그녀는 단지 침묵으로 일관했으며, 이로 인해 학생들은 "메가와티는 학생들의 피가 서린 열매를 앉아서 받아먹지 말라"고

분노했었다. 이러한 침묵과 수동성은 2001년의 와히드 탄핵정국에서도 유감없이 발휘되었는데, 이때에도 그녀는 단 한마디의 개인적인 견해나 정견을 밝히지 않았다고 한다. 이러한 정치적 수동성은 더 나아가 그녀의 정치철학이나 이념의 모호성으로 나타난다. 대통령직을 이어받았을 때에도 그녀는 정부수반으로서 명백한 정치적 방향과 비전을 제시하기보다는 써준 연설문을 단 한 문장도 틀리지 않게 5분간 낭독하고는 단 하나의 질문도 받지 않은 채 우아한 미소를 지으며 자리를 떠났다고 한다. 메가와티의 이러한 행태에 대해 인도네시아의 한 인권변호사는 "침묵으로 위장된 카리스마에 질렸다"고 비난한다. '위대한 인도네시아'라든가 '인도네시아 민족주의'라는 말들을 많이 하기는 했으나 메가와티의 정치철학이나 이념이 무엇인지는 매우 애매모호하다는 평가이다.

그녀는 이처럼 중요한 국가적 사안이나 문제들에 대해 자신의 입장을 공식적으로 밝히지 않는 것뿐만 아니라 국민들과 대화하거나 접촉하는 것도 싫어했다고 한다. 정치가들이나 저널리스트, 국가관료 및 기업가들과의 만남도 인터뷰를 거부하는 것만큼이나 가능하면 회피하고자 했다. 그녀는 공적 업무를 떠나 주로 대통령궁에 칩거해 있기를 원했다. 언론과 대중을 기피하는 메가와티의 이러한 태도는 늘 구설수에 올랐고, 이 모든 것들이 그녀에게 '벙어리'라는 별명을 붙여주었다. 그녀의 이러한 정치적 수동성을 그녀의 남편인 키마스가 어느 정도의 균형을 잡아주었는데, 그는 이미 언론에서는 비공식적인 막후 대통령으로 여겨졌다.

사실상 통치한다는 것이 메가와티에게는 기꺼이 피하고 싶은 매우 부담스러운 의무로 여겨진 듯하다. 그녀는 정원 가꾸기나 쇼핑, 낮잠 자는 것보다도 정치적 활동과 행정업무에 대해 적은 열정을 보였다고 한다. 측근들은 그녀를 매우 비정치적인 인물로 그리고 있는데, 그녀는 인도네시아 요리에 대해서는 광범위한 지식과 능력을 보였던 반면에, 각료회의에서는 항상 침묵을 지켰다고 한다. 이러한 침묵은 겸손함이나 전략적 계산에서 나온 것이 아니라, 스스로 분명한 정치적 전략이나 원칙을 가지고 있지 않고 정말로 아는 것이 없어서 할 말이 없기 때문이었다고 한다. 이로 인해 그녀의 지식 부재나 지적 능력의 취약함에 대한 비난이 나오고 있다.

그렇다면 도대체 왜, 그리고 무엇 때문에 정치에 투신을 하고 대통령이 되었는가. 그것에 대한 정확한 이유는 알 수 없는데, 왜냐하면 메가와티가 한번도 그와 관련하여 자신의 생각을 밝힌 적이 없기 때문이다. 단지 분명한 것은 그녀는 아버지의 후광 속에서 인도네시아의 국가적 통일의 상징이라는 역할을 하고 있다는 점이다.

메가와티의 이러한 정치적 수동성에 대해서 일부 사람들은 메가와티가 자바 지역에서 전해오는 신화를 모방하고 있다고 주장한다. 이 신화는 훌륭한 왕이 사악한 왕자에 의해 축출되지만 왕의 딸이 수년 후에 사악한 왕자를 몰아내고 즉위하여 일상 정치에는 거의 간섭하지 않는 '훌륭한 여왕'이 된다는 내용을 담고 있다. 여기에서 메가와티의 아버지 수카르노는 '훌륭한 왕'으로, 수하르토는 왕을 몰아낸 '사악한 왕자'로, 그리고 메가와티는 왕의 딸로서 일상 정치와 국가업무에는 간여를 하지 않는 '훌륭한 여왕'으로 상징화된다는 것이다. 여성의 침묵과 기다림을 중요한 미덕으로 보는 문화 속에서 수동적인 자신의 정치적 이미지를 신화를 이용하여 정당화하고 있다는 것이다. 한편, 애스피널(Aspinall)은 메가와티의 정치적 수동성이 그녀가 위대한 정치가가 될 수밖에 없는 숙명을 타고 났다는 그녀의 확고한 믿음에 있다고 본다. 그녀가 어떠한 원칙과 방향 속에서 정치를 펼칠 것인가에 대해 고민이나 공부를 하든

하지 않든 간에, 어떻게 수하르토 정권에 저항하고 정권획득을 할 것인가에 관해 전략이나 행동방침을 세우든 세우지 않든 간에 어느 날 운명적으로 아버지에게서 물려받은 과업을 성취하는 날이 올 것이라고 확신했다고 한다. 그래서 그녀는 법을 준수하면서 침묵 속에서 기다리는 입장을 취했다고 한다.

숙명적인 기다림이라는 수동성의 전략은 메가와티가 2001년에 대통령이 되면서 일견 성공한 것으로 보인다. 그러나 그녀가 대통령이 된 이후에도 지속된 정치적 수동성은 결국 그녀가 국민들에게 불러일으켰던 기대가 컸던 만큼 국민들을 매우 실망시켰고, 이는 결국 2004년 국회의원 선거와 대통령 선거에서의 패배로 이어졌다. 그녀의 대통령 재임기간 동안 그녀는 군부의 꼭두각시에 불과하다는 평가를 받을 정도로 군부는 계속 영향력을 가지고 있었으며, 국가발전을 위해 필요한 정치적 · 경제적 개혁은 수행되지 못했다. 국가채무 이행에 들어가는 돈이 국가예산의 반 정도를 차지하고 있으며, 생필품과 휘발유 가격 등의 물가상승, 4,000만 명에 달하는 실업자, 외국인의 투자기피, 부정부패의 만연, 빈곤의 심화 등 국가의 거대한 문제들을 해결하지 못했다. 이것의 가장 중요한 이유의 하나가 메가와티의 정치적 관철능력의 부족 내지는 우유부단함 및 목적의식의 부족, 아마추어적인 문제 접근방식 등 메가와티의 정치적 리더십의 결핍이 이야기되고 있다.

메가와티는 여성문제에 대해서도 무관심했다. 오히려 반여성주의적인 성향을 가졌다고 할 수 있다. 예를 들어, 메가와티가 대통령으로서 실시한 첫 번째 업무 가운데 하나가 여성부를 폐지한 것이다. 또한 그녀는 2003년 국회에서 통과된 의원후보 여성할당제 법안을 공개적으로 비난했다. 그녀는 "여성은 단지 매력 때문에 정치권에 있다는 인상을 줄 수 있기 때문에 할당제에 동의하지 않는다. 여성은 독자적인 능력으로 국회의원에 당선되어야 한다"고 역설하면서, 국회가 여성 지위향상을 목적으로 2004년 6월 실시되는 총선부터 입후보자 가운데 최소 30%를 여성으로 채워야 한다는 내용의 법안을 통과시킨 것에 대해 노골적인 반대 입장을 표명했다. 인도네시아 한 여성운동가는 메가와티는 "여성을 배반한 여성이며 남성보다 못한 여성"이라고 격렬히 비판했다. 사실상 이는 그녀가 일생동안 여성으로서의 어려움을 느껴보았을지 의심스러우며, 또한 처음부터 여성을 위한 또는 여성의 대표로 부통령이나 대통령이 된 것이 아니라는 점에서 그다지 놀라운 일은 아니다. 그녀는 보통의 여성들이 날마다 하고 있는 일상적인 노동이나 어려움을 평생 동안 겪어본 적이 없을 것이고, 항상 대접받으며 안락한 삶을 살았을 것이다. 따라서 심각하게 여성문제를 고민했다거나 성차별 타파를 위해 노력할 필요를 느끼지 못했고, 그와 함께 여성주의적 인식이 매우 약하다는 것은 자명하다.

메가와티는 대통령이나 총리가 되었던 대부분의 아시아 여성정치인들처럼 전형적으로 아버지의 후광에 의해 정치에 입문했고 대통령이 되었다. 그녀는 현실정치에서의 치열한 투쟁과 경험을 통해 정치가로서 성장한 것이 아니며, 따라서 정치적 능력을 입증함으로써 자질을 인정받아 최고위직에 오른 것이 아니다. 이러한 유형의 여성정치가 리더십은 '달님형 리더십'이라고 명명될 수 있다. 달님형 리더십은 정치적 자질이나 능력 및 관심이 보통 수준 이상을 넘어가지 못하면서, 주로 아버지나 남편의 업적과 기억에 감성적으로 의존하면서 가문의 배경을 업고 정치적 리더십을 발휘하는 경우이다. 다시 말하면, 달이 자체적으로 빛을 발하는 것이 아니라 태양 빛을 받아서 이를 단순히 반사해서 빛날 수 있는 것처럼, 이들 여성정치인들은 아버지나 남편의 후광을 받아서(이들의 아버지나 남편은 대부분 암살을 당했거나 쿠데타 등에 의해 폭력적으로 권력에서 축출되었다는 공통점을 가진다) 정치적 리더십을 발휘하는 것이다. 주로 아시아의 여성정치인들에게서 달님형 리더십이 발견되고 있는데, 왜 이들이 자신들의 남자 형제들보다 아버지의 정치적 승계자로서 선호되는가. 그것은 아마도 많은 경우 그들은 정치무대에 등장하기 이전에는 정치에 대해 그다지 관심이 없었고, 또한 전통적으로 아버지의 딸로서 순종적으로 양육되었기 때문에 정당의 퀸메이커나 막후세력가의 입장에서는 편하게 활용될 수 있는 상대이기 때문일 것이다. 물론 달님형 리더로 출발했더라도 자신의 정치적 능력과 자질을 입증하고 훌륭한 정치지도자가 되는 여성도 있다. 이들 여성들은 다른 유형으로 정의되어야 할 것이다.

메가와티의 경우, 그녀의 정치적 자산인 아버지 수카르노의 후광은 2004년의 총선과 대통령 선거를 통해 그 빛이 상당히 약해졌다고 볼 수 있다. 오로지 수카르노의 딸이라는 이유만으로 그녀에게 무조건적으로 열광하는 지지자들도 물론 있지만, 그녀가 자신의 뚜렷한 정치적 비전과 목적 및 행동을 통해 독자적인 능력과 개인적인 광휘를 발휘하지 않는 한, 앞으로 정치 리더로서의 그녀의 입지는 점점 더 좁아질 것으로 예상된다.

참고문헌

양승윤. 2003. 『인도네시아』. 서울 : 한국외국어대학교 출판부.

『한겨레 21』. 제362, 370호, 2001. 제391, 396, 408호, 2002. 제449호, 2003.

Bourchier, David & Hadiz, Verdi R.(eds.). 2003. *Indonesian Politics and Society : A Reader*. London : Routledge Curzon.

Aspinall, Edward. 2005. *Opposing Suharto : Compromise, Resistance, and Regime Change in Indonesia*. Stanford : Stanford University Press.

"Erbinnen der Macht." (http://qantara.de/webcom/show_article.php?wc_c=502&wc_id=36&wc_p=1).

"Die Luft wird dünner für Präsidentin Megawati." (http://www.kas.de/publikationen/2003/1578_dokument.html).

"Die Unsichtbare." (http://zeus.zeit.de/text/2004/28/Indonesien).

사진 출처 http://images.google.com/

도이 다카코

평화헌법과 결혼한 일본 진보정치의 대모

정미애

"산을 움직인 여성", "사회당 재건의 마돈나", "평화헌법과 결혼한 여걸"….

자민당 일당우위체제 하에서 여소야대를 실현하고 일본사회당이 위기에 처할 때마다 사회당을 일으켜 세웠으며, 평생 독신으로 살며 평화헌법을 지켜내기 위해 한 길을 걸어온 도이 다카코(土井たか子)를 일컫는 수식어들이다. 2005년 총선에서 패한 후 지금은 비록 정계를 은퇴했지만 그녀는 여전히 일본 여성정치인의 대모이며 사회당의 상징적 존재로 자리하고 있다.

헌법학자로서 "헌법으로부터 점차 멀어지고 있는 정치를 위해" 사회당에 입당하여 1969년 중의원 선거에서 첫 당선한 이후 그녀는 연속 12회 당선이라는 기록을 세웠다. 또한 도이는 일본 최초의 여성 당수, 일본 최초의 여성 국회의장(중의원)이기도 했다. 그런 그녀가 34년간 지켜온 자신의 선거구에서 패배한 후 화려했던 정치경력을 뒤로 한 채 정계를 은퇴하게 된 이유는 일본의 보수우경화와 맞물려 있다고 할 수 있다. 이 글에서는 자민당 일당우위체제 하에서 제1야당이었던 일본사회당의 위상과 역할, 그리고 사회민주당(일본사회당은 1996년 당명을 사회민주당으로 변경)의 몰락, 일본 정계에서의 여성의 진출상황을 살펴본다. 그리고 그 안에서의 도이의 정치인생과 리더십을 살펴보고, 오늘날 일본사회에서 그녀의 정계은퇴가 갖는 의미를 되새겨 보고자 한다.

1. 일본의 정치체제 : 자민당 일당우위체제 하의 사회당과 보수우경화 속의 사민당

일본에서는 1955년 좌 · 우파로 분열되었던 일본사회당(이하 사회당)이 통합되고 보수합동으로 자유당과 일본민주당이 합당하여 자유민주당(이하 자민당)이 성립됨으로써 이른바 '55년 체제'가 탄생했다. '55년 체제'의 성립 이래 1993년 자민당이 중의원 과반수 의석 획득에 실패하여 비자민 연립정권이 등장하기까지 38년간 자민당은 정권을 장악했다. 이러한 자민당의 장기집권은 38년간 일관되게 중의원의 과반수를 점해왔으며, 단독으로 정권을 유지했다는 점에서 세계 정치사에서 유례가 없는 전형적인 일당우위체제라고 할 수 있다. '55년 체제'가 붕괴된 1993년 이후에도 비자민 연립정권이 집권했던 10개월 남짓한 기간을 제외하면,[1] 비록 '55년 체제' 하에서의 일당우위체제와는 다르지만 자민당은 타정당과 연립하면서도 여전히 일본의 정당 중 가장 우월적이고 지배적인 위치를 차지하는 집권여당으로 군림하고 있다.

일당우위체제는 다당제의 일종의 변형으로 볼 수도 있지만 양자의 정치과정에는 큰 차이가 있다. 즉 일당우위체제에서는 동일정당이 지배하는 정부 및 의회가 장기간 존속하고, 나아가 당분간 정부나 의회에 커다란 변화가 없을 것이라는 전제 하에서 각 정치행위자가 행동한다.

일당우위체제가 성립하기 위한 일반적 조건은 특정정당이 체제의 정통성을 자신들의 것으로 하는 것이다. 일본국헌법 제9조는 전쟁의 포기와 군사력 보유를 금지하고 있어 이른바 '평화헌법' 으로 불리며, 일본의 정당구도 역시 기본적으로 헌법이 명시하고 있는 평화주의의 기본 이념을 둘러싸고 보혁(保革) 대립구도가 형성되었다. 헌법개정을 통해 '보통국가화' 하려는 자민당 중심의 보수세력과 평화헌법을 지켜내는 것, 즉 호헌(護憲)을 목표로 하는 혁신세력의 대립이다. 이러한 이유로 '55년체제' 를 흔히 '보혁 이데올로기 대립구조' 라고 부르고 있다.

현행 헌법의 개정을 당의 기본 정책으로 표명하고 있는 자민당은 1960년의 안보투쟁(미일 안전보장조약의 개정을 반대한 시민운동) 이래 헌법개정에 집착하지 않고 헌법의 재해석을 통해 자위대 창설 및 자위대의 유엔 평화유지활동(PKO) 참가, 주변사태법 및 유사법제 제정 등을 이루어냈다. 즉 자민당은 헌법개정 없이 우회적 방법을 통해 사회갈등을 최소화하는 한편, 고도경제성장에 성공함으로써 국민통합에 성공하여 체제의 정통성을 확보한 것이다. 또한 자민당은 국내외 환경변화에 유연하게 대응했고, 여론에도 민감하게 반응하여 환경, 복지의 영역에서 야당의 정책을 도입하기도 하고, 자민당 자체가 '포괄정당화' 하여 자민당의 전통적인 지지기반인 농촌뿐만 아니라 사회당 지지성향이 강했던 도시 주민의 이익에도 부응해 왔다.

반면, 전후 일본에서는 일본사회당 및 일본공산당 등의 사회민주주의 정당이 정권에서 거의 소외되었다. 그 이유로서 전전(戰前)에는 군국주의에 반대했던 사회민주주의 세력이 억압되었고, 전후(戰後)에는 1960년대 이후 산업의 고도화 등에 따라 산업화, 대중사회화가 급속히 진행되었기 때문에 시민의 계급의식이 희박해져 사회민주주의 세력이 성장할 수 없었다는 점이 주로 지적되고 있다.

따라서 자민당 일당우위체제 하에서 일본의 야당, 특히 사회주의 정당의 역할과 위상은 매우 제한적일 수밖에 없었다. 일본의 혁신정당의 기본 노선은 평화주의였으며, 따라서 그들의 1차적 목표는 호헌이었다. 그러나 60년의 안보투쟁과 그 이후의 급속한 경제성장에 따라 자민당 등의 보수정당은 개헌문제를 보류하게 되었고, 호헌세력의 중심역할을 했던 사회당은 비판의 대상을 잃게 되었다. 그러나 사회당은 집권을 목표로 다른 정당과의 연합을 추구하거나 외교 · 국방문제에서 기본적인 정책전환을 꾀하기보다는 호헌에 집착함으로써 점차 지지기반을 잃어갔다. 자민당 일당우위체제 하에서 사회당은 줄곧 제1야당이었으나 양대 정당이라고 하기에는 의석수에 있어서나 정치적 영향력에 있어 자민당에 비견될 수 없었다. 흔히 '55년 체제'를 '1.5정당제'[2] 혹은 '일당우위양당제' 등으로 부르는 이유가 여기에 있다.

한편, 1993년 제40회 중의원 총선거에서 자민당은 과반수 의석 확보에 실패하여 야당으로 전락하고 자민당과 공산당을 제외한 비자민 8당파에 의한 연립정권이 등장했다. 이로써 자민당 일당우위체제의 '1.5정당제'도 막을 내리고 사회당은 연립정권에 참여함으로써 만년 야당에 종지부를 찍게 되었다. 특히 1994년 6월 하타(羽田孜) 정권이 붕괴한 후 자민당은 정권에 복귀하기 위해 자민당과 사회당의 연립정권 수립을 추진했다. 이를 위해 사회당에 수상 자리를 제안하여 당시 사회당 위원장이었던 무라야마 토미이치(村山富一, 1994. 6. 30-1996. 1. 11 재임)가 수상

에 취임하게 되었다. 수상이 되자 무라야마는 사회당 창당 이래의 기본 정책을 번복하여 자위대 합헌론, 미일안보조약 견지, 히노마루(日の丸. 일본의 국기, 정식명칭은 일장기(日章旗))·기미가요(君が代. 일본의 국가)[3)]의 존중 등을 인정함으로써 연립여당으로서 사회당의 역사적인 전환을 꾀했다.

무라야마 수상의 퇴임 이후 사회당은 1996년 1월 사회민주당(이하 사민당)으로 당명을 변경했다. 9월에는 다수의 의원이 탈당하여 같은 해 새롭게 결성된 (제1차) 민주당에 합류하고, 사민당 자신은 1996년의 중의원 총선거에서 겨우 15석밖에 얻지 못해 '호헌'으로 특화된 소정당으로 추락하였다. 사민당은 사회당을 계승하여 1998년 5월까지 자민당, 신당 사키가케와의 3당 협의틀을 유지했으나 이후에는 다시 야당으로 선회했다. 사민당은 중의원 총선거에서 2000년에 19석, 2003년 6석, 2005년 7석에 그쳐 법안제출권이 없는 소정당의 신세로 전락했으며, 과거의 영광을 회복하기란 거의 불가능해 보인다.

사회당(사민당)의 몰락은 예견된 것이었다. 사회당 지지도의 장기 하락현상은 고도산업사회에 대한 정책적 부적응과 유권자들의 사회주의 국가 현실에 대한 환멸 때문이라고 하는 것이 일반적인 견해이다. 노동자 계급의 계급의식 약화와 산업화의 진전에 따른 노동자 계급의 해체로 인해 사회당의 주요 지지기반인 노동자 계급은 수적 감소와 의식의 변화가 일어나고 있었던 것이다. 특히 사민당은 자민당과의 연립정권 참여에 의해 정체성의 상실을 야기함으로써 당의 입지를 급격히 약화시켰다. 또한 거품붕괴 등 포스트 냉전시대 일본 사회의 변화를 읽지 못한 채 새로운 비전을 심어주지 못한 것도 몰락을 가속화시킨 요인이다.

한편 고이즈미(小泉順一郎), 아베(安倍晋三)로 이어지는 자민당의 개헌노선과 이에 대한 여론의 지지가 상승하고 있는 가운데 사민당의 호헌노선[4)]이 일본 사회에서 어느 정도의 설득력을 유지할 수 있을지 의문이다. 더욱이 사민당은 사회주의 정당으로서 친북노선을 유지해 왔는데, 최근 북한에 의한 일본인 납치문제 및 핵문제 등이 불거지고, 그것이 일본인들의 공분(公憤)을 사서 반북 분위기가 강하게 조성되어 있는 만큼 사민당의 입지는 더욱 협소해지고 있다.

본장에 대한 이해를 돕기 위해 일본의 국회에 대해 간단한 설명을 덧붙이면 일본의 국회는 양원으로 구성된다. 미국의 하원(下院)에 해당하는 중의원(衆議院)과 상원(上院)과 유사한 참의원(參議院)이 있다. 중의원의 임기는 4년이지만 임기만료 전이라도 내각이 중의원을 해산하면 의원자격을 상실한다. 한편, 중의원에서 내각불신임안이 결의되고 10일 이내에 중의원을 해산하지 않을 경우 내각은 총사퇴하지 않으면 안 된다. 참의원의 임기는 6년이고 의원정수의 반을 3년마다 개선(改選)한다.

일본국헌법은 예산의 의결, 조약의 승인, 내각총리대신의 지명에 있어 중의원에 참의원보다 우월적 지위를 부여하고 있다. 더욱이 중의원만 내각신임 · 불신임결의권을 갖고 있다. 헌법상의 지위뿐만 아니라 실질적으로도 중의원은 1994년까지는 중선거구제, 1996년 선거부터 소선거구제에 의해 의원을 선출하는 반면, 참의원은 도도부현(都道府県) 단위의 광역자치단체를 선거구로 하는 대선구제를 채택하고 있어 중의원이 보다 지역대표성이 강하다.

2. 일본에서의 여성의 정치참여

2005년 유엔개발계획(UNDP)이 발표한 「인간개발보고서」에 의하면, 일본의 인간개발지수(Human Development Index : HDI)는 측정 가능한 177개국 중 11위, 여성개발지수(Gender Development Index : GDI)는 측정 가능한 144개국 중 14위이다. 이에 비해 여성권한척도(Gender Empowerment Measure : GEM)는 측정 가능한 80개국 중 43위에 불과했다.[5] 일본의 경우는 HDI, GDI와 GEM의 편차가 매우 심한 편이라고 볼 수 있다. 즉 여성의 취학률이나 대학교육 등 인간 개발 · 젠더 개발의 측면에서는 앞서 있으나 여성이 정치 및 경제활동에 참여하여 의사결정에 참여하는 기회와 그 영향력은 충분하지 않다는 것이다. 이하에서는 일본 여성의 정치참여에 대해 구체적으로 살펴본다.

일본 최초의 선거는 1889년으로 일본에서는 근대부터 일찍이 선거가 실시되어 왔다. 그러나 1889년 당시 선거권자는 만 25세 이상의 남성으로서 국세 15엔 이상을 납부하는 자로 제한되었다. 이후 1925년에 납세조건이 철폐되어 만 25세 이상의 남성이라면 누구나 선거권을 가질 수 있도록 되었으나, 여성에게 선거권이 부여된 것은 1945년 제2차 세계대전의 패전으로 연합군이 일본을 점령하면서 연합군에 의한 전후개혁의 일환으로 외생적으로 이루어졌다(지방참정권은 1946년).

여성의 참정권이 인정된 후 1946년에 실시된 전후 첫 선거에서는 39명의 여성의원이 당선되는 쾌거를 이루었다(의원정수 466명, 여성의원의 비율 8.4%). 그러나 이 기록은 2005년 9월 43명의 여성의원이 당선되기 전까지 60년간이나 여성의원이 가장 많이 당선되었던 선거라는 기록을 유지해 왔다. 더욱이 2005년 중의원 총선거에서는 일부 정당에서 여성 후보자를 비례대표 명부의 상위에 올려놓는 적극적 개선조치로 인해 비례구에서 여성이 24명 당선된 결과가 반영된 것으로 지역구에서 당선된 여성의원은 19명에 불과한 만큼 1946년의 기록은 여전히 역사적 의미를 지닌다.

일본의 여성 의원수는 1946년 이래 줄곧 한 자리수를 유지해 왔고, 여성의원의 비율도 1-2%를 벗어나지 못하는 매우 저조한 상태에 머물러 왔다. 다행히 1996년 제41회 총선거에서 '소선거구제 비례대표병립제'가 도입되고부터 여성의원의 비율은 1996년 4.6%, 2000년 7.3 %, 2003년 7.1%, 2005년 9.0%로 계속해서 증가추세를 보이고 있다. 이는 일반적으로 소선거구제가 여성에게 불리한 점에 비추어 보면 이례적인 현상인데, 그 주된 이유는 앞서 기술한 바와 같이 비례대표로 당선되는 여성 의원수가 증가한 데 있다.

일본 역사상 가장 많은 여성 국회의원의 당선이라는 기록에도 불구하고 현재 일본의 여성 국회의원 비율인 9.0%는 2006년 10월 31일 현재 국제의원연맹(Inter-Parliamentary Union : IPU) 회원국 189개국 중 97위에 해당하는 수준으로, 이는 회원국 평균인 16.9%, 아시아 국가 평균인 16.4%에도 미치지 못하는 매우 낮은 비율이다.

다음으로 국회에서 여성이 맡고 있는 직책을 보면, 1993년 당시 사회당 위원장이었던 도이가 여성으로서는 일본 의정사상 처음으로 중의원 의장에 취임하여 3년간 의장직을 수행했으나 이후 10여 년이 지나도록 여성의장은 나오지 않고 있다. 현재 중의원의 경우 의장, 부의장뿐만 아니라 17개의 상임위원회와 8개의 특별위원회 중 위원장이 여성인 위원회는 단 하나도 없다. 참의원의 경우는 중의원에 비해 여성의 위상이 그나마 나은 편으로 여성의원인 오기 치카게[扇千景, 본명은 하야시 히로코(林寛子)]가 의장을 맡고 있다. 참의원에도 17개의 상임위원회와 8개의 특별위원회가 있는데, 이 중 여성위원장은 〈북한에 의한 납치문제 등에 관한 특별위원회〉 위원장을 맡고 있는 모리 유코(森裕子)가 유일하다.

한편, 전후 일본 내각에서의 여성의 위상을 살펴보면, 여성 국무대신은 이케다(池田勇人) 내각에서 1960년 나카야마 마사(中山マサ)가 후생대신에 임명된 것이 최초이다. 나카야마 마사 이후 곤도 츠루요(近藤鶴代)가 과학기술청 장관으로 뒤를 이었으나, 이후 나카소네(中曾根康弘) 내각에서 1984년 이시모토 마유미(石本眞弓)가 환경청 장관에 임명되기까지 1963년부터 1984년까지의 20여 년간 여성각료는 한 명도 없었다. 국무대신에 여성을 가장 많이 기용한 내각은 고이즈미 내각이다. 기존의 내각이 여성을 기용하더라도 주로 환경청 장관이나 후생대신 등 이른바 여성친화적 자리에 임명하는 경향이 강했으나 고이즈미 내각에서는 2001년부터 2006년까지 8명의 여성각료를 법무, 외무, 문부과학 등의 요직에 기용했다. 반면, 관방장관 시절부터 보수주의적 색채를 강하게 드러냈던 아베 총리는 2006년에 새로이 출범한 내각에서 두 명의 여성을 주요 성청의 각료가 아닌 특명담당대사에 임명하고 있을 뿐이다. 한편, 아베 총리는 총리 취임 이후 일본 왕실에 41년 만에 왕자가 태어나자 그동안 논의되어 왔던 '여성 및 모계 황족'도 천황을 승계할 수 있도록 하는 방안을 백지화하여 여성에 대한 보수적 성향을 드러내기도 했다.

3. 도이의 경력 및 정치인생

도이는 1928년 11월 30일에 효고현(兵庫県) 고베(神戸) 시에서 태어났다. 2남 3녀의 5남매 중 둘째로 아버지는 내과의사였다. 효고현립 제3고베고등학교를 졸업하고 1945년 교토(京都)여자전문학교(현재의 교토여자대학) 외국어과에 입학했으나, 대학 3학년 때 헨리 폰다(Henry Fonda) 주연의 「Young Mr. Lincoln」이라는 영화를 보고 차별받는 흑인을 변호하는 주인공에게 감동받아 변호사가 되기로 결심한다. 그런 생각을 하던 중 마침 도시샤(同志社)대학 교수이며 헌법학자인 다바타 시노부(田畑忍)의 "헌법 9조와 평화주의"라는 강연을 듣게 된 것을 계기로 1949년 도시샤대학 법학부 3학년에 편입학했다. 다바타는 도이에게 사법고시보다 헌법을 연구하는 연구자가 되길 권유했고, 도이는 대학원에 진학하여 다바타의 지도를 받았다. 1956년 대학원 졸업 후 중의원선거에 입후보한 1969년까지 도시샤대학 등에서 시간강사를 하면서 헌법학자의 길을 걸었다.

1963년 호헌연합의 하부조직인 〈효고현 헌법을 지키는 모임〉의 사무국장으로 취임, 1964년에는 다바타 교수를 중심으로 한 〈헌법연구소〉의 사무국장으로 취임했다. 1965년 고베 시 직원노조의 추천과 사회당 시의회 의원단의 제안으로 여성으로서는 최초로 고베 시의회의 인사위원이 되었다. 1968년 사회당으로부터 입후보 제의를 받고 "헌법으로부터 점차 멀어지고 있는 정치를 위해" 헌법학자로서 입후보 제의를 수락하고, 1969년 당시의 중의원 효고 2구에서 일본사회당에서 입후보하여 당선했다. 1984년에 다나카 스미코(田中壽美子)의 후임으로 일본사회당 부위원장에 취임, 1986년에 일본 헌정사상 최초의 여성위원장(사회당의 최고책임자는 위원장)이 되었다(1986. 9-1991. 7 재임).

사회당 위원장 취임 후 치러진 1989년 제15회 참의원 선거에서는 도이의 인기에 힘입어 사회당은 사회당이 개선(改選) 의석의 배 이상을 획득하고 일본 정치사상 최초로 여소야대를 실현했다. 이때 "산이 움직였다(山が動いた)"는 명문구로 유명해졌다. 또한 당시 도이 당수는 '마돈나 선풍'을 일으켰다. 1989년 참의원 선거 때 여성의원이 22명 당선됐는데, 그 중 11명이 당시 도이 사회당 위원장이 이끄는 사회당 소속이었다. 당시의 마돈나 선풍은 3% 소비세에 대한 반발과 우노(宇野宗佑) 총리의 여성 스캔들이 겹쳐져 "남성에게 정치를 맡겨둘 수 없다"는 심리가 강하게 작용한 결과라고 할 수 있으며, 남성중심의 정치사회에 경종을 울린 쾌거였다.

여야당이 역전된 참의원에서 수상으로 지명되었으나 중의원에서는 자민당의 가이후 도시키(海部俊樹)를 지명하여 중 · 참의원의 수상지명이 서로 달랐기 때문에 헌법이 제정된 후 41년 만에 처음으로 양원 협의회가 열렸다. 그러나 양원의 의견이 모아지지 않아 일본국헌법 제67조의 중의원 우월규정에 의해 애석하게도 가이후가 수상이 되었다. 1990년의 제39회 중의원 총선거에서도 '도이 붐'은 이어졌고, 도이는 참의원에서의 승리에 이어 "또 하나의 산을 움직이지 않으면 안 된다"고 호소하여 사회당은 51석 의석이 늘어 136석을 차지했다. 그러나 도이는 1991년 통일 지방 선거에서 참패하자 사회당 위원장을 사임했다.

사회당 위원장 사임 이후 도이는 1993년 8월부터 여성으로서는 처음으로 중의원 의장에 취임했다. 의원내각제를 채택하고 있는 일본에서 여성이 중의원 의장에 지명된 것은 획기적인 사건이었다. 아직 여성총리가 배출되지는 않았지만 도이가 중의원 의장을 역임했고, 앞서 지적한 바와 같이 오기가 참의원 의장을 역임하고 있는 점은 향후 일본 여성의 국회에서의 위상이 크게 높아질 것이라는 점을 알려주는 것이라고 할 수 있다.

중의원 의장으로서 도이는 의원을 호명할 때 "○○상(さん)"이라고 불러 화제를 모았다. 일본에서 이름을 부를 때 이름 뒤에 상(さん)을 붙여서 부르는 것은 윗사람에게는 경의를, 아랫사람에게는 정중함을 나타내는 것이 된다. 일본 국회에서 의장은 모든 의원을 "○○군(君)"으로 호칭한다. 그러나 도이가 중의원 의장을 역임한 1993년부터 3년간 도이는 중의원 본회의에서 "○○군" 대신 "○○상"을 사용했다. 일본의 경우, 특히 조직사회에서 "○○군"으로 부르는 것과 "○○상"으로 부르는 것은 위계의식 및 양성 평등의식과 관련된 문제로, 도이가 오랜 전통을 깨고 중의원 의장으로서 의원들을 "○○상"이라고 부른 것은 그녀의 양성 평등의식을 단적으로 드러낸 것이다. 중의원 의장이 남성으로 바뀐 뒤에는 "○○상" 대신 "○○군"으로 다시 돌아갔으나, 도이가 중의원에서 "○○상"으로 부르고 난 후 학교에서도 남녀 학생 모두에게 "○○상"이라고 부르는 학교가 늘게 되었다고 한다.

사회당은 1996년 1월 19일 제64회 당 대회에서 당명을 사회민주당으로 변경하고 서기장, 위원장 등 사회당에서 사용하던 당직명도 당수, 간사장으로 바꾸는 등 당 조직을 정비함으로써 일본사회당은 반세기에 걸친 역사에 종지부를 찍었다.

1996년 10월의 중의원 총선거 직전 많은 사민당 의원이 민주당으로 옮겨가 사민당은 붕괴의 위기에 처했고, 당시의 무라야마(村山富一) 당수는 국민에게 인기가 높았던 도이에게 급히 당수직을 넘겨주었다. 이로써 도이는 1984년부터 6년간 사회당 위원장을 맡았던 데 이어서 두 번째로 사민당 당수를 맡게 되었다(1996. 9–2003. 11 재임).

사민당 당수직을 맡은 도이는 사회당의 전통적 지지기반이었던 노조의 대부분이 민주당 지지로 돌아서자 기존의 일본사회당 시대의 노조정당으로부터 탈피하여 시민정당으로의 모색을 꾀하는 한편, 여성 파워를 전면에 내세운다는 방침으로 당의 이미지를 변화시키고자 했다. 도이는 자신의 생각에 공감하는 시민운동가 출신의 여성을 적극적으로 각급 선거의 후보자로 기용했다. 도이가 기용하여 정계에 입문한 사람들을 일컬어 이른바 "도이 칠드런"(children)이라고 한다. 현재 사민당 당수를 맡고 있는 후쿠시마 미즈호(福島みずほ) 외에 쓰지모토 기요미(辻元清美), 호사카 노부토(保坂展人) 등이 대표적인 "도이 칠드런"이다.

도이의 이러한 전략은 성공하여 2000년 제42회 중의원 총선거에서 사민당은 기존보다 4의석이 증가한 19석을 확보했다. 더욱이 당선자 19명 중 10명이 여성이었고, 25세의 하라 요코(原陽子) 등 젊은 여성신인들이 당선됨으로써 1989년에 이어 다시 '마돈나 선풍'을 일으켰다. 도이는 자신의 당 개혁방침에 자신감을 갖게 되었다. 선거 후 집행부 인사에서도 40세의 쓰지모토를 정책심의회장에, 신인인 도몬 미츠코(東門美津子)를 부당수에 앉혀 노조 이미지의 탈각과 세대교체를 적극 추진했다. 그러나 2002년 3월 "도이 칠드런"의 대표적 인물이자 시민파의 대명사였던 쓰지모토가 비서의 급여를 유용했다는 의혹이 《週刊新潮》에 보도되고, 이에 대한 책임을 지고 쓰지모토가 의원직을 사퇴하는 사건이 발생하였다. 일본 경시청은 2003년 7월 18일 쓰지모토를 사퇴한 지 1년 4개월 만에 전격 구속했는데, 이 과정에서 도이의 핵심 측근인 고토 마사코(五島昌子) 전 정책비서관 등 3명도 함께 구속돼 당시 도이 당수의 책임

여부가 논란이 되어 도이의 도덕성이 크게 상처를 입게 되었다.[6] 쓰지모토의 체포가 의원직 사퇴로부터 1년 4개월이나 지나 총선거를 앞두고 있던 시점에서 이루어진 점 등에서 일본의 저명한 저널리스트인 쓰쿠시 데츠야(筑紫哲也) 등의 유명인사 및 시민단체가 체포에 의문을 제기했으나, 이 의문에 대해 도쿄 지검은 증거인멸의 우려가 있기 때문에 체포한 것이라고 주장했다.

한편, 이 사건에 대한 대응 및 북한에 의한 일본인 납치문제에 대한 당의 대응이 미온적인 태도에 불만을 갖고 탈당하는 의원이 속출했다. 사민당의 간판격인 다지마 요코(田嶋陽子) 참의원은 탈당계를 제출하면서 “북한에 대한 사민당의 대응을 이해할 수 없다”, “생명과 평화를 중요시해 온 당으로서는 정면에서 이 문제를 설명해 갔어야 한다. 그것이 시민파라고 하는 사민당이 취했어야만 할 행동”이라고 통렬히 당을 비판했다. 좌파이념 정당인 사민당은 인권문제에서 항상 목소리를 높여왔다. 재일동포 지위문제나 위안부 문제에서도 ‘인권’ 차원에서 한국을 지원했다. 그러나 북한 노동당과의 관계만을 중시한 나머지 일본인 납치문제에 있어서만은 ‘인권당’의 모습을 보여주지 못했던 것이 사민당의 태생적이고 이념적인 한계로 지적되었다.

이러한 가운데 2003년 11월 제43회 중의원 총선거가 치러졌다. 이 선거에서는 쓰지모토 사건의 영향으로 시민운동 출신의 의원은 대부분 낙선했다. 도이는 “이번이 마지막”이라며 지지를 호소했지만 비서관의 급여부정 의혹 및 일본인 납치문제, 사회당의 친북한 전력을 집요하게 공략한 자민당의 공세에 무너져 도이 자신도 지역구에서는 낙선하고 말았다. 하지만 중복 입후보한 비례구에서 부활당선[7]하여 간신히 등원할 수 있었다. 일본 사회의 강한 우경화 분위기 속에 치러진 선거에서 호헌을 주장해 온 사민당은 '당수 지역구 낙선' 이라는 참담한 패배를 기록한 것이다. 도이는 선거 패배의 책임을 지고 당수를 사임했다.

2005년 9월 11일에 치러진 중의원 총선거에서 도이는 소선거구에 입후보하지 않고 비례대표로서 당을 지원하는 데 전력투구하는 한편, 당세 위축을 막기 위한 배수진으로 긴키(近畿) 지구 비례대표 후보 5명 중 5위로 이름을 올리고 지지를 호소했지만, 사민당의 참패로 긴키 지역 비례 후보 중 1순위 한 사람만 당선됨으로써 결국 1969년에 첫 당선된 이후 12회 연속당선 되었던 도이는 13회를 기록하지 못하고 정계를 은퇴했다.

그녀는 정계에 입문한 이유를 "평화헌법 9조를 지키기 위해서"라고 늘 강조했으며, 평생 독신으로 살면서 스스로 "평화헌법과 결혼했다"고 말하기도 했다. 36년간의 정치인생에 있어서 '호헌 의원' 으로 불리며 진보세력의 대모로, 여성 정치세력화를 가속화하기 위해 주력해 온 대표적인 여성정치인이었다.

사민당은 2006년 11월-12월에 걸쳐 열린 사민당 당 대회에서 도이에게 '명예당수' 호칭을 수여했다. 사민당은 2007년 참의원 선거에 도이를 비례대표 후보로서 부활시킬 것을 결정하고 도이 전 당수와 의견조정 중에 있으며, 그녀의 결단을 기다리고 있다고 밝혔다. 사민당으로서는 정계를 은퇴했어도 여전히 사민당의 상징적 존재인 도이에게 희망을 걸고 싶겠지만, 도이는 이미 78세의 고령인 데다가 바닥으로 떨어진 사민당의 지지도를 감안하면 그녀의 정계복귀가 쉽지만은 않을 전망이다.

4. 도이의 정치적 성향

도이의 정치적 성향은 페미니즘과 호헌 평화주의로 요약할 수 있다.

일본 여성정치인의 선구자로서 도이는 일본국헌법 제24조는 가정생활에서 개인의 존엄과 양성의 본질적 평등을 규정하고 있음을 강조하면서 일본 사회 내의 여성차별적 관행과 제도를 철폐하고 양성평등을 실현하는 데 앞장섰다.

도이는 인권을 규정한 1979년 유엔총회에서 채택된 여성차별 철폐조약(CEDAW)의 채택에 찬성한 일본 정부가 이 조약에 서명하는 것을 연기하자 1980년 국회에서는 성차별법에 초점을 맞추어 남녀고용차별, 여학생들에게만 가정과목을 필수과목으로 한 것, 부계(父系)밖에 인정하지 않는 부계 혈통주의 국적법 등을 집중적으로 추궁하여 7월 17일 정부가 조약에 서명하도록 했다. 일본 정부의 서명을 이끌어낸 도이는 일본 여성의원 단장으로서 1980년 7월 덴마크에서 열린 여성차별 철폐조약 서명식에 참석했다.

조약 서명 이후 도이는 여성차별 관련법 개정에 주력하여 그 첫 번째로 메이지 시대 이래 부계혈통만을 인정해 온 국적법의 개정에 노력했다. 당시 국적법은 '출생시 아버지가 일본 국민'인 경우에만 자녀가 일본 국적을 취득할 수 있었다. 도이는 현행 국적법이 헌법 제1조 "성별에 의해 차별받지 않는다"는 규정에 위반된다는 논리로 맞서 국적법의 위헌성을 호소했다. 결국 출생시 부모 중 한쪽만 일본 국민이면 자녀가 일본 국적을 취득할 수 있도록 국적법이 개정되었으나, 일본 정부가 국적법을 개정하기로 한 것은 유감스럽게도 도이의 위헌논란에 승복해서가 아니었다. 국제적으로 여성차별 철폐조약을 비준하지 않으면 안 되는 상황이었고, 비준을 위해서는 조약의 취지에 맞게 국내법을 정비하지 않으면 안 되었기 때문이다. 그러나 비준에 앞서 일본이 추진한 내용은 모두 도이의 제안과 일치한다. 일본 정부는 국적법을 개정하여 부계 혈통주의에서 부모 양계주의로 한 것 외에 근로부인복지법을 대개정하여 남녀고용기회균등법을 정비하고, 고등학교에서 가정과목을 여학생에게만 필수로 했던 것에서 남녀필수로 변경했다.

또한 도이는 양성평등사회의 실현을 위해 〈전국여성의원서미트〉의 주도적 멤버로 활동하면서 '남녀공동참획사회기본법'의 조기제정을 촉구하는 데 앞장서 1999년 남녀공동참획사회기본법이 제정 · 시행되는 데 일조했다.

일본 정계에 두 차례의 '마돈나 선풍'을 일으키기도 했던 도이는 의회 내에 여성의원의 비율이 30%가 되면 복지형 정책으로 바뀔 것이라면서 여성정치인의 대모로서 여성의 정치진출을 적극적으로 후원했다.

도이의 정치인생을 떠받쳐 온 것은 무엇보다도 평화주의였다. 그녀의 정치인생은 호헌을 위한 투쟁으로 점철되어 왔다고 해도 과언이 아니다. 자민당이 점차 군비를 증강하고 특별법의 제정을 통해 군국주의로의 회귀 움직임을 보일 때마다 그녀는 국회에서는 물론이고 전국을 돌면서 강연회를 개최하여 호헌의 필요성을 역설하고 평화를 외치며 온몸으로 맞서 싸웠다. 정계를 은퇴한 후에도 도이는 "국회는 떠났어도 정치활동은 절대 그만둘 수 없다"며 전국 각지의 강연장에서 평화와 호헌의 필요성을 역설하고 있다.

1990년 걸프전 당시 일본은 미국 등 다국적군을 지원하기 위하여 130억 달러라는 막대한 자금을 원조했으나, 전쟁에 참여한 국가들로부터 자금만 내고 전쟁에는 참가하지 않은 일본에 대한 비난이 일었다. 자민당은 이것을 기회로 자위대의 해외파견을 인정하는 유엔 평화유지활동(PKO) 협력법을 국회에 제출했다. 이에 사회당은 유엔 평화유지활동을 자위대와는 다른 문민 조직에 한정하는 대안을 제시하고, 도이가 1991년 1월 이라크를 방문하여 사담 후세인과의 회담을 시도하기도 했다. 결국 PKO 협력법은 공명당, 민사당이 자민당과 공조하면서 1992년 찬성 다수로 가결 · 성립되었다.

한편, 도이는 이라크 전쟁에 대해 "이 전쟁은 미국의 군사적 침략행위"라면서 이같은 전쟁에 일본의 자위대를 파견하고 전쟁에 지지를 표명한 고이즈미 내각은 퇴진해야 한다고 주장했다.

도이는 사회주의자로서 사회주의 국가인 북한에 대해 친북성향을 갖고 있었다. 그녀는 사회당 위원장에 취임한 후 사회주의 국가로서는 첫 방문국으로 북한을 선택하기도 했다. 2002년 고이즈미 총리와 김정일 국방위원장의 정상회담에서 김정일 국방위원장이 일본인 납치사실을 인정하고 사죄하자 사회당 시절부터 북한의 일본인 납치의혹을 부정하며 북한을 사실상 후원했던 사민당은 여론의 비난으로 궁지에 몰렸다. 도이 당수는 10월 7일 기자회견을 열고 "교류 상대인 (북한)조선노동당으로부터 납치는 사실이 아니며 잘못된 것이라는 말을 줄곧 들어왔다. 사민당이 최대한 노력했느냐고 묻는다면 솔직히 말해 충분치 못했다. 반성한다"고 그동안 사민당이 북한을 옹호한 것은 실책이었음을 인정했다. 또 "피해 가족에게도 사과드린다"고 고개 숙여 사죄했다. 피랍사건은 '철의 여인' 도이가 2003년 선거에서 낙선하는 데 결정적인 원인을 제공했다. 그녀가 정계를 떠난 지금까지도 일본의 각종 포털사이트에 '도이 다카코'라는 검색어를 입력하면 그녀의 친북성향을 비난하는 수많은 안티 사이트와 사실여부를 확인하기도 힘든 악성 루머를 쉽게 발견할 수 있다.

5. 일본 사회의 우경화와 도이의 정계 은퇴

도이는 여성의 섬세함과 '안 되는 것은 안 된다'는 소신과 뚝심, 강인한 승부근성을 함께 갖춘 인물이다. 그녀의 정치적 매력은 당이 위기에 처할 때마다 당을 구하는 데 크게 기여했다. 도이가 정계를 은퇴할 수밖에 없었던 것은, 2000년 중의원 선거에서 사민당이 기사회생한 것이 도이 개인에 대한 국민의 신뢰, 즉 개인적 인기에 원인이 있었음에도 불구하고 사민당의 호헌정책이 유권자들에게 받아들여진 결과로 인식한 데 있다고 보는 시각도 있다. 사민당은 무라야마 내각 당시의 '자위대 합헌', '안보견지'의 방침을 재고하는 등 이전의 노선으로 회귀함으로써 보수우경화의 바람이 거세게 불고 있는 일본 사회에서 버티기 힘들어졌다는 것이다. 사민당이 몰락하는 와중에서도 그녀는 끝까지 평화헌법 수호를 외치며 일본의 재무장과 우경화에 맞서 외로운 싸움을 펼쳤으나 결국 유권자의 외면이라는 참담한 현실 앞에서 물러날 수밖에 없었다.

한편, 도이가 추진한 시민단체와의 제휴를 통한 시민정당으로의 변화 또한 시민단체와의 제휴가 깊어지면 질수록 헌법문제 및 구조개혁에 대한 태도 등에서 민주당, 자유당 등 야당과의 거리가 점점 벌어져 야당 공조가 더욱 힘들어지게 되었다. 당내에서도 시민운동을 통해 입당한 젊은 시민운동가를 중용함으로써 노조 출신의 기성 의원들의 비판을 사게 되었다. 또한 2002년 이후 일본인 납치문제가 전면에 대두되면서 사회당 시절부터의 친북노선은 일본인들로부터 정면으로 공격받게 되었다.

결국 도이는 1980년대부터 가장 유력한 차기 총리감으로 계속 거론되어 왔던 영광을 뒤로 하고 그녀가 일생 동안 사랑하고 지키고자 했던 '평화헌법'이 가장 위기에 처한 시점에서 정계를 떠날 수밖에 없게 된 것이다. 도이의 퇴장과 사민당의 몰락은 일본의 보수 우경화에 제동을 걸고 평화주의의 목소리를 낼 수 있는 세력이 사라지고 있다는 것을 의미한다고 할 수 있다.

참고문헌

土井たか子. 1993.『土井たか子 半自伝：せいいっぱい』. 東京：朝日新聞社.

內閣府男女共同参画局. 2006.『女性の政策・方針決定参画状況調べ』.

本沢二郎. 1989.『社会党大研究』. 東京：ぴいぷる社.

久保亘. 1992.『社会党の選択』. 東京：晩稲社.

村松岐夫・伊藤光利・辻中豊. 2001.『日本の政治(第2版)』. 東京：有斐閣.

http://www.ipu.org.

http://ja.wikipedia.org.

http://www5.sdp. or.jp.

http://www.shugiin.go.jp.

주

1. 비자민 연립정권이 집권했던 시기는 일본신당 대표 호소카와 모리히로(細川護熙)가 수상을 역임한 호소카와 내각(1993년 8월 9일-1994년 4월 28일)과 신생당 당수 하타 쓰토무(羽田孜)가 수상을 역임한 하타 내각(1994년 4월 29일-1994년 6월 30일)이다.
2. 55년체제 하에서 자민당과 사회당이 국회의석의 80% 정도를 차지해 왔으나, 사회당의 의석수는 자민당의 절반 정도에 불과했기 때문에 '1.5정당제' 혹은 '1/2 정당제' 라고도 한다.
3. 히노마루와 기미가요는 19세기 후반의 메이지(明治) 시대부터 일본의 국기 · 국가로서 사용되어 왔으나 이를 규정한 법률은 없었다. 일본 정부는 1999년 '국기 및 국가에 관한 법률' (국기국가법)을 제정 · 공포하여 히노마루와 기미가요를 법제화했다.
4. 2006년 사민당 당 대회에서는 자위대가 분명하게 위헌이며, 자위대의 축소를 도모하고 '비무장 일본' 을 목표로 하는 내용의 「사회민주당 선언」을 정식으로 채택함으로써 1994년 무라야마 수상의 자위대 합헌 · 용인 노선을 수정했다.
5. HDI는 ① 수명을 다할 수 있는 건강한 생활, ② 교육, ③ 인간다운 생활 수준이라는 인간개발의 세 가지 측면을 간략화한 지수. 구체적으로는 평균수명, 교육 수준(성인 식자율과 취학률), 1인당 국민소득을 이용하여 산출한다.

   GDI는 HDI와 같은 측면의 달성도를 측정하지만 여성과 남성 간에 나타나는 달성도의 불평등에 주목한다.

   GEM은 여성이 정치 및 경제활동에 참여하여 의사결정에 참여할 수 있는지의 여부를 측정한 지수이다. HDI가 인간개발의 달성도에 초점을 맞추고 있는데 비해, GEM은 능력을 활용하는 기회에 초점을 맞춘다. 구체적으로는 여성의원의 비율, 전문직 · 기술직에서 여성의 비율, 관리직에서 여성의 비율, 남녀의 추정소득을 이용하여 산출한다.

6. 도이는 와세다대학교 교육학부 출신으로 대학 재학시절 민간국제교류단체 〈피스보트〉(Peace Boat)를 창립하는 등의 수완을 보였던 쓰지모토를 1996년에 비례대표로 정계에 입문시켰다. 쓰지모토는 2004년 징역 2년, 집행유예 5년을 선고받았으나 2005년 9월 11일 중의원 선거에서 당선됨으로써 정계에 복귀했다.

7. 일본의 소선거구 비례대표병립제에서는 입후보할 때 소속정당의 허가를 얻으면 입후보자가 '소선구 선거' 와 '비례대표 선거' 에 중복 입후보할 수 있다. 중복후보는 소선거구에서 낙선하더라도 비례구에서 당선되기도 하는데 이를 '부활당선' 이라고 한다.

우이

정치력과 행정력을 겸비한 협상전문가

사진 출처 http://images.google.com/

이민자

1. 중국의 정치문화와 여성의 정치적 진출

우이(吳儀)는 중국 역사상 최초의 여성 부총리로서 본인의 능력만으로 중국의 고위직에 오른 '자수성가형' 여성정치인이다. 그녀는《포브스》지가 선정한 "세계에서 가장 영향력 있는 여성 100인"에서 2004년, 2005년 연속 2위를 차지했고, 2006년에는 3위를 차지하는 등 국제적으로도 주목받고 있는 여성 정치지도자이다. 우이는 테니스, 볼링 등 스포츠를 좋아하고 여성 호걸로 알려질 정도로 남성적 이미지가 강한 여성정치인이다. 그녀는 여성이기 때문에 고위직에 발탁된 것이 아니라 남성과 동등한 경쟁 속에서 강한 기질과 노력으로 능력을 인정받아 고위층에 올랐다는 점에서 중국의 '새로운 여성상'을 창조했다는 평가를 받는다.

그러면 우이가 중국의 통치 엘리트로 등장할 수 있었던 정치적 배경은 무엇인가?

1) 통치 엘리트 충원방식 : 비선출직 위주

중국은 직접선거가 아닌 고위 지도자들의 협의 및 간접선거를 통해 공산당과 정부의 고위직 관리를 임명하는 충원 시스템을 가지고 있다. 중국 국민은 보통선거권이 없고, 약 7천만 명의 공산당원만이 공산당 중앙위원회 위원(위원 198명, 후보위원 158명)을 선출하는 정도의 정치 참여 기회가 있을 뿐이다. 중국에서 최고지도자 공산당 총서기는 소수 원로들이 합의하여 정하고, 국가주석과 부주석, 국무원 총리 등 대부분의 주요 고위직은 직접선거가 아니라 전국인민대표대회(전국인대)에서 단일후보를 놓고 찬반투표를 하는 간접선거로 결정하기 때문에 실제로는 '비선출직'이라 볼 수 있다.

리더십을 정치적 리더십(political leadership)과 공적 리더십(public leadership)으로 구분한다면 전자(political)는 선출직, 후자(public)는 비선출직(행정직)을 의미한다. 이런 구분에 의해 보면 일반적으로 여성은 선출직보다는 행정직에 더 많이 포진되는 경향이 있다. 중국의 고위 지도자들은 기본적으로 비선출직임을 고려할 때, 행정직 위주로 짜여지는 중국의 최고지도자는 상대적으로 여성의 비율이 높을 가능성이 있다. 그러나 중국 역시 영향력이 높은 고위직에 여성지도자가 발탁되는 경우는 극히 드물다. 2006년 공산당 중앙정치국 위원 24명, 국무원(행정부에 해당) 서열 10위 이내의 고위직에 여성은 우이(吳儀) 부총리와 교육부장관 천즈리(陳至立) 두 명 뿐이라는 점을 보아도 여성의 고위직 진출은 극히 제한적임을 알 수 있다. 천즈리는 장쩌민 전 총서기의 인맥을 통해 중앙정치에서 활동하게 된 여성정치인으로 장쩌민 세력(상하이방)으로 분류된다. 천즈리는 상하이 시 공산당 선전부장을 역임하고 장쩌민과 함께 중앙정치에 진출하여 교육부장관을 맡고 있다. 천즈리와 달리 우이는 주룽지 총리와 친분이 두텁지만 정치적 인맥이 중립적이며, 개인적 능력, 전문성을 기반으로 성공한 인물이라 볼 수 있다.

2) 개혁기 통치 엘리트의 변화 : 혁명간부에서 기술관료로

중국은 1980년대 후반부터 중앙과 지방에서 모두 기술관료(technocrats : 이공계 대학교육을 받고 전문직에 종사한 후 당과 정부의 고위직에 오른 간부)가 기존의 혁명간부를 대체하여 새로운 통치 엘리트로 등장했다. 기술관료가 통치집단으로 등장한 것은 경제발전을 추진하기 위해 공산당이 대대적으로 통치 엘리트 교체정책을 추진했기 때문이다. 즉 1980-1986년 덩샤오핑의 적극적인 지지 하에 '제3세대 간부 충원 프로젝트'를 추진했다.

중국 지도부가 기술관료 중심으로 바뀌었다는 것은 2002년 제16차 당 대회 이후 등장한 통치 엘리트 구성을 보면 잘 알 수 있다. 즉 9명의 공산당 중앙정치국 상무위원 전원이 기술관료 출신이며, 24명의 공산당 정치국 위원 중 17명이 기술관료 출신이다. 이를 통해 볼 때 개혁기 중국의 통치 엘리트 충원기준은 전문지식과 실무능력임을 알 수 있다. 국무원 부총리 우이의 정치적 진출은 이런 기술관료 중심의 통치 엘리트 충원과 밀접한 관계가 있다. 우이는 베이징 석유대학을 졸업하고 석유화학 분야에서 전문 엔지니어로 경력을 쌓은 사람으로서, 그녀가 베이징 시 부시장으로 정치생활을 시작하는 1988년은 기술관료를 발탁하는 정치문화가 시작되던 시기였다. 엔지니어에서 고위관료로 변신할 수 있었던 우이는 '기술관료 충원정책'의 수혜자라고 볼 수 있다.

3) 여성의 정치참여 확대

1949년 중화인민공화국 건국 이후 남녀 동일업종 동일임금제도 등 다양한 남녀평등에 관한 법률이 만들어져 여성의 사회진출 및 여성의 정치참여율이 높아졌다. 1954년 1기 전국인민대표대회(전국인대 : 의회에 해당) 여성 상무위원 비율은 5%에 불과했지만 1964년에는 17%로 늘어났다. 특히 문화대혁명 기간 동안 여성의 정치참여가 향상되어 1975년 제4기 전국인대의 상무위원 중 여성비율은 25%까지 상승하기도 했다. 1970년대 마오쩌둥(毛澤東) 집권기에는 당 중앙위원의 약 10%가 여성이었고, 1969년 9차 당 대회에서 중앙정치국 위원 중 2명이 여성일 정도로 여성의 정치참여가 활발했다. 물론 중앙정치국 위원 중 2명의 여성은 마오쩌둥의 부인과 린피아오(林彪)의 부인이었다는 점에서 배우자의 후광이 강하게 작용했다.

개혁 이후 중국 여성의 정치참여는 지방정부, 전국정치협상회의(정협), 전국인대 등에서는 활발한 편이다. 예컨대 2006년 현재 상하이 인민대표대회, 정치협상회의 여성대표 비율은 각각 24%, 18%로 이전에 비해 상승되었다. 상하이 시 여성 공무원 비율은 46%로서 선진국 수준이며, 상하이 시는 2명의 여성 부시장을 배출했다. 특히 전국인대는 여성정치인을 배출한 대표적인 기관이다. 1998년 제9기 전국인대 상무위원회 부위원장(1998-2003) 17인 중에는 펑페이윈(彭珮雲), 허루리(何魯麗) 두 명의 여성정치인이 있었다. 2003년 구성된 10기에도 전국인대 상무위원회 부위원장 15명 중 3명이 여성이며, 전국인대 대표 중 여성대표 비율은 20% 이상이며, 정협 부위원장 중 4명이 여성이다. 이처럼 전국인대, 정협 등 상징성은 강하지만 실권이 약한 국가조직에서 여성의 '부위원장' 진출은 활발하다. 특히 1992년 펑페이윈이 공산당 중앙위원으로 진출한 후 성장(省長), 부성장, 장관(部長), 차관(副部長)급의 간부 중 여성의 비율이 상승했다.

그러나 중앙정부 및 공산당 내의 요직에서 여성간부 비율은 높지 않다. 1980-1990년대 여성의 공산당 내 고위직 진출이 감소했다. 1987년 13차 당 대회에서 여성 중앙위원은 7%로 낮아졌고, 중앙정치국에는 단 한명의 여성도 선출되지 못했다. 2002년 16차 당 대회에서도 공산당 중앙위원 198명 중 여성은 단지 5명으로 2.5%에 불과했다.

중국에서 고위직 정치인으로 성공한 대부분 여성정치인은 배우자의 후광 및 인맥의 도움이 있었거나 혁명기 혁명활동의 공로였다. 예컨대 1949년 이후 국가 부주석이었던 송칭링(宋慶齡)은 순원(孫文)의 부인이었고, 4인방의 한 사람으로 문화대혁명 기간 정치권력을 장악했던 장칭(江靑)은 마오쩌둥(毛澤東) 당 주석의 부인으로서 둘 다 배우자의 후광에 의해 통치 엘리트로 진입한 대표적인 여성이다. 반면, 전국인민협상회의 주석(1983-1988)을 지냈던 덩잉차오(鄧穎超)는 저우언라이(周恩來) 총리의 부인이지만 본인이 1949년 이전 혁명활동을 통해 경력을 쌓아 통치 엘리트로 성공한 여성이다.

그런데 위의 여성지도자들이 맡았던 국가 부주석, 전국인민협상회의 주석, 전국인대 상무위위회 부위원장 등은 상징적으로는 고위층이지만 실제 권력의 핵심이라 볼 수는 없는 자리이다. 1987년 제13차 당 대회부터 중국 공산당의 핵심인 중앙정치국과 중앙서기처에는 여성대표가 나오지 않았다. 비록 1993년 펑페이윈(彭珮雲)이 국무위원이 되었지만 공산당 내에서의 지위는 여전히 중앙위원에 머물렀다.

반면, 우이는 공산당 중앙정치국 위원, 국무원 부총리 등 핵심조직의 통치 엘리트로 부상했다는 점에서 기존의 다른 여성정치인들과 차이가 있다고 하겠다. 우이 부총리는 난저우의 정유공장에서 엔지니어로 시작하여 정치적 인맥 없이 본인의 전문성으로 중국의 부총리에까지 오른 '자수성가형,' '전문가형' 여성정치인이라 볼 수 있다. 우이 부총리는 1949년 이후 처음으로 아무런 정치적 배경이나 인맥 없이 국무원 부총리가 된 여성이라 할 수 있다.

2. 우이 : 개인적 배경

1) 야심만만한 엔지니어

우이 부총리는 1938년 11월 후베이(湖北) 우한(武漢)의 평범한 지식인 가정에서 태어났다. 1962년 4월 대학졸업 직전 공산당에 입당했으며, 1962년 8월 베이징 석유대학을 졸업했다. 대학졸업 후 전문 엔지니어로서 난저우(蘭州) 정유공장에서 일을 시작한 우이는 성공한 여성 기업가가 되길 희망했다. 그후 1967–1983년까지 베이징 둥팡훙(東方紅) 정유공장에서 근무했고, 1983–1988년까지는 베이징 옌산(燕山) 석유화학회사의 부사장, 당위서기를 역임했다. 우이는 기업에서 엔지니어 및 관리자로서 능력을 인정받아 정치계로 들어가는 길을 걸었다.

2) 엔지니어에서 기술관료로

우이는 젊은 시절에는 정계에 입문하리란 생각을 전혀 하지 못했다. 그런데 50세 때 베이징 시 부시장(副市長, 1988-1991년)이 되고 1987년 중앙위원회 후보위원에 오르면서 그녀의 정치인생이 시작되었다. 그후 그녀는 인생의 대부분의 시간과 노력을 정치활동으로 보내게 된다. 우이는 대외경제무역합작부 차관(副部長), 당 부서기를 거쳐(1991-1993년) 장관(部長) 및 당서기에 임명되기도 했다(1993-1997년).

우이의 중앙에서 본격적인 정치활동은 1997-2002년 중앙정치국 후보위원, 국무위원(1998-2003년)을 맡으면서 시작되었다. 주룽지(朱鎔基) 총리는 우이가 중앙정치로 진출하는 데 도움을 주었던 핵심 인맥으로 알려져 있다. 1997년 중반 제15차 당 대회에서 지도부 교체 회의를 할 때, "중앙정치국에도 여성대표가 있어야 한다. 그 여성은 '우이' 여야 한다"고 강력히 추천한 사람이 바로 주룽지였다. 주룽지의 신임이 두터웠던 우이는 1998년 3월 국무위원에 임명되어 주룽지 총리와 일하게 되었다. 우이가 국무위원 시절 국무원 총리가 주룽지였고 중국이 WTO 가입 협상을 추진하는 막바지였기 때문에, 우이는 대외무역협상 방면에서 주룽지 총리와 더욱 긴밀하게 협력하며 일할 수 있는 기회를 얻은 셈이다. 주 총리 측근에 의하면 화를 잘 내는 주룽지도 우이 앞에서는 한 번도 짜증을 낸 적이 없다고 한다. 그것은 주 총리가 여성을 존중하는 마음 외에 우이를 특별히 존경하기 때문이라고 알려져 있다.

2002년 16차 공산당 전국대표대회에서 우이는 여성으로서는 유일하게 중앙정치국 위원이 되어 주목을 받았다. 우이는 2003년 국무원 부총리(대외무역 담당)가 되었으며, 2003년 4월 사스 발생 후에는 위생부장(보건복지부장관에 해당)을 겸임하여 사스(SARS) 퇴치에 능력을 발휘하기도 했다.

3. 우이 : 리더십 스타일

1) 다재다능한 여성정치인

중국 언론이 당 고위간부를 소개하는 경우 천편일률적으로 경직되고 아부에 아까운 찬사로 끝나는 경우가 대부분인데, 우이에 대한 글은 애정이 깃들여 있어 인기있는 여성정치인임을 엿볼 수 있다. 우이의 경력을 보면 상당히 이상주의자이고 생에 대한 도전을 즐기는 성격임을 알 수 있다. 예컨대 대학에서 석유를 전공한 것도 『모스크바에서 멀리 떨어진 장소』라는 소련 소설 속에서 석유공장장이며 당위원회 서기였던 영웅적인 주인공에 매료되어 선택한 것이다. 그녀는 대학졸업 후 진로를 결정할 때도 대학에 남는 쉬운 길을 외면하고 "더 어려운 곳에 가서 공장장이 되는 이상적 꿈을 꾸었다." 그녀의 대학시절 꿈은 약 20년 뒤인 1983년 중국 최대의 석유회사 옌산(燕山)의 부사장, 당위서기가 되면서 이루어졌다.

정치인으로서 우이는 '중국의 철의 여인'으로 알려질 만큼 강하고 성취욕이 높은 이미지이지만 일상생활에서는 삶의 여유와 즐거움을 찾는다. 우이는 활달하고 사교적인 성격으로 평소 "바람직한 인간관계는 생산력이 된다"고 말하며 친구들과 유쾌한 모임을 즐기는 것으로 알려져 있다. 그녀의 취미는 낚시, 테니스, 골프, 볼링이며, 시간이 날 때 멋지게 춤과 노래를 즐길 수 있는 여유를 지닌 여성이다. 사람들을 가장 놀라게 하는 것은 우이의 노래 실력이다. 해외출장 중의 비행기 안이든 어느 자리든지 노래를 사양하는 경우가 거의 없다.

《포브스》의 기자는 "우이 부총리는 중국의 고위급 지도자 가운데 가장 훌륭한 사람 중 하나다. 그녀는 중국의 WTO 가입 및 통화정책 등 부분에서 매우 중요한 역할을 함으로써 중국의 위상을 높였을 뿐 아니라 전 세계에 막대한 영향을 끼쳤다. 우리는 그녀의 영향력을 높이 산다. 우이 부총리는 자신감 넘치고 우아하며 지혜로운 중국 여성이다"라고 평가했다.

한편, 성 인지적 관점에서 보면 우이는 개인적으로 여성문제에 관해서 거의 관심을 보이지 않았다. 우이는 담당 분야 역시 국내문제가 아니라 주로 대외무역이었기 때문에 여성문제를 다룰 기회가 거의 없었다. 그녀 스스로가 여성정치인으로서보다는 강한 남성적 이미지를 선호했다. 한 예로 결혼에 관한 질문을 회피하는 그녀의 재치 있는 대답을 통해서도 여성정치인으로서 부각되는 것을 꺼린 흔적을 엿볼 수 있다. 우이는 독신으로 중국의 최고 통치 엘리트로 진입했다는 점에서 주목받았다. 55세 때 난저우 정유공장을 방문했을 때 "왜 독신으로 지냈느냐"는 질문에 대해 이렇게 대답했다. "난 독신주의자가 아니라 결혼할 기회가 없었을 뿐입니다. 어쩌면 제 이상이 너무 높은지도 모릅니다. 지금까지 제 인생에 뛰어들어 온 남자는 한 명도 없었거든요." 언젠가 기자와의 인터뷰에서도 독신에 대해 비슷한 자기 입장을 밝힌 적이 있다. "아마 이상이 너무 높은 것 같아요. 제 마음 속에는 수많은 소설 속에 등장하는 '백마탄 왕자'가 있습니다. 하지만 그런 사람은 현실적으로는 존재하지 않지요. 그러나 그런 이상을 낮출 생각은 없습니다.” 중국에서 우이의 이미지는 독신으로서 평생을 일에만 몰두해 온 강인한 여성으로 알려져 있다.

2) 중 · 미 협상 : 중국의 철의 여인

우이는 대외무역부 부장을 거쳐 대외무역 담당 부총리를 맡고 있기 때문에 그동안 중 · 미 무역협상에서 지적재산권, 무역불균형 문제를 다루면서 미국에 잘 알려진 인물이다. 우이는 대외무역부에 근무하는 동안 상대를 압도하는 탁월한 담판능력과 국익수호로 중국 국민들에게 깊은 인상을 남겼다. 한 예로 1991년 말 우이가 대외경제무역부 차관시절 중-미 양국 간에 ‘지적재산권 문제’가 발생했다. 우이는 중-미간 지적재산권 협상장에서 강한 순발력과 탁월한 협상력으로 세인의 관심을 모았다. 협상장에서 미국 대표는 중국의 불법복제를 빗대어 “도둑놈과 협상을 벌이게 생겼군”이라며 조롱했다. 이에 우이는 의연한 태도를 유지하며 “그렇다면 나는 지금 강도와 협상을 하고 있는 거군요. 미국 박물관에 전시되어 있는 작품 중 상당부분이 중국에서 빼앗은 것임을 알죠?”라고 받아쳐 미국 대표의 오만함을 누른 적이 있다. 이후 미국인들은 우이가 쉽지 않은 협상상대임을 알아채고 ‘중국의 철의 여인’이라 불렀다. 지적재산권 협상은 아주 골치 아픈 문제였으나 우이는 탁월한 말솜씨, 명석한 판단력, 의연한 태도로 협상을 주도했다. 우이는 이 협상과정에서 지나친 스트레스로 불면증을 얻기도 했다.

2006년 후진타오 국가주석의 미국 방문을 앞두고 미국은 2005년 2,016억 달러(미국 전체 무역적자의 4분의 1)에 이른 중국의 대미무역 흑자를 이슈화했다. 이런 중 · 미 간 무역마찰 해소 역시 대외무역을 담당하는 우이 부총리의 몫이었다. 우이는 "미국과의 무역에서 마찰은 일상적인 것"이라며 여유있는 태도를 보였다. 2006년 4월 초 그녀는 대규모 구매사절단의 단장으로서 미국 13개 주를 돌며 162억 달러라는 최대규모의 구매계약을 체결했다. 또한 미국의 지적재산권 보호요구를 받아들여 중국 내 50개 도시에 지적재산권 침해 센터를 설치하겠다고 약속하고, 그 대신 미국은 중국에 통상압력과 인권비판을 중지하라고 요구했다. 이런 미국과의 무역마찰을 해결하는 과정을 보면 우이는 문제의 핵심을 정확히 알며 거래에 능숙한 전문가임을 알 수 있다.

미국 내에서 '우이'에 대한 '우의'(友誼)는 아주 높은 편이다. 예컨대 2006년 9월 24일 미국《파이낸셜 타임스》는 "미국 정부는 중국측 대화 파트너로서 우이 부총리를 가장 선호하며, 그녀의 탁월한 분쟁 조정능력에 큰 기대를 건다"라고 보도했다. 2001년 중국의 WTO 가입 협상 당시 미국 대표는 "우이 대표는 미국 입장을 충분히 이해하면서 설득하는 스타일로 협상에 꼭 필요한 인물"이라고 평가했다. 한 미국 관리 역시 "조지 W 부시 대통령은 형식을 생략하고 바로 핵심으로 들어간다는 점에서 우이를 아주 좋아 한다"고 말한 바 있다.

3) 중 · 일 협상 : 단호한 결단력, 민족주의

2005년 5월 일본을 방문 중이던 우이 부총리는 여장부로서의 배짱과 강한 민족적 자존심을 보여주었다. 우이 부총리는 일본에서 고이즈미 수상과의 회담을 앞두고 일방적으로 회담을 취소하고 '긴급공무'로 귀국한다는 말을 남기고 돌연 중국으로 돌아갔다. 외교관례상 '있을 수 없는 일'을 단행한 그녀는 일본 측에 사과 한마디 하지 않았다. 이 사건은 중 · 일 간의 대만문제, 조어도 문제, 역사문제 등을 둘러싼 민족갈등을 그대로 드러낸 것이었다. 우이의 갑작스런 귀국을 지켜보던 중국의 네티즌들은 인터넷 사이트에서 "중국의 여장부로 불리기에 전혀 부족함이 없다", "국가와 민족의 지조와 절개를 지켰다"는 등의 찬사를 퍼부었다.

우이 부총리가 일본을 방문하던 기간 고이즈미 수상은 "외부에서 신사참배를 하지 말라는 이유를 모르겠다", "신사참배 반대는 일본에 대한 내정간섭이다" 등 중국인의 민족적 자존심을 자극하는 발언을 함으로써 중국인의 민족주의를 자극했다. 그 결과는 우이의 갑작스런 귀국으로 이어졌고, 중일관계가 악화되기에 이른다.

2005년 7월 중국 단체 관광객에 대한 비자발급 대상 확대를 위해 베이징에서 열린 중일 각료회담에서 우이 부총리는 일각에서 기대했던 '일본 총리 면담 일방 취소'에 대한 최소한의 사과는커녕 일본에 대해 '과거사 인식' 전환을 촉구했다. 즉 "건강하고 안정적인 양국관계 발전을 위해서는 역사를 거울삼은 미래지향, 중 · 일 공동성명과 평화우호조약의 엄격한 준수 및 실제 행동을 통한 우호협력관계 발전" 등을 거론했다. 우이는 중 · 미 협상과정에서는 설득력이 탁월한 협상가의 모습였지만 중 · 일관계에서는 중국인의 민족주의를 대변하는 외교관의 모습으로 단호히 대처했다. 후진타오 체제가 강한 민족주의를 국민통합 이데올로기로 삼고 있듯이 우이 역시 민족주의 성향이 강한 정치인이라고 볼 수 있다.

4) 사스 해결 : 위기관리 능력 발휘

2003년 3월 사스(SARS)라는 돌발사태가 발생하자 사스의 대응과정에서 장쩌민 세력과 새로 출범한 후진타오 세력 사이의 권력갈등이 표면화되었다. 사스 감염상황에 대한 공개여부, 세계보건기구(WHO)와의 협조 등 사스 대처방안을 둘러싸고 장쩌민-후진타오 세력 사이에 의견 대립과 갈등이 있었다. 후진타오 체제는 처음에는 전통적 대응방식에 따라 사스를 은폐하고 축소하려 했으나, 그 결과 중국의 사회적 안정과 이익을 위협하고 국제적으로 고립되어 간다는 것을 인식하고 새로운 대응책을 모색하기 시작했다.

후진타오는 2003년 4월 17일 당 정치국 상무회의를 개최한 후 사스 현황을 공개하기로 결정했다. 아울러 베이징 시의 사스 감염실태에 대한 허위보고와 통제 실패의 책임을 물어 국무원 위생부장이었던 장원캉(張文康 : 상하이에서부터 장쩌민의 의료고문을 담당했던 상하이파)이 해임되고 그 후임으로 우이 부총리가 위생부장을 겸임했다.

우이를 위생부장에 임명한 것은 중국 정부의 위기해소 의지와 능력을 확보하는 데 중점을 둔 선택이었다. 우이는 중국 내에서 정책집행 능력을 인정받고 국제무대에서도 신뢰를 얻은 인물이었다. 우이는 이미 대외경제무역합작부장을 역임한 부총리로서 위생부장을 맡기에는 격이 맞지 않았지만, 미국과의 무역협상에서 얻은 '중국의 철의 여인'이라는 국제적 명성에 힘입어 중국의 실추된 국제적 이미지를 회복할 책임자로 선택되었다. 《베이징 리뷰》(*Beijing Review*) 역시 우이가 위생부장에 임명된 것은 전문적 지식 때문이 아니라 '위기를 관리할 수 있는 능력' 때문이라 지적했다.

우이는 중국의 국제적 이미지를 개선하기 위해 제네바에서 열린 세계보건기구 총회에 참석하여 중국의 질병퇴치 노력을 설명함으로써 국제사회의 우려를 불식시키려 했다. 그녀는 제네바 총회 연설에서 중국

정부가 사스에 대처하는 데 실수했음을 인정했다. 구체적으로 그녀는 관료들이 조직화되어 있지 않고 의사소통 채널이 분명하지 못한 점 등 공중보건 체계에 결함이 있음을 인정했다. 동시에 그녀는 지방과 일선 단위의 늦장보고, 허위보고, 은폐 등을 용납하지 않을 것임을 약속함으로써 중국에 대한 의구심을 해소하려 했다.

우이는 전염병 일일 보고 시스템을 구축하는 한편, 광둥성(廣東省)과 홍콩 간 핫라인을 설치하여 단기간에 사스를 퇴치하는 데 성공했다. 후진타오 체제는 사스에 대한 공개적 대응으로 위기상황을 해결함으로써 국민으로부터 신뢰를 얻어 대중적 지지기반을 확보했다. 이 과정에서 우이는 공개적 문제해결을 주장하던 후진타오와 보조를 맞추며 위생부장으로서 사스라는 위기를 관리하는 데 탁월한 리더십을 발휘했다.

이런 문제 해결 과정을 보아도 우이는 여성이기 때문에, 혹은 정치적 인맥이 있어서가 아니라, 변화에 민감하게 대응하는 전문적인 행정능력을 발휘하여 일보일보 승진한 정치인이라 볼 수 있다. 사스로 인해 중국 국민들은 투명한 정보공개의 필요성 및 '알권리'에 대한 인식이 향상되었다. 이런 대중의 인식변화를 감지한 우이는 "중국 정부는 사스 발생 초기 언론과 의사소통에 실패한 점에 대해 국민들에게 사과해야 한다"고 주장하기까지 했다.

'사스와의 전쟁' 기간 동안 후진타오, 온자바오, 우이는 사스 방역에 전력을 다했던 반면, 장쩌민은 상하이에 머물면서 단 한번도 사스와 관련된 시찰이나 격려방문에 참여한 적이 없었다. 게다가 베이징 시의 군계통 병원(최종책임자는 장쩌민)이 국무원 및 베이징 시정부의 통제에 따르지 않아 사스 감염을 확대시켰다. 사스 문제 해결은 후진타오 세력이 장쩌민 세력의 힘을 약화시키고 당 내에서 조직기반을 강화하고 민중적 지지기반을 확보하는 중요한 계기가 되었다. 이런 후체제의 권력 강화 과정에서 우이는 신속하고 대중에 다가가는 리더십을 발휘하여 위기관리 능력을 인정받았다.

5) 세계화와 WTO 가입 : 경제자유화 지지

중국 내에서 WTO 가입을 둘러싸고 상반된 입장 대립이 있었고, WTO 가입 협상과정에서 우이는 '가입 지지'의 입장에서 활동했다. 신자유주의에 기초한 주류경제학자들은 중국의 WTO 가입은 중국 경제의 합리적 구조조정을 촉진하고 세계적 수준으로 중국을 발전시키는 데 기여할 것이라고 예측했다. 반면, 중국 국내에서 좌파들은 중국의 WTO 가입은 중국 토착기업들의 경쟁력을 떨어뜨려 중국의 경제적 종속을 심화하고, 농업파탄을 초래하며, 실업률의 증가로 사회적 불안을 야기할 것이라고 했다. 중국 정부 내에서도 정보산업부(信息産業部)와 농업부는 WTO 가입에 강하게 반발하며 가입 협상을 주도해 온 주룽지 총리나 대외경제무역합작부를 비판하고 나섰다. 반면, 주룽지 총리는 중국의 WTO 가입을 "밖의 것을 안으로 끌어들이고(引進來) 안의 것을 밖으로 내보내는 혁명(走出去)"으로 정의했다. WTO 협상 당시 주룽지 총리 밑에서 국무위원을 맡았던 우이 역시 WTO 가입을 '지지'하는 입장에서 활동했다.

우이의 정치적 성향은 시대적 변화에 능동적으로 적응해야 한다는 것이다. 한 예로 1992년 러시아에서 한 기자가 우이의 여성관을 떠보기 위해 "'영국에서는 여성이여, 전진하라'고 하는데 당신은 어떻게 생각합니까"라고 묻자 우이는 이렇게 응수했다. "저는 지금 전진 중입니다.

그러나 높은 지위에 오르기 위한 것이 아니라 시대의 속도에 맞추려는 겁니다. 중국의 개혁, 개방 속도는 급속히 진행되고, 세계 경제와 과학기술도 빠르게 발전하고 있지요. 뒤처지지 않으려면 전진해야 합니다." 이런 '우문현답' 으로 미루어 짐작하건대 우이는 '시대적 흐름에 적응하는 것이 후퇴하지 않은 길' 이라고 생각한다. 이런 정치적 성향은 세계화라는 국제적 환경을 이해하는 데도 영향을 미쳤다. 우이는 세계화가 시대적 흐름이라 인식했기 때문에 WTO 가입만이 중국이 지속적인 성장을 할 수 있는 돌파구라고 생각했을 것이다.

한편, 1999년 5월 유고 주재 중국대사관 피격사건으로 중국에서 강렬한 민족주의 분위기가 고조되었고, WTO 가입을 위한 중 · 미 협상은 잠정적으로 중단되었다. 이런 상황에서 1999년 6월 8일 국무위원 우이는 미국이 계속 지나치게 높은 요구조건을 내걸 경우 4월 제시했던 양보안[1]을 철회할 수 있다고 경고하는 등 겉으로는 WTO 협상에 대해 강경한 입장을 취하기도 했다. 중국의 WTO 가입 과정에서 미국이 지적재산권 보호, 미국의 대중무역 적자 등을 이유로 제동을 걸어 가입이 지연되었다. 우이는 미국과의 협상과정에서 조정능력을 발휘하여 2001년 11월 중국의 WTO 가입을 가능하게 했으며, 2010년 상하이 박람회 유치에서도 결정적 역할을 하여 실력을 인정받았다.

결론적으로, 우이가 당 중앙정치국원이라는 권력의 핵심으로 들어갈 수 있었던 것은 주룽지의 추천이 주효했다. 그러나 우이는 여성에 대한 정책적 특혜 덕분에 성공한 것이 아니라 전문성, 위기관리능력, 국제적인 신망 등을 기반으로 성공한 정치인이라 볼 수 있다. 특히 대외무역 협상과정에서 그녀의 협상력은 미국 이외 지역에도 이미 알려진 사실이다. 이런 면에서 여성할당제나 배우자의 후광 덕분에 실권이 적은 전국인대,

정협의 고위직에 오른 다른 중국의 여성정치인들과 우이는 구별된다.

참고문헌

가오신(高新) 지음. 이정환 옮김. 2002. 『21세기 중국을 움직이는 최고권력자들』. 서울 : 창해.

김재철. 2004. 「사스의 정치 : 외적 압력과 중국의 국내적 변화」. 『중국연구』 제31권.

이일영. 2002. 『WTO로 가는 중국 : 변화와 지속』. 서울 : 박영률출판사.

조영남. 2006. 『후진타오 시대의 중국정치』. 서울 : 나남.

"吳儀同志簡歷," 新華社, 2002年 11月 15日. www.people.com.cn.

"中國鐵娘子吳儀,"《廣州日報》, 2002년 9월 28일. www.dayoo.com.

주

1. 1999년 4월 주룽지 미국 방문을 앞두고 만들어진 협상안은 중국이 제출하였던 과거 어떤 안보다 적극적인 시장개방을 약속했다. 유고주재 중국 대사관 피폭 후 미국이 이 협상안을 공개하여 1999년 말 주룽지가 곤경에 빠지고 실각설이 나돌기까지 했다.

한명숙

여성계를 대표하는 외유내강의 총리

사진 출처 http://en.wikipedia.org/wiki/Image:Han_Myeong_Sook.jpg

최정원

2006년 3월 한국 최초의 여성총리가 된 한명숙(韓明淑) 총리가 세계적으로 주목받고 있다. 2006년 9월 경제 및 미디어에 대한 영향력 등을 토대로 선정한 전 세계 여성지도자들의 영향력 순위에서 미국 경제전문지인 《포브스》지에 68위로 랭크되었으며, 프랑스 여성지인 《마리 끌레르》 미국판 12월호에서는 세계 여성 리더 7인 중 한명으로 선정되었다.[1] 특히 이 잡지는 세골렌느 로와얄 프랑스 상원의원 및 치피 리브니(Tzipi Livni) 이스라엘 외무장관 등과 함께 한명숙 국무총리를 '떠오르는 별'로 묘사하였다.

그동안 한국은 정치적으로는 권위주의 체제로부터 민주화로의 이행이라는 체제 간 변동을 통하여 정치발전을 이루었고, 경제적으로는 괄목할 만한 산업화와 경제발전을 이룩하였다. 그러나 여성의 정치참여 측면에서 보면 발전의 속도가 상대적으로 매우 더뎠다. 정치의 영역은 남성의 영역이라는 가부장적 가치관이 강하게 작용하였으며, 유교의 영향을 받은 보수적이고 남성중심적인 정치문화와 성 고정관념에 의해 여성들의 정치사회화의 기회가 적었다. 최근에 와서야 양성평등적 사회인식의 확산과 함께 정당의 여성공천할당제 도입이라는 여성 정치참여에 대한 활발한 요구와 노력으로 17대 국회의 경우 여성의원 비율이 약 13%로 급증하였다. 하지만 여전히 세계 여성의원 평균비율인 16.6%(2006)에도 미치지 못하고 있으며, 5급 이상 여성공무원의 비율은 8.4%(2004)에 그치고 있다.

이러한 시점에서 한명숙 총리 임명은 대한민국 정부수립 이후 58년 만에 이루어진 최초의 여성총리의 탄생으로서, 양성평등의 상징일 뿐만 아니라, 여성의 참여가 상대적으로 저조했던 정치분야에서 여성 정치참여의 발판을 확실히 마련했다는 점에서 의미를 부여할 수 있다. 또한 한명숙 총리 임명은 첫 여성총리 지명자였던 장상 전 이화여대 총장의 임명동의안이 부결된 지 4년 만에 여성총리가 탄생한 것으로, 가부장적 가치관이 지배해 왔던 한국 사회에서 여성이 차지하는 지위와 역할을 한층 높이는 계기가 되었다.

대통령제 하의 국무총리는 모든 권한을 보유하는 내각책임제 하의 수상과는 권력적 측면에서 차이를 갖는다. 그럼에도 불구하고 여성의 리더십이 강조되는 세계적 추세 속에서 사회 전반이 '하드 파워'에서 감성과 부드러움을 강조하는 '소프트 파워'로 이동하고 있는 이때, 한국 첫 여성총리로서 한명숙 총리의 리더십을 살펴보는 것은 매우 의미 있는 작업이다.

1. 한명숙 총리의 개인적 배경과 활동경력

한명숙은 1944년 평안남도 평양시에서 3남 3녀 중 장녀로 태어났다. 평양에서 유복한 어린 시절을 보냈으나 1950년 한국전쟁이 터지자 부모와 함께 월남해 서울에서 자랐다. 평양에서는 5년여밖에 살지 않았으나 부모님의 고향에 대한 그리움과 분단의 한을 곁에서 지켜보았기 때문에 고향이 평양이라는 사실을 잊어본 적이 없었다고 한다. 이러한 가정사는 한명숙이 이후 자연스럽게 여성과 평화 그리고 통일운동에 헌신할 수 있는 밑거름이 되었다.

한명숙은 이화여대 3학년 재학시절 당시 이화여대와 서울대의 기독교 학생연합 단체인 '경제복지회'에서 남편 박성준을 처음 만난 것을 계기로 현실참여에 몸담기 시작했다. '경제복지회'는 성서를 통해 현실과 사회 전반적인 문제에 대해 연구하고 토론하는 대학생 연합단체였는데, 두 사람은 각각 회장과 부회장이었다.

> 고백하거니와 난 대학을 졸업하기 전까지 현실과 세상물정에 까마득하게 눈먼 청맹과니였다. 나는 보들레르와 베를렌을 읊조리는 불문학도였으며 … 여리디 여린 감성을 지닌 너무도 평범한 문학소녀였다. 적어도 그를 만나기 전까지 … 나는 남편을 통해 시대의 아픔과 사회의 현실에 서서히 눈을 뜨기 시작했다.
>
> –「한명숙 홈페이지 한story」–

4년간의 열애 끝에 결혼한 박성준이 결혼 6개월여 만인 1968년 통혁당사건으로 구속되자 한명숙은 대전교도소에 수감된 남편이 출감할 때까지 13년간 일 주일에 한번씩 편지를 교환하며 서로에 대한 믿음과 철학을 공유하였고, "점점 더 강하고 맹렬한 투사가 돼갔다."

이후 한명숙은 본격적으로 민주화 운동에 뛰어들었다. 1970년 이화여대 사감을 지내던 한명숙은 학생들의 시위를 지원한 것이 문제가 되자 직장을 그만두었다. 이후 〈한국크리스찬아카데미〉에 들어가게 되면서 본격적인 여성운동을 시작하였는데, 이것이 그의 인생의 두 번째 계기가 되었다. 당시 한국 사회에 산재해 있던 갈등과 사회적 문제를 해소하기 위해 창설된 〈한국크리스찬아카데미〉에서 한명숙은 소외 여성에 대한 교육을 담당하는 여성 사회간사로 활동했다. 그러나 1979년 다른 간사들과 함께 체제비판적인 각종 이념서적을 학습하고 배포한 혐의로 구속됐다.

2년간 옥고를 치르고 1981년 광복절 특사로 풀려난 한명숙은 그동안 수동적인 남편의 옥바라지에서 벗어나 인권운동, 단식투쟁의 방법을 통해 적극적으로 남편의 석방운동을 시작했다. 이후 한명숙은 재야 여성운동에 본격적으로 투신하게 되었고, 이화여대 여성학과 대학원에 진학해 여성학을 전공하였다. 당시 한국 여성운동의 흐름은 크게 두 가지로 대별되는데, 하나는 정부수립 때 결성된 기존의 보수적인 여성운동이고, 다른 하나는 1970년대의 민주화 운동과정에서 탄생한 진보적 여성운동이다. 한명숙은 독재에 항거하여 적극적으로 민주화 투쟁운동에 참여하고 있던 진보적 여성운동을 조직화하고자 하였다.

전두환 정권 말기인 1987년 2월, 한명숙은 민주화 운동의 경험을 바탕으로 전국의 21개 민주여성단체를 연합하여 〈한국여성단체연합〉을 결성하는 데 결정적인 기여를 하였다. 〈한국여성단체연합〉은 진보적 여성운동의 구심체 역할을 하며 민주화 운동에 조직적으로 참여하였다. 한명숙은 그 과정에서 한국 여성운동 1세대로서 여성운동가들의 대모(代

母), 즉 '재야의 맏언니' 역할을 맡게 되었다. 이 시기부터 국무총리가 되어 국정을 수행하기까지 한명숙은 여성 문제의 적극적인 개진과 해결을 위해 일관된 목소리를 내왔다. 한명숙의 여성운동은 평화운동과도 접목되어 있다. 〈한국여성단체연합〉이 폭력적 시위문화를 평화적 운동으로 변화시키기로 결의하고 1987년 6월 18일을 최루탄 추방의 날로 정하여 평화적 시위를 주도한 것이 일례이다.

한명숙은 〈한국여성민우회〉 회장(1989-1994)과 〈한국여성단체연합〉 상임대표(1993-1996)를 맡으면서도 〈환경운동연합〉 지도위원, 감사원 부정방지대책위원회 위원, 환경부 환경보전실무대책위원회 위원, 통일부 교류협력분과위원회 정책자문위원 등 환경, 평화와 관련된 분야에서도 다양한 활동을 해왔다. 이후 1997년부터 2년간 미국 유니온신학대학교 객원연구원으로 활동하였으며, 귀국한 후 남편과 함께 성공회대 시민사회복지대학원 NGO학과 객원교수로 활동하기도 하였다.

젊은 시절을 민주화 운동과 여성운동에 바친 한명숙이 제도권 정치에 입문하게 된 계기는 미국에서 돌아온 그에게 정치참여를 권유한 당시 김대중 대통령에 의해서였다. 대한 YWCA 총무 출신의 이희호 여사와도 가까운 관계였던 한명숙은 1999년 김대중 대통령이 새천년민주당 비례대표로 발탁함으로써 16대 국회의원이 되었고, 이어 2001년에는 초대 여성부장관으로 발탁되었다.

정치영역에 진입한 후에도 여성문제와 관련하여 활발한 활동을 한 한명숙 의원은 제16대 국회에서 여성관련 법안들을 상당수 발의하였다. 그 중에는 여성근로자의 출산휴가 기간을 30일로 연장하고 출산휴가 급여(3개월 유급휴가)를 신설하는 내용의 모성보호법 개정안도 포함되어 있다. 이 개정안은 당시에는 개정되지 못하였으나 이후 한명숙 의원이 여성부 초대 장관을 수행할 때 적극적으로 주도하여 통과시킴으로써 여성권익 신장을 위한 법적 · 제도적 초석을 마련하였다. 그외에도 한명숙 여성부장관은 양성평등채용목표제의 도입, 호주제 폐지에 대한 공감대 형성, 여성발전기본법의 개정 등 양성평등을 위한 오랜 과제들을 처리함으로써 양성평등정책을 도입하는 토대를 마련하였고, 21세기 남녀평등헌장의 제정과 〈세계한민족여성네트워크〉의 출범에도 기여했다. 그리고 '여성정책조정회의'를 설치하여 부처 간의 이해와 조정기능을 강화하였으며, 여성정책기본계획(2003-2007)을 수립하여 여성정책의 비전과 목표를 제시하였다. 또한 남녀고용평등법 개정운동을 벌여 평등사회 실현을 위해 노력하고, 여성직원과 남성직원을 6 : 4로 채용하고 보직이나 승진에서 여성차별 관행을 없애는 인사정책을 취했다. 이런 활동들은 여성들의 사회진출과 보육의 공공성 확립, 그리고 한국 사회의 저출산 문제를 해결하는 데 중요한 기틀을 마련했다는 평을 받고 있다.

2003년 2월 참여정부가 출범하면서 노무현 대통령은 한명숙을 환경부장관으로 기용했다. 이 시기에 한명숙 장관은 수도권대기질개선특별법을 마련하여 선진국 중에서 최하위 수준이었던 수도권 대기질 문제를 해결하기 위해 노력하였다. 법의 도입을 위해 부처 간의 이견 및 갈등을 조율하는 과정에서 한명숙 장관은 조정능력을 인정받았다. 생산자 책임 재활용제도, 4대 강 특별법의 조기 정착을 위한 오염총량관리제 도입 등은 성과들 중 일부이다. 환경영향을 둘러싸고 갈등이 심화되는 대형 국책사업 추진과정에서도 사업시행 이전에 사회적 합의를 도출하도록 하는 법제 및 사회적 '갈등조정 기구'를 마련하기 위해 노력하였다. 불필요한 관행이나 격식 등 형식적인 권위를 탈피하여 자유로운 분위기로 개선하고자 노력하였으며, 투명한 인사관리와 공무원 교육의 활성화에도 주력하였다. 이러한 노력들이 긍정적으로 평가되어 그가 환경부장관으로 재임 중이던 2003년 12월, 환경부는 총리실 주관 정부 부처에 대한 정부 업무평가에서 최우수 부처로 선정되었으며, 한명숙 장관 또한 중앙일보의 장관 리더십 평가에서 1위로 선정되어 리더십과 장악력 모두에서 수위를 차지하기도 했다.

이처럼 한명숙 장관은 여성부장관과 환경부장관으로 재임할 당시 주요현안의 정책 도입과정에서 민간 참여의 장을 마련하고 정부와의 합의안을 구성하는 등 국민의 의견을 수렴하기 위한 구체적인 노력을 기울인 점은 높이 평가할 수 있으며, 한명숙 장관의 부드러운 리더십 스타일을 보여주는 것이라 할 수 있을 것이다.

2004년 17대 총선 직전 한명숙은 환경부장관직을 사퇴하고 열린우리당에 입당하여 선거대책위원회의 공동위원장을 맡았다. 이와 함께 고양 일산 갑 지역구로 출마하여 5선 의원이었던 한나라당의 홍사덕 전 원내총무와의 대결에서 승리함으로써 17대 국회의원이 되었다. 이 시기에도 한명숙 의원은 여성 · 환경 · 평화문제와 관련하여 활발한 의정활동을 펴고 있다. 예컨대 2005년에 한 의원이 대표발의한 법안은 5건이었는데, 그 중에는 부부가 이혼하지 않더라도 재산분할 필요성이 있을 경우 이혼청구 없이 재산분할 청구를 허용하는 것을 골자로 한 민법 개정 법률안과 양육비 지급을 이행하지 않을 경우 담보제공 명령을 내릴 수 있도록 한 가사소송법 개정 법률안이 포함되어 있다. 또한 주택을 배우자 동의 없이 처분한 경우 이를 취소할 수 있는 조항을 민법개정안에 포함시킴으로써 여성이 사회적 불이익을 당하지 않도록 제도 개선하고자 하고 있다.

그외에도 한명숙 의원은 재외동포교육문화진흥법을 2006년 4월에 발의하고 사할린 동포 영주귀국 및 정착지원에 관한 특별법 발의를 위한 공청회를 여는 등 동포를 위한 활발한 입법활동을 수행하였다. 2004년부터는 아시아 · 태평양 지역 국회의원들의 환경문제 협의체인 〈아태환경개발의원회의〉(APPCED)의 제5대 집행위원장, 〈한국아동 · 인구 · 환경의원연맹〉(CPE)의 회장을 역임함으로써 아시아 지역의 환경문제에도 관여하고 있다.

한편, 2005년 4월에는 열린우리당의 경선에 출마하여 '당은 강하게, 국민은 따뜻하게' 란 캐치프레이즈와 함께 "여성 당 의장이 가장 개혁적 선택"이라고 호소하기도 했다. 그러나 여성후보 한 명은 반드시 상임중앙위원에 포함된다는 당헌에 따라 유일한 여성후보였던 한명숙 의원은 여성후보 배제 투표의 벽을 뛰어넘지 못하고 저조한 결과를 얻었다. 그럼에도 여성 우대조항에 의해 당 지도부인 지명직상임중앙위원(현 최고위원)으로 활동하면서 당정정책 조율을 통해 중장기적 국정과제를 입법화하는 데 주도적인 역할을 하였다.

17대 국회 개원 직후 한명숙 의원은 총리 후보 중 한 사람으로 유력하게 부상되기도 했다. 그러나 당시에는 강한 업무 추진력과 국정 장악력이 총리의 최우선적 역할로 강조되면서 이해찬 의원이 참여정부의 두 번째 총리로 임명되었다. 이후 2006년 3월 노무현 대통령은 한명숙 의원을 총리로 지명하였고, 국회 본회의에서 한명숙 총리 지명자 임명동의안이 표결에 부쳐져 재적의원 297명 중 264명이 참여해 찬성 182, 반대 77, 기권 3, 무효 2로 가결됨으로써 이해찬 총리의 뒤를 이어 여성으로는 최초로 제37대 국무총리로 임명되었다.

최초의 여성총리로서 한명숙 총리는 민생총리가 되겠다는 그의 청문회 답변처럼 주요 민생 · 개혁법안의 조속한 입법추진을 위해 정부가 전력을 다할 것을 지시하였다. 그리고 비정규직법안 · 노사관계 선진화법안 등 민생경제법안의 입법 필요성에 대한 대국회, 대국민 설득과 홍보 등 다각적인 노력을 기울였다. 특히 저출산 · 고령화대책 연석회의를 주재하고 논의를 구체화함으로써 이의 해결을 위한 경제사회 주체들 간의 사회협약을 체결하였다. 경제계, 노동계, 종교계, 여성 · 시민사회단체 및 정부 등 사회 각 분야 전 부문이 망라돼 사회협약을 체결한 것은 초유의 일이다. 사회협약은 선언적 의미를 넘어서 국공립 보육시설 확충문제 및 임금체계 개편과 연동된 정년제도 개선방안 논의 등 그동안 논란이 많았던 저출산 · 고령화대책 쟁점사항에 대한 실천방안이 담겨져 있다는 점에서 중요하다. 또한 1년여 동안 여성가족부와 노동부, 교육인적자원부 등 14개 정부 부처의 조율을 거친 여성인력개발종합계획(Dynamic Women Korea 2010)을 심의 · 확정함으로써 2010년까지 여성의 일자리 약 60만 개를 창출하고 여성 경제활동 참여율을 55%까지 올린다는 계획이다.

한명숙 총리는 성폭력 근절에도 적극적이었다. 성폭력 사례의 증가에 우려를 표명하며 학교폭력, 사이버 폭력, 조직폭력, 정보지 폭력 등 기존 4대 폭력에 성폭력을 포함시켜 근절대책을 추진하도록 강조하였다. 뿐만 아니라 어린이 용품에 대한 유해화학물질 관리, 산모 및 영유아의 환경위험 감소 등 어린이, 산모 등 환경오염에 민감한 계층을 위한 특별대책 강구에도 관심을 두고 있다.

이상에서 본 한명숙 총리의 개인적 배경과 활동을 살펴볼 때, 한명숙 총리의 정치인으로서의 부상과정은 일부 아시아 지역의 여성지도자들이 명문가 집안에서 태어나 부모나 남편의 후광으로 정치영역에 진입한 경우와는 달리 자신의 능력으로 총리가 된 자수성가형 인물이라 할 수 있다. 또한 그의 정치활동 경력에서 볼 수 있듯이 여성단체에서 꾸준히 여성의 문제, 그리고 환경, 통일 관련 문제들을 제기하고 해결하기 위해 노력해 옴으로써 여성의 대표성을 부각시키는 계기를 마련하였다.

2. 한명숙 총리의 정치적 기반과 정치적 성향

무엇보다도 한명숙 총리의 정치적 기반은 재야 여성단체에서 오랜 동안 활동함으로써 형성된 여성계 대표로서의 자신의 명성과 재선의원 및 두 번의 장관경력이라고 할 수 있다. 한명숙 총리는 여성으로서는 드물게 16대 비례대표 국회의원, 여성부장관, 환경부장관, 17대 지역구 국회의원 등을 지내 선출직 정치인과 임명직 행정관료의 역할을 두루 섭렵했다는 점도 그의 정치적 입지를 강화하는 데 영향을 미쳤다. 이에 더하여 여성운동과 정치활동을 하면서 만들어진 폭넓은 인맥도 중요한 역할을 하고 있다. 예컨대 한 총리는 2004년 9월 《조선일보》가 조사한 17대 국회의원 인맥조사에서 여 · 야 여성의원들과 두루 친분이 있는 '여성 네트워크 허브'로 조사되기도 했다. 여야 국회의원, 여성 NGO와 시민단체 등과의 폭넓고 원만한 대인관계는 한명숙 총리의 리더십과 국정조정능력의 또 다른 정치적 기반이 될 것으로 본다.

한명숙 총리의 경력과 활동을 보면 그는 성 인지적 정향이 강하다. 여성관련 정책을 일관되게 추진해 왔으며, 이러한 노력은 여성부장관, 환경부장관 재임시절에도 여성 · 환경 이슈에 대한 시민사회단체의 다양한 비판과 제언을 경청하고 이에 대한 정책 구현으로 일관되게 이어져 옴으로써 그가 추구하는 제반 정책 속에 성인지적 관점을 고수하고 있다. 여성의 정치참여와 관련해서도 양성평등적 관점에서 적극적 자세를 보인다. 17대 국회의원이었던 당시 한나라당의 이계경 의원, 민주노동당의 최순영 의원 등 다른 여야 여성의원들과 함께 2006년 지방선거에서 여성 공천비율을 10% 이상으로 보장해야 한다고 각 정당에 강력하게 요구하기도 했다. 또한 남편인 박성준 교수와의 집안에서의 관계, 박 교수가 한총리의 유럽순방 무대에 배우자 자격으로 동참한 점, 아들의 이름을 '박한 길' 로 지은 점 등은 양성평등 부부상의 한 예라 할 것이다.

한명숙 총리의 성 인지적 정향은 총리임명 후 가진 기자회견에서도 나타난다.

> 여성총리의 임명은 우리나라의 정치발전에 지평을 여는 의미 있는 일이라고 생각한다. 우리나라는 여성이 급부상하고 있고, 여성과 남성의 양성평등 사회로 급속하게 발전하고 있다. 이 때문에 (여성총리의 탄생은) 많은 여성들에게 희망을 안겨줄 뿐만 아니라 여성이 남성과 더불어 사회의 책임을 지는 축을 담당한다는 차원에서 아주 바람직하고 희망을 주는 일이다. 딸들에게 희망을 주도록 최선을 다하겠다.

다른 한편으로, 한명숙 총리는 '부드러운 재야원칙파' 로 불린다. 뚜렷한 정치색을 띠지 않았고 성품이 온화해 연성 이미지가 강하기 때문이다. 열린우리당 내에서도 '중도파' 로 분류되는데, 그가 열린우리당 내의 양대 계파인 〈민주평화국민연대〉의 회원이자 〈바른정치모임〉의 준회원이란 점은 중도파로서의 그의 당 내 위치를 상징적으로 드러낸다. 김대중 전 대통령에 의해 새천년민주당 비례대표로 정계 입문했고, 재야활동을 해옴으로써 형성된 민주당 및 민주노동당과의 폭넓은 관계 및 정치권의 '여성 네트워크 허브' 라는 입지도 중도적 색채를 부각시킨다.

그러나 쟁점별로 보면 중도적 성향과 함께 진보적 성향과 확고한 소신도 나타내기 때문에 강성이란 평가도 받는다. 특히 국가보안법 폐지나 통일문제에 대해선 고집스러울 만큼 확고한 원칙을 지녔다는 평을 듣는다. 2004년 10월 여당이 당론으로 추진했던 국가보안법 폐지안을 공동 발의했으며, 총리 지명 후 기자회견에서도 "형법 보완을 조건으로 국보법 폐지 당론에 찬성하는 데 변함이 없다"고 강조함으로써 진보적 성향을 보이고 있다. 통일문제에 대해서도 2005년 당 상임중앙위원으로 있을 때 "남북협력기금 국가 예산 1% 시대를 열어야 한다", "정치적으로 어떤 난관이 있어도 남북 교류는 지속해야 한다"고 주장함으로써 남북 교류협력이 일차적임을 강조하였다. 통일외교통상위원회에 속하였던 17대 국회에서는 미국 의회의 북한 인권법 통과에 대해 반대의사를 분명히 했으며, 북한의 위폐제조 의혹에 대한 미국의 입장에 대해서도 명확한 증거 제시가 없는 한, 평화정착 분위기에 찬물을 끼얹는 것이라고 비판했다. 본인의 미니자서전에서 쓰고 있듯이 한명숙의 이러한 통일관은 일정 부분 부모님의 영향을 받았다고 할 수 있으며, 다른 한편으로는 김대중 전 대통령의 영향도 클 것이라고 당 관계자는 언급하고 있다. 이는 김대중 전 대통령의 방북에 대해 한나라당이 반대했을 때도 "조국과 겨레의 이익을 위해서라도 당파를 떠나 김대중 전 대통령의 방북을 적극 지원하고 협력해야 할 때"라고 역설한 것과도 맥을 같이 하는 것이다.

당 방침과는 다른 엇박자 행보도 그의 정치적 정향을 보여주는 일례라 할 수 있다. 환경부장관 재임시절인 2003년 5월에는 장관 신분임에도 불구하고 당시 국책사업이었던 새만금 간척 사업에 반대 입장을 표명하고 반대 시위에 참여하였다. 당 중앙상임위원으로 있던 2005년 5월에는 국회에서 처리된 과거사법에 대해 야당과 합의해 정해진 여당의 당론이

'처음 안보다 후퇴했다' 며 여당이 찬성 당론을 정했음에도 불구하고 국회 표결에서 기권했다. 이러한 행보는 당시 지위에 대한 책임성 문제를 별도로 한다면 나름대로의 정치적 소신을 보인 행동들이라 할 수 있다. 한명숙 총리는 박근혜 의원에 대해서도 "정치훈련이 잘된 능력 있는 정치지도자이지만 박정희 그늘 밑에서 성장한 보수지향적 · 과거지향적 정치가"라고 비판함으로써 자신의 진보적 정향과는 거리가 있음을 분명히 하고 있다.

반면, 한명숙은 대외정책과 경제분야에서는 현실적인 자세를 보인다. 17대 국회 소속 상임위인 통일외교통상위원회에서의 의정활동을 살펴보면, 부실협상으로 문제가 되고 있는 '용산기지 이전협정' 과 '한미연합토지관리계획(LPP) 개정협정' 에 대한 공청회(2004년 12월)에서 한명숙 의원은 협정의 한계와 문제점을 지적하지만 상임위원회 표결 과정에서는 당론에 따라 '찬성' 투표를 하였다. 또한 시민 · 재야단체가 격렬히 반대했던 2004년 12월 이라크 파병안과 2005년 11월 쌀 협상 비준안에도 찬성했다. 그는 2004년 이라크 추가 파병안에 대해서 처음에는 "전투병 대신 평화유지군 형태가 돼야 한다"고 말하다가 결국 "많이 고민했지만 파병해야 할 것 같다"로 선회함으로써 이라크 파병 추가연장(2004년 12월)과 재연장동의안(2005년 12월)에 모두 찬성하였다. 노무현 정부의 핵심 대외정책에 대해 유연하고 현실적인 태도를 보인 대표적 사례다. 또한 2005년 3월 기업의 과거 분식회계 유예와 비정규직 대책에 대해 정부의 경제개혁이 후퇴한 것이라는 비판이 일자 "그런 지적이 있긴 하지만 불가피한 측면이 있다", "위축된 내수경기를 풀어주기 위해 정부가 역할을 해야 한다"고 대응함으로써 현실적 정향을 보인다.

3. 여성지도자으로서의 리더십

정치인으로서 한명숙 총리가 표방하는 핵심 코드는 자신의 홈페이지에서 밝히고 있듯이 '세상을 움직이는 부드러운 힘' 이다. 또한 한명숙 총리는 인사청문회에서 언급했듯이 본인이 가장 잘하는 것으로 '화합하고 포용하는 능력, 조정능력, 사람들이 기꺼이 일하게 만드는 능력' 을 꼽고 있다. 국무총리 취임사에서도 한명숙 총리는 '외유내강', '부드러운 카리스마' 의 여성적 리더십을 강조하며 '수평적인 여성의 리더십' 을 발휘해 '어울림의 항해' 를 하겠다는 포부를 밝히고 있다.

> 무엇보다도 한명숙은 누구에게도 경쟁심을 유발하지 않는 인화의 사람이다. 소신과 원칙을 지키면서도 대화와 화합을 통한 조정(調整)능력이 탁월하다는 평가를 널리 받고 있다. 정치적으로 반대파나 반대되는 정당의 사람들도 이러한 평가에는 인색하지 않은 듯하다. 한명숙과 함께 일해 보았던 사람들은 누구나 한명숙에 대한 이상과 같은 평가에 동의하리라고 나는 생각한다.
>
> – 남편 박성준 성공회대 겸임교수 –

> 한명숙은 강한 신념을 가지고 일을 해내면서 부딪칠 수밖에 없는 수많은 갈등과 부대낌에도 불구하고 누구를 비난하는 것을 들어본 기억이 없다. 그만큼 그는 품이 넓고 항상 긍정적으로 생각한다. 이러한 긍정적 사고방식과 낙관적 삶의 자세가 모든 어려움을 극복하고 치열하게 살아오게 한 원동력이 되었다고 생각된다. 그는 자신의 가난을 부끄러워하지도 않았지만 그것을 자랑하지도 않았으며 다른 여유 있는 사람들을 비난하지도 않았다.
>
> – 장필화 이화여대 교수 –

> 내가 30년 이상 가까이 지내온 한명숙은 1960년대 군사독재 정부시절 고된 시련을 당하면서도 그 얼굴에는 항상 웃음을 잃지 않았다. 억울한 일을 계속 겪으면서도 마음 속에 독기가 없는 착한 사람으로 오뚜기 같이 살아왔다.
>
> – 강원룡 목사 겸 평화포럼 이사장 –

이처럼 한명숙 총리의 리더십 특징은 온화한 성품, 합리적이고 원활한 업무 스타일, 깨끗한 이미지와 도덕성, 그리고 성실성 등이라 할 수 있다. 이러한 리더십 스타일은 소프트 파워적인 리더십의 특징들이다. 한명숙 총리는 자신의 정치 · 행정 지도자로서의 경력을 추구하는 데 있어서 외적으로 보이는 여성적 특징을 긍정적으로 사용하고 있다. 모성애와 부드러움이라는 여성성을 살린 이미지로 대응함으로써 '싸우지 않고 정책으로 경쟁하는 정치', '계파없이 갈등을 조정하는 지도자'의 이미지를 강화시키고 영향력을 행사하고 있다. 진보적인 여성운동가라는 강한 개인적 배경에도 불구하고 한명숙 총리의 여성적 이미지가 긍정적으로 작동하는 것은 여성의 사회진출이 광범위해졌지만 여전히 한국 정치문화에 남성과 여성의 고정된 성역할과 전통적이고 보수적인 여성관이 남아 있음을 반영한다. 특히 매번 대결국면으로 치닫던 이해찬 전 총리와의 대비 속에서 한명숙 총리의 부드럽고 원만한 여성적 이미지는 더 크게 부각되었다. 총리 지명 당시 56%였던 한명숙 총리에 대한 지지율이 2006년 9월 정례 조사에서는 62%로 상승하였고, 원만한 국정운영을 수행하고 있다는 평가는 한명숙 총리의 여성적 이미지와 리더십이 긍정적으로 평가되고 있음을 보여주는 것이다.

2007년 3월 7일까지 약 1년간의 총리직을 수행한 한명숙 총리의 리더십에 대한 평가는 긍정적인 평가와 부정적인 평가가 혼재하고 있다. 긍정적 평가로는 '조용하고 부드러운 카리스마', '성실함과 온화함', '꼼꼼하게 챙김', '다양한 의견을 수렴하고 조정함', '인간적 호감이 깔린 능력있는 이미지', '갈등을 풀고 감싸는 방식의 관계지향적 국정 스타일'들이 꼽히고 있다. 〈한국여성단체연합〉, 〈한국여성민우회〉, 〈한국여성의전화연합〉, 〈한국여신학자협의회〉 등 37개 여성단체는 공동성명을 통해 "여성이라는 이유가 아니라 그동안 쌓아온 경륜과 능력이 사회적으로 인정받은 결과이며 가족의 후광이 아니라 자신의 능력으로 총리가 된 인물로서 여성 정치 참여의 바람직한 방향을 보여줬다"는 긍정적 평가를 내리고 있다. 또한 온화한 성품에다 합리적인 업무 스타일로 '화합 · 관리형' 정치인으로 분류되지만, 여성운동 초창기 소외계층 여성의 인권문제 해결을 위해 활동하였으며 남녀고용평등법, 성폭력처벌법 등 여성권익보호 법률제정에 앞장섰다는 점에서 전문능력도 상당하다는 평가를 받는다.

반면에, 한명숙 총리의 리더십에 대한 부정적인 평가로는 사회양극화 해소, 한미 FTA 등 국내외 현안 및 국정 전반에 대한 이해도와 경험의 부족, '화끈하게 일을 벌이기보다 뜨뜻미지근하게 느껴지는 일처리 방식'에 대한 불만, 수평적 토의 의사결정은 상명하달식보다 일처리가 신속하지 못하다는 비판, 자기 색깔이 분명하지 않고 정국 장악력이 약하다는 평가, 국무총리실의 주기능이 국무 조정이라는 면에서 볼 때 한명숙 총리의 조정능력은 높지만 책임총리(분권형 실무총리)로서의 추진력과 과단성의 부족, '얼굴 마담'에 불과하다는 성비하적 발언들을 들 수 있다.

한명숙 총리에 대한 객관적 판단과 평가는 지금보다 훨씬 뒷날에 내려지겠지만, 한명숙 총리의 리더십이 여성 특유의 부드러움과 유연성을 발휘하여 경직된 당 · 청 관계 및 여야 관계를 원만히 풀어나가는 국정 운영의 새로운 모델을 제시한 계기였음은 분명하다. 또한 남성의 시각에서 대부분 입안돼 온 정부 정책 전반을 양성평등의 관점에서 조망하고 여성을 비롯해 소수자를 두루 배려하는 차원의 정책기조 변화를 이루는 기회였던 것도 확실하다.

참고문헌

김수영. 2005. 「한국 여성정치인의 여성리더십 유효성에 관한 연구 : 한명숙, 박근혜의원의 정치리더십 비교 분석을 중심으로」. 서강대학교 석사학위논문.

국무총리실. http://www.pm.go.kr.

대한민국국회. http://www.assembly.go.kr.

열려라! 국회. http://watch.peoplepower21.org.

한명숙 홈페이지. 걸어온 길/내가 아는 한명숙. http://old.happyhan.or.kr.

한명숙 홈페이지. 미니자서전/한story. http://www.happyhan.or.kr.

기타 인터넷 신문 참조. www.kinds.or.kr. http://www.happyhan.or.kr.

주

1. 미첼 바첼렛 칠레 대통령, 포르샤 심슨 밀러(Portia Simpson-Miller) 자메이카 수상, 앨런 존슨 설리프(Ellen Johnson-Sirleaf) 리베리아 대통령, 안겔라 메르켈 독일 총리, 세골렌느 로와얄 프랑스 상원의원, 치피 리브니(Tzipi Livni) 이스라엘 외무장관, 한명숙 국무총리가 포함되었다.

저자소개

■ 강윤희

국민대학교 국제학부 교수.

서울대학교 외교학과 졸업.

영국 글래스고대학교 정치학 박사.

저서 : 『현대 국제관계이론과 한국』(공저), 『세계정치론』(공역).

논문 : 「체제전환기 러시아의 여성운동 활성화 현황과 전망 : 여성 NGO를 중심으로」, 「한국정치학에서의 성정치학 연구현황과 제언」(공저) 등 다수.

■ 김경미

열린정책연구원 책임연구원.

서강대학교 정치외교학과 졸업.

독일 마르부르크대학교 정치학 박사.

저서 : 『사회개혁이냐 혁명이냐』(공역).

논문 : 「독일 통일과 구동독지역의 여성」, 「국가안보와 여성」 등 다수.

■ 김민정

서울시립대학교 국제관계학과 교수.

연세대학교 정치외교학과 졸업.

프랑스 파리2대학교 정치학 박사.

저서 : 『뉴밀레니엄의 성정치학』(공저), 『여성과 정치』(공역) 등 다수.

논문 : 「EU의 성평등정책이 회원국의 국내정책에 미친 영향」, 「프랑스 여성정치의 현황과 과제」 등 다수.

■ 김 욱

배재대학교 정치외교학과 교수.
연세대학교 정치외교학과 졸업.
미국 아이오와대학교 정치학 박사.
저서 : 『정치참여와 탈물질주의』, 『한국의 선거4』(공저) 등 다수.
논문 : 「5 · 31지방선거와 여성후보 : 여성의 정치참여 확대방안을 중심으로」, 「시민사회의 평화운동과 여성의 역할」 등 다수.

■ 박채복

숙명여자대학교 통일문제연구소 연구원.
숙명여자대학교 정치외교학과 석사.
독일 마르부르크 대학교 정치학 박사.
저서 : 『독일과 유럽연합 정치 : 이론과 실재』(공저), 『유럽연합정부론』(공저).
논문 : 「유럽연합의 여성정책 : 심화와 확대의 프로세스 속에서 기회균등의 추구」, 「여성 대표성확대를 위한 정당의 지원책」 등 다수.

■ 엄태석

서원대 정치행정학과 교수.
연세대학교 정치외교학과 졸업.
한국학중앙연구원 한국학대학원 정치학 박사.
저서 : 『기초지방의회의 이해』, 『지역경쟁력 강화와 로컬 거버넌스』(공저).
논문 : 「여성지방의원의 지방자치 의식과 의회활동에 대한 평가」, 「지방선거와 여성의 정치참여」 등 다수.

■ 유진숙

고려대학교 아세아문제연구소 선임연구원.
고려대학교 노어노문학과 졸업.
독일 브레멘대학교 정치학박사.
저서 : 『러시아정당의 정당이념 형성』, 『이행의 규정요소로서의 문화』(공저).
논문 : 「우크라이나의 여성정치가 율리아 티모센코 : 정치변동과 엘리트교

체」, 「이행기 사회에서의 자유주의 우파정당의 발전 : 러시아 및 동유럽 국가의 비교」 등 다수.

■ **이민자**

서울디지털대학교 중국학부 교수.
서강대학교 사학과 졸업.
서강대학교 정치외교학과 정치학 박사.
저서 : 『중국 농민공과 국가-사회관계』.
논문 : 「중국의 시장화와 사회제도 개혁」, 「중국 정보산업화 과정에서 정부의 역할」 등 다수.

■ **이순주**

부산외국어대학교 이베로아메리카 연구소 연구교수.
부산외국어대학교 스페인어과 졸업.
한국외국어대학교 정치학박사.
저서 : 『라틴아메리카의 여성운동과 여성정책』, 『라틴아메리카 현대사와 리더십』(공저) 외 다수.
논문 : 「남미 민주화 과정과 여성의 역할 : 아르헨티나와 칠레의 사례를 중심으로」, 「신자유주의 하에서의 여성정책과 여성운동」 등 다수.

■ **전복희**

한국항공대학교 연구교수.
이화여자대학교 정치외교학과 졸업.
독일 마르부르크대학교 정치학 박사.
저서 : 『사회진화론과 국가사상』, 『독일 대의제 민주주의와 정당정치』(공저).
논문 : 「1989년 이후 체제전환기 구동독 지역의 여성문제」, 「독일 1기 여성운동에서 여성쟁점(Women's Issues)의 특징」 등 다수.

■ **정미애**

국민대학교 일본학연구소 학술연구교수.

이화여자대학교 정치외교학과 졸업.
일본 쓰쿠바대학교 국제정치경제학 박사.
저서 : 『일본정치론』(공저), 『현대 일본의 시민사회 · 이익단체』(역서), 『글로벌화 시대의 일본』(공저).
논문 : 「젠더 시각에서 본 일본의 사회복지정책의 변화」, 「일본의 시민사회에서 여성의 역할」 등 다수.

■ **조현옥**
대통령 비서실 균형인사비서관.
이화여자대학교 정치외교학과 졸업.
독일 하이델베르크대학교 정치학 박사.
저서 : 『여성이 지방의회로 간다』(공저), 『한국에서의 녹색정치, 녹색국가』(공저).
논문 : 「여성NGO의 선거참여 활동 및 한계점에 관한 연구」, 「여성의 정치적 역량기르기 방법론」 등 다수.

■ **최정원**
연세대학교 동서문제연구원/BK21사업단 연구교수.
연세대학교 정치외교학과 졸업.
연세대학교 정치학 박사.
저서 : 『한구의회정치와 제도개혁』(공저), 『동아시아의 정치와 경제』(공저).
논문 : 「동북아 여성의 정치적 대표성 : 한 · 중 · 일 여성의 정치참여를 중심으로」, 「한국 정치학에서의 성정치학 연구현황과 제언」(공저) 등 다수.

세계가 주목하는 여성정치인의 리더십

초판1쇄 / 2007년 6월 10일

지은이 **김민정 외**
펴낸이 **여국동**
펴낸곳 **도서출판 인간사랑**
인 쇄 **백왕인쇄**
제 본 **은정제책사**

출판등록 1983. 1. 26. / 제일-3호

정가 15,000원

ISBN 978-89-7418-218-2 93340

※ 잘못된 책은 교환해 드립니다.

(411-815) 경기도 고양시 일산구 백석동 1178-1
TEL (031)901-8144, 907-2003
FAX (031)905-5815
e-mail / igsr@yahoo.co.kr
igsr@naver.com